21世纪交通版高职高专汽车专业教材

Qiche Dipan Diankong Xitong Jianxiu
汽车底盘电控系统检修

（第二版）

张立新　屈亚锋　主　编

人民交通出版社股份有限公司
China Communications Press Co.,Ltd.

内 容 提 要

本书是高职高专汽车专业教材,以培养高职高专院校汽车检测与维修技术专业学生汽车底盘电控系统检修能力为目的,采取学习领域课程结构和学习情境教学方式,以4个具体的生产任务(自动变速器的检修、电子控制悬架系统的检修、电子控制动力转向系统的检修、防滑控制系统的检修)为载体,对传统的专业课程内容进行重构。通过学习情境描述、生产任务布置、相关知识教学、学生课堂讨论、相关技能教学、学生小组工作、拓展知识教学等环节,系统学习汽车底盘电控系统的结构、原理和检修技术。

本书为高职高专院校汽车检测与维修专业的教学用书,也可作为各类汽车职业培训用书。

图书在版编目(CIP)数据

汽车底盘电控系统检修／张立新,屈亚锋主编.—2版.—北京:人民交通出版社股份有限公司,2017.7
ISBN 978-7-114-13874-4

Ⅰ.①汽… Ⅱ.①张… ②屈… Ⅲ.①汽车—底盘—电气控制系统—车辆修理—高等职业教育—教材 Ⅳ.①U472.41

中国版本图书馆 CIP 数据核字(2017)第 121775 号

书 名:	汽车底盘电控系统检修(第二版)
著 作 者:	张立新 屈亚锋
责任编辑:	时 旭
出版发行:	人民交通出版社股份有限公司
地 址:	(100011)北京市朝阳区安定门外外馆斜街3号
网 址:	http://www.ccpress.com.cn
销售电话:	(010)59757973
总 经 销:	人民交通出版社股份有限公司发行部
经 销:	各地新华书店
印 刷:	北京市密东印刷有限公司
开 本:	787×1092 1/16
印 张:	14.5
字 数:	340 千
版 次:	2012年1月 第1版 2017年7月 第2版
印 次:	2017年7月 第2版 第1次印刷 总第6次印刷
书 号:	ISBN 978-7-114-13874-4
定 价:	32.00 元

(有印刷、装订质量问题的图书由本公司负责调换)

第二版前言

本教材自2012年1月首次出版以来,被全国多所高职高专院校选为教学用书,重印数次,深受广大师生的好评。为了更好地体现"在实践中学习、在实践中创新"的职业教育理念,突出职业教育的特色,人民交通出版社股份有限公司根据广大用书院校的要求,充分吸收常年使用本教材的师生提出的宝贵意见,对此书进行了修订。

本教材的修订内容主要体现在以下几个方面:

(1)删除了已经被淘汰液控自动变速器的内容。

(2)增加了液力变矩器特性的内容。

(3)细化了辛普森行星齿轮变速机构的内容。

(4)将电子稳定程序控制系统(ESP)并入防滑控制系统内。

(5)更换部分图片,并纠正原版教材中的错误。

本教材由辽宁省交通高等专科学校的张立新和武汉交通职业学院的屈亚锋主编,李培军、金艳秋、金雷担任副主编,参加编写的还有沈沉、孙永江、柳振凯、于林发、侯建党、韩希国、高元伟、徐广勇、曲昌辉、张成利、宋孟辉、吴兴敏、杨艳芬、郭大民、项仁峰、李春芳、黄宜坤等。

由于编者经历和水平有限,教材中难免有不足之处,恳请广大读者及时提出修改意见和建议,以便修改和完善。

2017年2月

目录 CONTENTS

单元一 自动变速器的检修 ·· 1
　生产任务　汽车自动变速器失效故障检修 ··· 1
　相关知识 ·· 2
　　1.1　概述 ·· 2
　　1.2　液力变矩器的结构与工作原理 ·· 6
　　1.3　齿轮变速机构和换挡执行元件的结构与工作原理 ············ 12
　　1.4　液压控制系统的结构与工作原理 ··· 33
　　1.5　电子控制系统的结构与工作原理 ··· 38
　　1.6　自动变速器维护与性能测试 ··· 48
　课堂讨论 ··· 55
　相关技能 ··· 55
　　1.7　自动变速器的检修 ·· 55
　小组工作 ··· 99
　知识拓展 ··· 100
　　1.8　无级变速器的结构与工作原理 ·· 100
　　1.9　双离合器自动变速器的结构与工作原理 ·························· 105
　思考题 ·· 110

单元二 电子控制悬架系统的检修 ·· 112
　生产任务　汽车车身高度控制功能失效故障检修 ······················· 112
　相关知识 ··· 113
　　2.1　概述 ··· 113
　　2.2　传感器及开关 ·· 114
　　2.3　电子控制单元(ECU) ··· 118
　　2.4　执行机构 ··· 119
　　2.5　雷克萨斯LS400型乘用车电子控制悬架系统 ················· 124
　课堂讨论 ··· 129
　相关技能 ··· 129
　　2.6　电子控制悬架系统的检修 ··· 129

小组工作 ··· 135
　　思考题 ··· 135
单元三　电子控制动力转向系统的检修 ·· 136
　　生产任务　电子控制动力转向系统助力不足或失效故障检修 ··············· 136
　　相关知识 ··· 137
　　　3.1　液压式电子控制动力转向系统 ····································· 137
　　　3.2　电动式电子控制动力转向系统 ····································· 143
　　课堂讨论 ··· 156
　　相关技能 ··· 156
　　　3.3　电子控制动力转向系统的检修 ····································· 156
　　小组工作 ··· 159
　　思考题 ··· 159
单元四　防滑控制系统的检修 ·· 160
　　生产任务　汽车防滑控制系统失效故障检修 ······························· 160
　　相关知识 ··· 161
　　　4.1　防抱死制动系统（ABS） ··· 161
　　　4.2　驱动防滑控制系统（ASR） ··· 181
　　　4.3　电子稳定程序控制系统（ESP） ···································· 189
　　课堂讨论 ··· 203
　　相关技能 ··· 203
　　　4.4　防滑控制系统的检修 ·· 203
　　小组工作 ··· 219
　　知识拓展 ··· 219
　　　4.5　电子制动力分配系统（EBD） ······································ 219
　　　4.6　电子差速锁（EDS） ··· 221
　　思考题 ··· 223
参考文献 ·· 225

单元一　自动变速器的检修

学习情境

一位客户抱怨其驾驶的丰田卡罗拉自动挡乘用车在行驶中踩下加速踏板时,发动机转速升高但车速没有很快提高;平路行驶基本正常,但上坡无力,且发动机转速很高。经维修技师检查,判断为自动变速器功能失效故障,需对自动变速器进行检修。

汽车自动变速器失效故障检修

1) 工作对象

待检修装备自动变速器的车辆 1 台。

2) 工作内容

(1) 领取所需的工具,做好工作准备。

(2) 检查自动变速器的工作。

(3) 拆卸、检查自动变速器主要零部件并进行检测,分析检测结果,制订修复方案。

(4) 安装自动变速器零部件,确定自动变速器工作正常。

(5) 检查、评价工作质量。

(6) 整理工具,清洁工作场地。

3) 工作目标与要求

(1) 学生应以小组工作的方式,完成本项工作任务。

(2) 学生应当能在小组成员的配合下,利用汽车维修手册(或实训指导书)制订工作计划,实施工作计划。

(3) 能通过阅读资料和现场观察,辨别所检修自动变速器的结构类型。

(4) 能认识所检修自动变速器的零部件,口述自动变速器的工作原理和各零部件的作用。

(5) 能向客户解释所修自动变速器的故障原因和修复方案。

(6) 能按规范的步骤,完成自动变速器主要零部件的拆卸和安装工作。

(7) 在工作过程中,注意工作安全,做好废料的处理,保持工作环境整洁。

相关知识

1.1 概述

自动变速器(Automatic Transmission,简称 AT)将汽车驾驶中离合器的操纵和变速器的操纵实现了自动化。目前,自动变速器的自动换挡等过程都是由自动变速器的电子控制单元(ECU,俗称电脑)控制的,因此,自动变速器又可简称为 EAT、ECAT、ECT 等。

1.1.1 自动变速器的分类

自动变速器可以按结构和控制方式、车辆驱动方式、挡位数的不同来分类。

1) 按结构和控制方式分类

自动变速器按结构和控制方式的不同,可以分为机械式自动变速器、无级变速器和液力式自动变速器。

(1) 机械式自动变速器,简称 AMT,是英文 Automated Mechanical Transmission 的缩写,它是在原有手动、有级、普通齿轮变速器的基础上增加了电子控制系统,来自动控制离合器的接合、分离和变速器挡位的变换。机械式自动变速器由于原有的机械传动结构基本不变,所以齿轮传动固有的传动效率高、结构紧凑、工作可靠等优点被很好地继承了下来,在重型车的应用上具有很好的发展前景。

(2) 无级变速器,简称 CVT,是英文 Continuously Variable Transmission 的缩写,它是采用传动带和工作直径可变的主、从动轮相配合来传递动力,可以实现传动比的连续改变,这也是一种具有广阔发展前景的自动变速器,目前在汽车上的应用已比较广泛。常见的有奥迪 A6 的 Multitronic 无级变速器、本田飞度的无级变速器、奇瑞旗云的 VT1F 无级变速器等。

(3) 液力式自动变速器是目前应用最广泛、技术最成熟的自动变速器。按照控制方式的不同,液力式自动变速器可以分为液控液力自动变速器和电控液力自动变速器,目前乘用车上多采用电控液力自动变速器;按照齿轮变速机构的不同,液力式自动变速器又可以分为行星齿轮自动变速器和平行轴式自动变速器,行星齿轮自动变速器应用最广泛,平行轴式自动变速器只在本田等个别车系中应用。行星齿轮自动变速器又可以分为辛普森式、拉威娜式等形式。

2) 按车辆的驱动方式分类

自动变速器按车辆驱动方式的不同,可以分为自动变速器(Automatic Transmission)和自动变速驱动桥(Automatic Transaxle),如图 1-1 所示。

自动变速器用于发动机前置后轮驱动的车型,变速器与主减速器、差速器分开;而自动变速驱动桥用于发动机前置前轮驱动的车型,变速器与主减速器、差速器制成一个总成。

3) 按自动变速器前进挡的挡位数分类

按照自动变速器前进挡的挡位数的不同,自动变速器可以分为四挡、五挡、六挡自动变速器等,目前比较常见的是四挡和五挡自动变速器,在某些高级乘用车上,如丰田皇冠、宝马 7 系、奥迪 A8 等乘用车采用六挡自动变速器。

单元一 自动变速器的检修

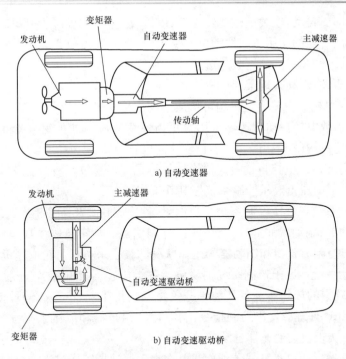

a) 自动变速器

b) 自动变速驱动桥

图 1-1 自动变速器和自动变速驱动桥

1.1.2 自动变速器的基本组成和工作原理

1) 基本组成

自动变速器主要由液力变矩器、齿轮变速机构、换挡执行元件、液压控制系统、电子控制系统以及冷却滤油装置等组成,如图 1-2 所示。

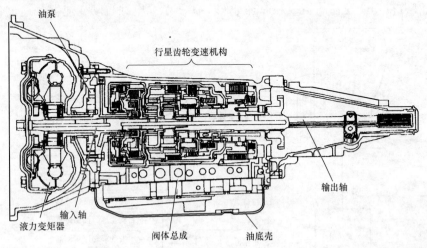

图 1-2 液力式自动变速器的结构

(1) 液力变矩器。液力变矩器位于自动变速器的最前端,安装在发动机的飞轮上,它是一个通过自动变速器油(ATF)传递动力的装置,可以实现动力的柔和传递。其主要功用是:

①在一定范围内自动、连续地改变转矩比,以适应不同行驶阻力的要求。

②具有自动离合器的功用。在发动机不熄火、自动变速器位于动力挡(D 或 R 位)的情况下,汽车可以处于停车状态。驾驶人可通过控制节气门开度控制液力变矩器的输出转矩,逐步加大输出转矩,实现动力地柔和传递。

(2)齿轮变速机构。齿轮变速机构可形成不同的传动比,组合成电控自动变速器不同的挡位。目前绝大多数电控自动变速器采用行星齿轮变速机构进行变速,有的车型采用平行轴式普通齿轮变速机构(如本田车系)进行变速。

(3)换挡执行元件。电控自动变速器换挡执行元件主要包括离合器、制动器和单向离合器,其中离合器和制动器由液压控制系统控制其工作。

(4)液压控制系统。液压控制系统是由油泵、各种控制阀及与之相连通的液压换挡执行元件(如离合器油缸、制动器油缸)等组成液压控制回路。汽车行驶中根据驾驶人的要求和行驶条件的需要,控制离合器和制动器的工作状况的改变来实现齿轮变速机构的自动换挡。

(5)电子控制系统。电子控制系统主要包括各类传感器及开关、电子控制单元、执行器等。电子控制系统中的传感器及各种控制开关将发动机工况、车速等信号传递给电子控制单元(ECU),经 ECU 处理后发出控制指令给执行器,执行器和液压系统按一定规律控制换挡执行元件工作,实现自动变速器自动换挡。

(6)冷却滤油装置。自动变速器油(ATF)在自动变速器工作过程中会因冲击、摩擦产生热量,并还要吸收齿轮传动过程中所产生的热量,油温将会升高。油温升高将导致 ATF 黏度下降,传动效率降低,因此必须对 ATF 进行冷却,保持油温在 80~90℃。ATF 是通过油冷却器与冷却液或空气进行热量交换的。自动变速器工作中各部件磨损产生的机械杂质,由滤油器从油中过滤分离出去,以减少机件的磨损,防止液压油路的堵塞和控制阀的卡滞。

2)基本工作原理

电控液力自动变速器的组成和原理如图 1-3 所示。电控自动变速器是通过各种传感

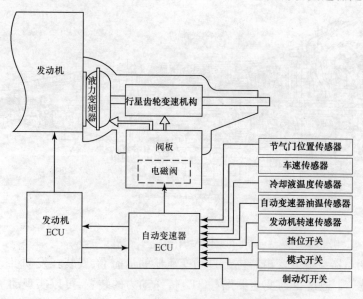

图 1-3 电控液力自动变速器的组成和原理图

器,将发动机的转速、节气门开度、车速、发动机冷却液温度、自动变速器油温等参数信号输入ECU,ECU根据这些信号,按照设定的换挡规律,向换挡电磁阀、油压电磁阀等发出动作控制信号,换挡电磁阀和油压电磁阀再将ECU的动作控制信号转变为液压控制信号,阀板中的各控制阀根据这些液压控制信号,控制换挡执行元件的动作,从而实现自动换挡过程。

1.1.3 自动变速器换挡杆的使用

常见换挡杆的位置可布置在转向柱上或驾驶室地板上,如图1-4所示。

乘用车自动变速器的换挡杆通常有6或7个位置,如图1-5所示,其功能见表1-1。

注意:发动机只有在换挡杆置于N或P位时才能起动,此功能靠驻车挡/空挡位置开关(又称空挡起动开关)来实现。

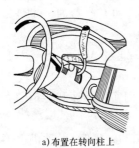
a) 布置在转向柱上

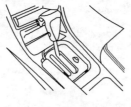
b) 布置在驾驶室地板上

图1-4 换挡杆的位置

图1-5 自动变速器换挡杆位置示意图

自动变速器各挡位名称及功用　　　　　表1-1

挡位	挡位名称	挡位功用
P	驻车挡	驻车时使用。换挡杆在P位时,驻车锁定机构将变速器的输出轴锁住,使驱动轮不能转动,可防止车辆移动。当换入其他挡位时,驻车锁定机构被解除锁止
R	倒挡	倒车时使用。换挡杆在R位时,液压系统倒挡油路被接通,自动变速器处于倒挡状态,驱动轮反转,汽车实现倒向行驶
N	空挡	起动及临时停车时使用。换挡杆处于N位时,所有齿轮变速机构中的齿轮空转,不能输出动力。发动机只有在换挡杆处于P位或N位时才能起动,该功能依靠驻车挡/空挡位置开关来实现
$D_4(D)$	前进挡	一般行驶条件下使用。当处于$D_4(D)$位时,液压系统控制装置根据节气门开度信号和车速信号自动接通相应的前进挡油路,齿轮变速机构在换挡执行元件的控制下得到相应的传动比。随着行驶条件的变化,在前进挡中自动升降挡,实现自动变速功能
$D_3(3)$	高速发动机制动挡	上下坡行驶条件下使用。换挡杆位于该位置时,液压制动系统只能接通前进挡中的一、二、三挡油路,自动变速器只能在这3个挡位间自动换挡,无法升入四挡,从而使汽车获得发动机制动效果
2(S)	中速发动机制动挡	用于发动机制动或在松软滑路面上行驶。换挡杆置于此位置时,液压控制系统只能接通前进挡中的一、二挡油路,自动变速器只能在这两个挡位间自动换挡,无法升入更高的挡位,从而使汽车获得发动机制动效果

续上表

挡位	挡位名称	挡 位 功 用
1(L)	低速发动机制动挡	用于发动机制动,当换挡杆位于1(L)位时,变速器被锁定在前进挡的一挡,这时发动机的制动作用更强,该挡多用于山区行驶、爬陡坡或下坡时,能有效利用发动机的制动作用来稳定车速

1.2 液力变矩器的结构与工作原理

1.2.1 液力变矩器的功用和组成

1)功用

液力变矩器位于发动机和自动变速器齿轮变速机构之间,以自动变速器油(ATF)为工作介质,主要完成以下功用:

(1)传递转矩。发动机的转矩通过液力变矩器的主动元件,再通过ATF传给液力变矩器的从动元件,最后传给自动变速器齿轮变速机构。

(2)无级变速。根据工况的不同,液力变矩器可以在一定范围内实现转速和转矩的无级变化。

(3)自动离合。液力变矩器由于采用ATF传递动力,当踩下制动踏板时,发动机也不会熄火,此时相当于离合器分离;当抬起制动踏板时,汽车可以起步,此时相当于离合器接合。

(4)驱动油泵。ATF在工作的时候需要油泵提供一定的压力,而油泵一般是由液力变矩器壳体驱动的。

同时由于采用ATF传递动力,液力变矩器的动力传递柔和,且能防止传动系统过载。

2)组成

如图1-6所示,液力变矩器通常由泵轮、涡轮和导轮3个元件组成,称为三元件液力变矩器。也有的采用两个导轮,则称为四元件液力变矩器。

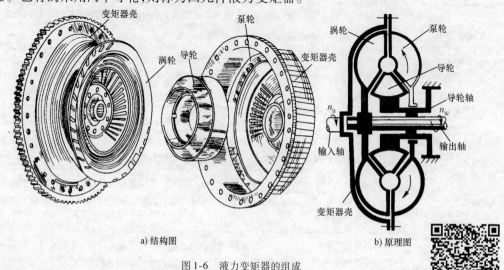

a) 结构图　　　　b) 原理图

图1-6　液力变矩器的组成

液力变矩器总成封在一个钢制壳体(变矩器壳体)中,内部充满ATF。液力变矩器壳体通过螺栓与发动机曲轴后端的飞轮连接,与发动机曲轴一起旋转。泵轮位于液力变矩器的后部,与变矩器壳体连在一起。涡轮位于泵轮前,通过带花键的从动轴向后面的自动变速器齿轮变速机构输出动力。泵轮、涡轮和导轮上都带有叶片。导轮位于泵轮与涡轮之间,通过单向离合器支承在固定套管上,使得导轮只能单向旋转(顺时针旋转)。液力变矩器装配好后形成环形内腔,其间充满ATF。

1.2.2 液力变矩器的工作原理

1)动力的传递

液力变矩器的工作原理可以通过一对风扇的工作来描述。如图1-7所示,将风扇A通电,将气流吹动起来,并使未通电的电扇B也转动起来,此时动力由电扇A传递到电扇B。为了实现转矩的放大,在两台电扇的背面加上一条空气通道,使穿过风扇B的气流通过空气通道的导向,从电扇A的背面流回,这会加强电扇A吹动的气流,使吹向电扇B的转矩增加。即电扇A相当于泵轮,电扇B相当于涡轮,空气通道相当于导轮,空气相当于ATF。

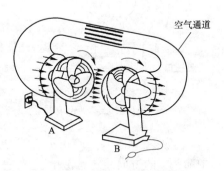

图1-7 液力变矩器的工作模型

液力变矩器工作时,壳体内充满ATF,发动机带动壳体旋转,壳体带动泵轮旋转,泵轮的叶片将ATF带动起来,并冲击到涡轮的叶片;如果作用在涡轮叶片上冲击力大于作用在涡轮上阻力,涡轮将开始转动,并使自动变速器齿轮变速机构的输入轴一起转动。由涡轮叶片流出的ATF经过导轮后再流回到泵轮,形成如图1-8所示的循环流动。

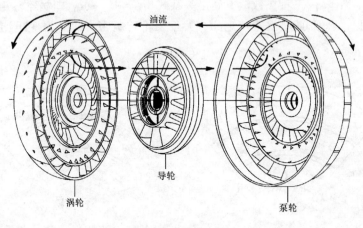

图1-8 ATF在液力变矩器中的循环流动

具体来说,上述ATF的循环流动是两种运动的合运动。当液力变矩器工作,泵轮旋转时,泵轮叶片带动ATF旋转起来,ATF绕着泵轮轴线做圆周运动;同样随着涡轮的旋转,ATF也绕着涡轮轴线做圆周运动。旋转起来的ATF在离心力的作用下,沿着泵轮的叶片从内缘流向外缘。当泵轮转速大于涡轮转速时,泵轮叶片外缘的液压大于涡轮外缘的液压。因此,ATF油在做圆周运动的同时,在上述压差的作用下由泵轮流向涡轮,再流向导轮,最后返回泵轮,形成在液力变矩器环形腔内的循环运动。

2) 转矩的放大

下面用液力变矩器工作轮的展开图来说明液力变矩器的转矩放大原理,展开图的制取方法如图1-9所示。即将循环圆上的中间流线(此流线将液流通道断面分割成面积相等的内外两部分)展开成一直线,各循环圆中间流线均在同一平面上展开,于是在展开图上,液力变矩器的泵轮B、涡轮W和导轮D便成为三个环形平面,且工作轮的叶片角度也清楚得显示出来。图1-10所示为液力变矩器工作原理图,为便于说明,设发动机转速及负荷不变,即液力变矩器泵轮的转速n_B及转矩M_B为常数。

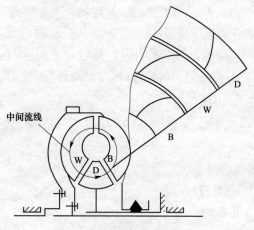

图1-9 液力变矩器工作轮展开示意图
B—泵轮;W—涡轮;D—导轮

当发动机运转而汽车还未起动时,涡轮转速n_W为零,如图1-10a)所示。液力变矩器油在泵轮叶片的带动下,以一定的绝对速度沿图中箭头1的方向冲向涡轮叶片,对涡轮有一作用力,产生绕涡轮轴的转矩。因此时涡轮静止不动,液流则沿着叶片流出涡轮并冲向导轮,其方向如图1-10a)中箭头2所示,该液流对导轮产生作用力矩。然后液流再从固定不动和导轮叶片沿箭头3的方向流回到泵轮中。当液流流过叶片时,对叶片作用有冲击力矩,液流此时也受到叶片的反作用力矩,其大小与作用力矩相等,方向相反。作用力矩与反作用力矩的方向及大小与液流进出工作轮的方向有关。设泵轮、涡轮和导轮对液流的作用力矩分别为M_B、M_W和M_D,方向如图1-10a)中箭头所示。根据液流受力平衡条件,三者在数值上满足关系式$M_W = M_B + M_D$,即涡轮转矩等于泵轮转矩与导轮转矩之和。显然,此时涡轮转矩M_W大于泵轮转矩M_B,即液力变矩器起了增大转矩的作用。

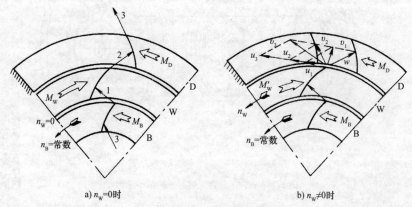

a) $n_W = 0$ 时 b) $n_W \neq 0$ 时

图1-10 液力变矩器工作原理图

当液力变矩器输出的转矩,经传动系统传到驱动车轮上所产生的牵引力足以克服汽车起步阻力时,汽车即起步并开始加速,与之相连的涡轮转速n_W也从零起逐渐增加。设液流沿叶片方向流动的相对速度为w,沿圆周方向运动的牵连速度为u,设泵轮转速不变,即液流在涡轮出口处的相对速度不变,由图1-10b)可见,冲向导轮叶片的液流的绝对速度v将随牵

连速度 u 的增大而逐渐向左倾斜,使导轮上所受的转矩值逐渐减小,即液力变矩器的转矩放大作用随之减小。

当涡轮转速增大到某一数值,由涡轮流出的液流[如图 1-10b)中 v 所示方向]正好沿导轮出口方向冲向导轮时,由于液体流经导轮时方向不改变,故导轮转矩 M_D 为零,于是涡轮转矩与泵轮转矩相等,即 $M_W = M_B$。

若涡轮转速 n_W 继续增大,液流绝对速度 v 方向继续向左倾,导轮转矩方向与泵轮转矩方向相反,则涡轮转矩为前两者转矩之差($M_W = M_B - M_D$),即液力变矩器输出转矩反而比输入转矩小,当涡轮转速增大到与泵轮转速相等时,工作液在循环圆中的循环流动停止,将不能传递动力。

3)液力变矩器特性

液力变矩器在泵轮的转速 n_B 及转矩 M_B 不变的条件下,变矩比 K、传动效率 η 与转速比 i 之间的变化规律,即为液力变矩器特性,可用图 1-11 表示。

液力变矩器输出转速(即涡轮转速 n_W)与输入转速(即泵轮转速 n_B)之比称为液力变矩器的转速比,用 i 表示,$i = n_W/n_B \leq 1$。

液力变矩器输出转矩(即涡轮转矩 M_W)与输入转矩(即泵轮转矩 M_B)之比称为液力变矩器的变矩比,用 K 表示,即 $K = M_W/M_B$。

液力变矩器的传动效率为输出功率与输入功率之比,即 $\eta = P_W/P_B = Ki \leq 1$。

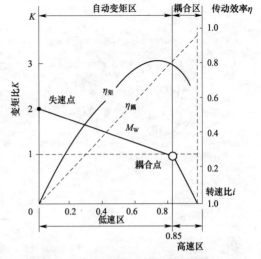

图 1-11 液力变矩器特性(n_W = 常数)

从液力变矩器特性中可以看出,变矩比 K 是随涡轮转速的改变而连续变化的,转速比越大,变矩比 K 越小。当汽车起步、上坡或遇到较大阻力时,如果发动机的转速和负荷不变,这时车速将降低,即涡轮转速降低,于是变矩比相应增大,因而使驱动轮获得较大的转矩,保证汽车能克服增大的阻力而继续行驶。

液力变矩器的传动效率刚开始是随着转速比的增大而增大的,到了耦合点附近达到最大,而后液力变矩器的传动效率随转速比的增加而开始下降,同时液力变矩器的变矩比也小于 1,这将影响发动机动力的传递。因此,在液力变矩器中都安装有锁止离合器,当转速比达到耦合点时,锁止离合器工作,将液力变矩器中的泵轮和涡轮刚性地连接到一起,这时液力变矩器的传动效率为 100%,涡轮的转矩与泵轮的转矩相等($M_W = M_B$)。

4)耦合工作特性

液力变矩器的变矩特性只有在泵轮与涡轮转速相差较大的情况下才成立,随着涡轮转速的不断提高,从涡轮回流的 ATF 会按顺时针方向冲击导轮。若导轮仍然固定不动,ATF 将会产生涡流,阻碍其自身的运动。为此绝大多数液力变矩器在导轮机构中增设了单向离合器,也称自由轮机构。当涡轮与泵轮转速相差较大时,单向离合器处于锁止状态,导轮不能转动。当涡轮转速达到泵轮转速的 85%~90% 时,单向离合器导通,导轮空转,不起导流的作用,液力变矩器的输出转矩不能增加,只能等于泵轮的转矩,此时称为耦合状态。

5)失速特性

液力变矩器失速状态是指涡轮因负荷过大而停止转动,但泵轮仍保持旋转的现象,此时液力变矩器只有动力输入而没有输出,全部输入能量都转化成热能,因此液力变矩器中的油液温度急剧上升,会对液力变矩器造成严重危害。失速点转速是指涡轮停止转动时液力变矩器的输入转速,该转速大小取决于发动机转矩、变矩器尺寸和导轮、涡轮的叶片角度。

1.2.3 典型液力变矩器

典型的液力变矩器如图1-12所示,主要由泵轮、涡轮、带单向离合器的导轮、变矩器壳体、涡轮轴、锁止离合器等组成。下面只介绍单向离合器和锁止离合器。

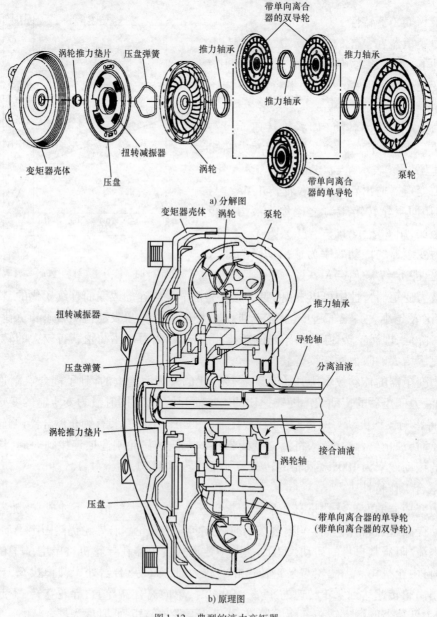

图1-12 典型的液力变矩器

1) 单向离合器

单向离合器又称为自由轮机构或超越离合器,其功用是实现导轮的单向锁止,即导轮只能顺时针转动而不能逆时针转动,当涡轮与泵轮转速差较大时,单向离合器处于锁止状态,导轮不能转动。当涡轮转速升高到一定程度后,单向离合器导通,即导轮空转,使得液力变矩器不能改变输出转矩,在高速区实现耦合传动。常见的单向离合器有楔块式和滚柱式两种。

(1) 楔块式单向离合器如图1-13所示,由内座圈、外座圈、楔块、保持架等组成。导轮与外座圈连为一体,内座圈与固定套管刚性连接,不能转动。当导轮带动外座圈逆时针转动时,外座圈带动楔块逆时针转动,楔块的长径与内、外座圈接触,如图1-13a)所示,由于长径长度大于内、外座圈之间的距离,所以外座圈被卡住而不能转动。当导轮带动外座圈顺时针转动时,外座圈带动楔块顺时针转动,楔块的短径与内、外座圈接触,如图1-13b)所示,由于短径长度小于内、外座圈之间的距离,所以外座圈可以自由转动。

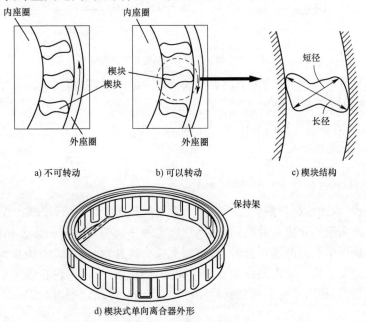

a) 不可转动　　b) 可以转动　　c) 楔块结构

d) 楔块式单向离合器外形

图1-13　楔块式单向离合器

(2) 滚柱式单向离合器如图1-14所示,由内座圈、外座圈、滚柱、叠片弹簧等组成。当外座圈顺时针转动时,滚柱进入楔形槽的宽处,内、外座圈不能被滚柱楔紧,外座圈可以顺时针自由转动。当外座圈逆时针转动时,滚柱进入楔形槽的窄处,内、外座圈被滚柱楔紧,外座圈固定不动。

2) 锁止离合器

由于液力变矩器的泵轮和涡轮之间存在着转速差和液力损失,其效率不如普通机械式变速器高,为了提高液力变矩器在高转速比工况下的效率,绝大部分液力变矩器中都增设了锁止机构,使变矩器输入轴与输出轴刚性连接,提高

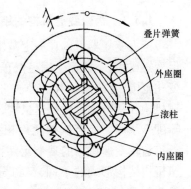

图1-14　滚柱式单向离合器

传动效率,提高汽车在正常行驶时的燃油经济性,并防止ATF过热。目前多数液力变矩器上采用锁止离合器作为锁止装置,其接合和分离是由液力变矩器中液压油的流向改变决定的,如图1-15所示。当车辆起步、低速或在坏路面上行驶时,ATF按图1-15a)所示的方向流动,锁止离合器分离,此时液力变矩器具有变矩作用;当车速增高时,ATF按图1-15b)所示的方向流动,锁止离合器接合(锁止),将涡轮与泵轮连接成一体,此时液力变矩器无变矩作用。

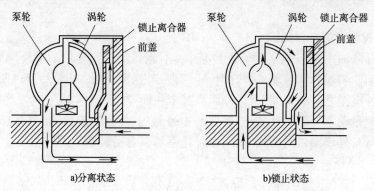

图1-15 锁止离合器的结构及工作原理

当车辆在良好路面行驶,满足下面五个条件时,锁止离合器将接合:
(1)冷却液温度不低于65℃。
(2)换挡杆处于D位,且挡位在D_2、D_3或D_4挡。
(3)没有踩下制动踏板。
(4)车速高于56km/h。
(5)节气门开启。

当车辆起步、低速或在坏路面上行驶时,应将锁止离合器分离,使液力变矩器具有变矩作用。此时油液流至锁止离合器的前端,锁止离合器片前端与后端的压力相同,使锁止离合器分离。当车辆以中速至高速行驶时,油液流至锁止离合器的后端,使锁止离合器片与前盖一起转动。此时发动机的动力经液力变矩器壳体、锁止离合器、涡轮轮毂传给后面的自动变速器齿轮变速机构,相当于将泵轮和涡轮刚性连在一起,传动效率为100%。

1.3 齿轮变速机构和换挡执行元件的结构与工作原理

1.3.1 齿轮变速机构的结构与工作原理

液力变矩器可以在一定范围内自动无级地改变转矩和传动比,以适应行驶阻力的变化,但变矩比小,不能完全满足汽车使用的要求,必须与齿轮变速机构组合使用,扩大传动比的变化范围,才能满足汽车行驶的要求。自动变速器的齿轮变速机构主要形式有行星齿轮变速机构和平行轴齿轮变速机构,目前绝大多数自动变速器将行星齿轮变速机构与液力变矩器配合使用。换挡执行元件根据自动变速器控制系统的命令来接合或分离、制动或放松行星齿轮变速机构的某个元件,通过改变动力传递路线得到不同的传动比。按行星齿轮变速机构结构形式的不同,又可分为辛普森式行星齿轮变速机构和拉威娜式行星齿轮变速机构。

1)单排行星齿轮变速机构

如图 1-16 所示,单排行星齿轮变速机构主要由一个太阳轮(又称为中心轮)、一个带有若干个行星齿轮的行星架和一个齿圈组成。

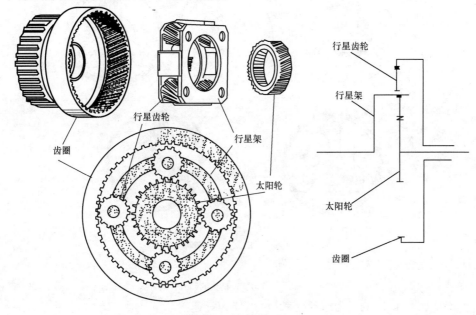

图 1-16 单排行星齿轮机构

齿圈又称为齿环,制有内齿,其余齿轮均为外齿轮。太阳轮位于行星齿轮变速机构的中心,行星齿轮与太阳轮外啮合,与齿圈内啮合。通常行星齿轮有 3～6 个,通过滚针轴承安装在行星齿轮轴上,行星齿轮轴对称、均匀地安装在行星架上。行星齿轮变速机构工作时,行星齿轮除了绕自身轴线的自转外,还绕着太阳轮公转,行星架也绕太阳轮旋转。由于太阳轮与行星齿轮是外啮合,所以两者的旋转方向是相反的;而行星齿轮与齿圈是内啮合,则这两者的旋转方向是相同的。

根据能量守恒定律,由作用在单排行星齿轮变速机构各元件上的力矩和结构参数,可以得出表示单排行星齿轮变速机构运动规律的特性方程式为:

$$n_1 + \alpha n_2 - (1+\alpha)n_3 = 0$$

式中:n_1——太阳轮转速;

n_2——齿圈转速;

n_3——行星架转速;

α——齿圈齿数 z_2 与太阳轮齿数 z_1 之比,即 $\alpha = z_2/z_1$,且 $\alpha > 1$。

由于一个方程有三个变量,如果将太阳轮、齿圈和行星架中某个元件作为主动(输入)部分,让另一个元件作为从动(输出)部分,则由于第三个元件不受任何约束和限制,所以从动部分的运动是不确定的。因此,为了得到确定的运动,必须对太阳轮、齿圈和行星架三者中的某个元件的运动进行约束和限制。

如图 1-17 所示,通过对不同的元件进行约束和限制,可以得到不同的动力传动方式。

(1)齿圈为主动件(输入),行星架为从动件(输出),太阳轮固定,如图 1-17a)所示。此时，$n_1=0$，则传动比 i_{23} 为：

$$i_{23} = n_2/n_3 = 1 + 1/\alpha > 1$$

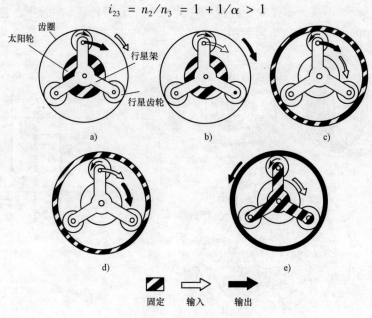

图 1-17 单排行星齿轮变速机构的动力传动方式

由于传动比大于 1，说明为减速传动，可以作为降速挡。

(2) 行星架为主动件(输入)，齿圈为从动件(输出)，太阳轮固定，如图 1-17b) 所示。此时，$n_1=0$，则传动比 i_{32} 为：

$$i_{32} = n_3/n_2 = \alpha/(1+\alpha) < 1$$

由于传动比小于 1，说明为增速传动，可以作为超速挡。

(3) 太阳轮为主动件(输入)，行星架为从动件(输出)，齿圈固定，如图 1-17c) 所示。此时，$n_2=0$，则传动比 i_{13} 为：

$$i_{13} = n_1/n_3 = 1 + \alpha > 1$$

由于传动比大于 1，说明为减速传动，可以作为降速挡。

对比这两种情况的传动比，由于 $i_{13} > i_{23}$，虽然都为降速挡，但 i_{13} 是降速挡中的低挡，而 i_{23} 为降速挡中的高挡。

(4) 行星架为主动件(输入)，太阳轮为从动件(输出)，齿圈固定，如图 1-17d) 所示。此时，$n_2=0$，则传动比 i_{31} 为：

$$i_{31} = n_3/n_1 = 1/(1+\alpha) < 1$$

由于传动比小于 1，说明为增速传动，可以作为超速挡。

(5) 太阳轮为主动件(输入)，齿圈为从动件(输出)，行星架固定，如图 1-17e) 所示。此时，$n_3=0$，则传动比 i_{12} 为：

$$i_{12} = n_1/n_2 = -\alpha$$

由于传动比为负值，说明主从动件的旋转方向相反；又由于 $|i_{12}| > 1$，说明为减速传动，可以作为倒挡。

(6) 如果 $n_1 = n_2$，则可以得到 $n_3 = n_1 = n_2$。同样，$n_1 = n_3$ 或 $n_2 = n_3$ 时，均可以得到 $n_1 =$

$n_2 = n_3$ 的结论。因此,若使太阳轮、齿圈和行星架三个元件中的任何两个元件连为一体转动,则另一个元件的转速必然与前两者等速同向转动。即行星齿轮变速机构中所有元件(包含行星齿轮)之间均无相对运动,传动比 $i = 1$。这种传动方式用于变速器的直接挡传动。

(7)如果太阳轮、齿圈和行星架三个元件没有任何约束,则各元件的运动是不确定的,此时为空挡。

自动变速器中的行星齿轮变速机构一般是采用 2~3 排行星齿轮变速机构传动,其各挡传动比就是根据上述单排行星齿轮变速机构传动特点进行合理组合得到的。

2)单排双级行星齿轮变速机构

单排双级行星齿轮变速机构如图 1-18 所示。设太阳轮、齿圈和行星架的转速分别为 n_1、n_2 和 n_3,齿圈齿数 z_2 与太阳轮齿数 z_1 之比为 α,则其运动规律为:

$$n_1 - \alpha n_2 + (\alpha - 1)n_3 = 0$$

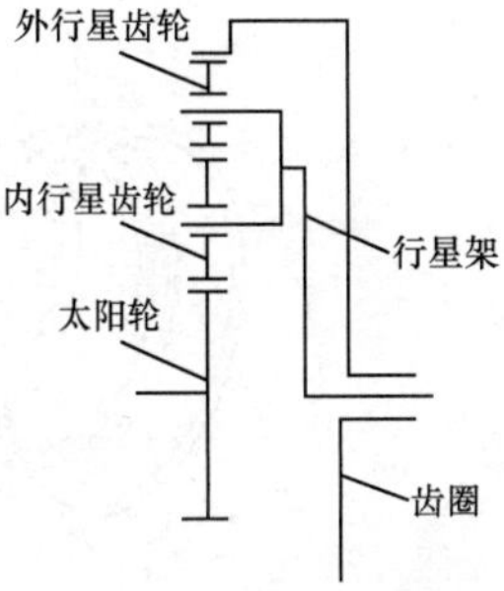

图 1-18 单排双级行星齿轮变速机构

单排双级行星齿轮变速机构的运动分析与单排行星齿轮变速机构相同。

1.3.2 换挡执行元件的结构与工作原理

行星齿轮自动变速器的换挡执行元件包括离合器、制动器和单向离合器。离合器和制动器以液压方式控制行星齿轮变速机构元件的旋转。单向离合器的作用是以机械方式对行星齿轮变速机构的元件进行锁止,使某一元件只能按一定方向旋转,而在另一方向上锁止。单向离合器的结构、工作原理与导轮单向离合器相同,此处不作介绍。

1)离合器

离合器的功用是连接轴和行星齿轮变速机构中的元件或是连接行星齿轮变速机构中的不同元件。

(1)离合器的结构。离合器主要由离合器鼓、花键毂、活塞、主动摩擦片、从动钢片、复位弹簧等组成,如图 1-19 所示。

实际上离合器鼓是一个液压缸,鼓内有内花键齿圈,内圆轴颈上有进油孔与控制油路相通。离合器活塞为环状,内外圆上有密封圈,安装在离合器鼓内。从动钢片和主动摩擦片交错排列,两者统称为离合器片,均使用钢料制成,但主动摩擦片的两面烧结有铜基粉末冶金的摩擦材料。为保证离合器接合柔和及散热,离合器片浸在油液中工作,因而称为湿式离合器。从动钢片带有外花键齿,与离合器鼓的内花键齿圈连接,并可轴向移动,主动摩擦片则以内花键齿与花键毂的外花键槽配合,也可做轴向移动。花键毂和离合器鼓分别以一定的方式与齿轮变速机构的输入轴或行星齿轮变速机构的元件相连接。碟形弹簧的作用是使离合器接合柔和,防止换挡冲击。可以通过调整卡环或压盘的厚度调整离合器的间隙。

(2)离合器工作原理。离合器的工作原理如图 1-20 所示。

当一定压力的 ATF 经控制油道进入活塞左面的液压缸时,液压作用力便克服弹簧力使活塞右移,将所有离合器片压紧,即离合器接合,与离合器主、从动部分相连的元件也被连接在一起,以相同的速度旋转。

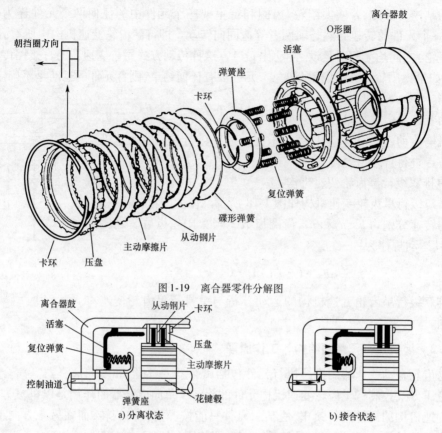

图1-19 离合器零件分解图

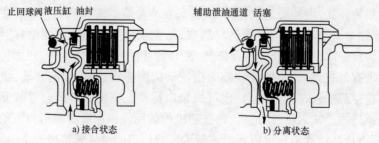

图1-20 离合器工作原理

当控制阀将作用在离合器液压缸的油压撤除后,离合器活塞在复位弹簧的作用下回复原位,并将缸内的变速器油从进油孔排出,使离合器分离,离合器主从动部分可以不同转速旋转。

为了快速泄油,保证离合器彻底分离,一般在液压缸中都有一个止回球阀,如图1-21所示。当ATF油被撤除时,球体在离心力的作用下离开阀座,开启辅助泄油通道,使ATF迅速撤离。

图1-21 带止回球阀的离合器

2) 制动器

制动器的功用是固定行星齿轮变速机构中的元件,防止其转动。制动器有片式和带式两种形式。

(1)片式制动器。片式制动器与离合器的结构和原理相同,不同之处是离合器是起连接作用而传递动力,而片式制动器是通过连接而起制动作用。

片式制动器的工作原理如图1-22所示。当活塞受到控制油压的作用时,活塞在活塞缸内运动,使摩擦片与钢片相互接触。其结果是,在每个摩擦片与钢片之间产生很大的摩擦力,使行星齿轮变速机构某一元件或单向离合器锁定在变速器壳体上。当控制油压降低时,由于复位弹簧的作用,活塞至原位,使制动解除。

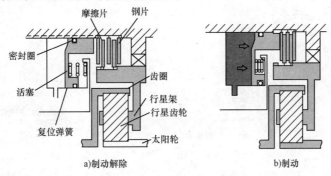

图1-22 片式制动器的工作原理

(2)带式制动器。带式制动器由制动带和控制油缸等组成,如图1-23所示为带式制动器的零件分解图。制动带是内表面带有镀层的开口式环形钢带。制动带的一端支撑在与变速器壳体固定连接的支座上,另一端与控制油缸的活塞杆相连。

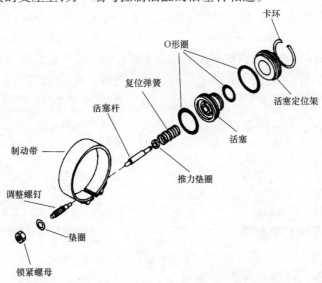

图1-23 带式制动器的零件分解图

制动器的工作原理如图1-24所示,制动带开口处的一端通过支柱支撑于固定在变速器壳体的调整螺钉上,另一端支撑于油缸活塞杆端部,活塞在复位弹簧和左腔油压作用下位于右极限位置,此时,制动带和制动鼓之间存在一定间隙。

制动时,压力油进入活塞右腔,克服左腔油压和复位弹簧的作用力推动活塞左移,制动带以固定支座为支点收紧。在制动力矩的作用下,制动鼓停止旋转,行星齿轮变速机构某元件被锁止。随着油压撤除，活塞逐渐复位，制动解除。若仅依靠弹簧张力，则活塞复位速度较慢，目前大多数制动器设置了左腔进油道。在右腔撤除油压的同时，左腔进油，活塞在油压和复位弹簧的共同作用下复位，可迅速解除制动。

图 1-25 所示为间接作用式伺服装置，活塞杆通过杠杆控制推杆的动作，由于采用杠杆结构将活塞作用力放大，制动力矩进一步增加。

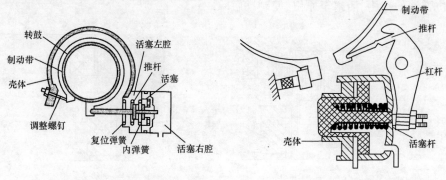

图 1-24　制动器的工作原理　　　　图 1-25　间接作用式伺服装置

1.3.3　典型自动变速器齿轮变速机构的结构与工作原理

1) 辛普森式行星齿轮变速机构

辛普森式行星齿轮变速机构是以其设计者美国福特公司的工程师霍华德·辛普森的名字命名。如图 1-26 所示，辛普森Ⅰ型行星齿轮变速机构是由两个单排行星齿轮组连接而成的一种双排行星齿轮变速机构，其结构特点是：前、后两个行星齿轮变速机构共用一个太阳轮。辛普森Ⅱ型行星齿轮变速机构是在辛普森Ⅰ型行星齿轮变速机构的基础上加以改变而得来的，丰田、通用、日产、福特等公司生产的自动变速器大量采用此结构。

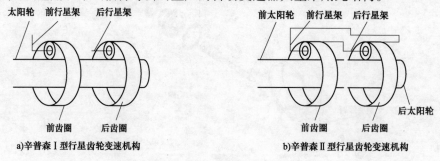

a) 辛普森Ⅰ型行星齿轮变速机构　　　　b) 辛普森Ⅱ型行星齿轮变速机构

图 1-26　辛普森式行星齿轮变速机构原理图

(1) 辛普森Ⅰ型行星齿轮变速机构。

① 结构和组成。图 1-27 所示为典型四挡辛普森(Ⅰ型)行星齿轮变速机构的结构简图。

四挡辛普森(Ⅰ型)行星齿轮变速机构由三排行星齿轮变速机构组成，前面一排为超速行星排，中间一排为前行星排，后面一排为后行星排，之所以这样命名是由于四挡辛普森行星齿轮变速机构是在三挡辛普森行星齿轮变速机构的基础上发展起来的，沿用了三挡辛普森行星齿轮变速机构的命名。输入轴与超速行星排的行星架相连，超速行星排的齿圈与中间轴相连，中间轴通过前进挡离合器或直接挡、倒挡离合器与前、后行星排相连。前、后行星排的结构特点是共用一个太阳轮，前行星排的行星架与后行星排的齿圈相连并与输出轴相连。

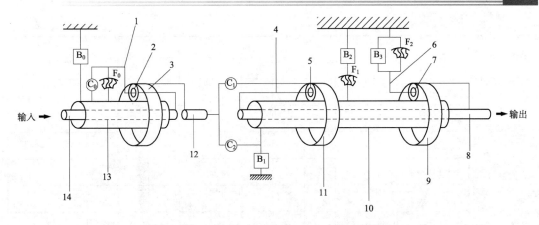

图 1-27 四挡辛普森（Ⅰ型）行星齿轮变速机构的结构简图

1-超速(OD)行星排行星架；2-超速(OD)行星排行星齿轮；3-超速(OD)行星排齿圈；4-前行星排行星架；5-前行星排行星齿轮；6-后行星排行星架；7-后行星排行星齿轮；8-输出轴；9-后行星排齿圈；10-前后行星排太阳轮；11-前行星排齿圈；12-中间轴；13-超速(OD)行星排太阳轮；14-输入轴；C_0-超速挡(OD)离合器；C_1-前进挡离合器；C_2-直接挡、倒挡离合器；B_0-超速挡(OD)制动器；B_1-二挡滑行制动器；B_2-二挡制动器；B_3-低、倒挡离合器；F_0-超速挡(OD)单向离合器；F_1-二挡（一号）单向离合器；F_2-低挡（二号）单向离合器

换挡执行元件包括 3 个离合器、4 个制动器和 3 个单向离合器，共 10 个元件。具体的功能见表 1-2。

换挡执行元件的功能 表 1-2

换挡执行元件		功　　能
C_0	超速挡(OD)离合器	连接超速行星排太阳轮与超速行星排行星架
C_1	前进挡离合器	连接中间轴与前星排齿圈
C_2	直接挡、倒挡离合器	连接中间轴与前后行星排太阳轮
B_0	超速挡(OD)制动器	制动超速行星排太阳轮
B_1	二挡滑行制动器	制动前后行星排太阳轮
B_2	二挡制动器	制动 F_1 外座圈，当 F_1 也起作用时，可以防止前后行星排太阳轮逆时针转动
B_3	低、倒挡离合器	制动后行星排行星架
F_0	超速挡(OD)单向离合器	连接超速行星排太阳轮与超速行星排行星架
F_1	二挡（一号）单向离合器	当 B_2 工作时，防止前后行星排太阳轮逆时针转动
F_2	低挡（二号）单向离合器	防止后行星排行星架逆时针转动

②各挡的动力传递路线。在自动变速器各挡位时，换挡执行元件的动作情况见表 1-3。

各挡位时换挡执行元件的动作情况 表 1-3

换挡杆位置	挡位	换挡执行元件										发动机制动
		C_0	C_1	C_2	B_0	B_1	B_2	B_3	F_0	F_1	F_2	
P	驻车挡	○										
R	倒挡	○		○				○				
N	空挡	○										

续上表

换挡杆位置	挡位	C_0	C_1	C_2	B_0	B_1	B_2	B_3	F_0	F_1	F_2	发动机制动
D	一挡	○	○						○		○	
	二挡	○	○				○		○	○		
	三挡	○	○	○					○			
	四挡(OD挡)		○	○	○							
2	一挡	○	○						○		○	
	二挡	○	○				○		○	○		○
	三挡*	○	○	○					○			○
L	一挡	○	○					○	○		○	○
	二挡*	○	○			○	○		○	○		○

注:*——只能降挡不能升挡;
○——换挡元件工作或有发动机制动。

a. D 位一挡。如图 1-28 所示,D 位一挡时,C_0、C_1、F_0、F_2 工作。C_0 和 F_0 工作将超速行星排的太阳轮和行星架相连,此时超速行星排成为一个刚性整体,输入轴的动力顺时针传到中间轴。C_1 工作将中间轴与前行星排齿圈相连,前行星排齿圈顺时针转动驱动前行星排行星齿轮转动,前行星排行星齿轮即顺时针自转又顺时针公转,前行星排行星齿轮顺时针公转则输出轴也顺时针转动,这是一条动力传动路线。由于前行星排行星齿轮顺时针自转,则前后行星排太阳轮逆时针转动,再驱动后行星排行星齿轮顺时针自转,此时后行星排行星齿轮在前后行星排太阳轮的作用下有逆时针公转的趋势,但由于 F_2 的作用,使得后行星排行星架不动。这样顺时针转动的后行星排行星齿轮驱动齿圈顺时针转动,从输出轴也输出动力,这是第二条动力传动路线。

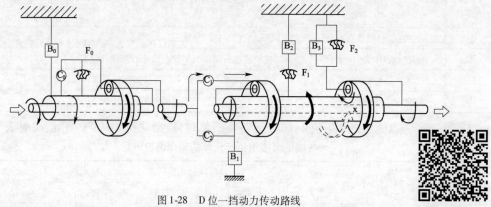

图 1-28 D 位一挡动力传动路线

b. D 位二挡。如图 1-29 所示,D 位二挡时,C_0、C_1、B_2、F_0、F_1 工作。C_0 和 F_0 作如前所述直接将动力传给中间轴。C_1 工作,动力顺时针传到前行星排齿圈,驱动前行星排行星齿轮顺时针转动,并使前后太阳轮有逆时针转动的趋势,由于 B_2 的作用,F_1 将防止前后太阳轮逆时针转动，即前后太阳轮不动。此时前行星排行星齿轮将带动行星架也顺时针转动，从输出轴输出动力。后行星排不参与动力的传动。

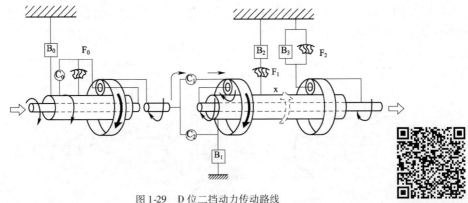

图 1-29　D 位二挡动力传动路线

c. D 位三挡。如图 1-30 所示，D 位三挡时，C_0、C_1、C_2、B_2、F_0 工作。C_0 和 F_0 工作如前所述直接将动力传给中间轴。C_1、C_2 工作将中间轴与前行星排的齿圈和太阳轮同时连接起来，前行星排成为刚性整体，动力直接传给前行星排行星架，从输出轴输出动力。此挡为直接挡。

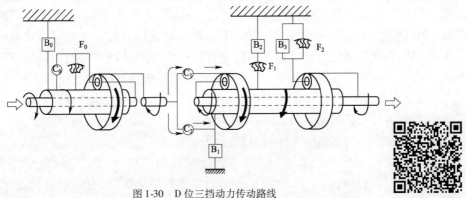

图 1-30　D 位三挡动力传动路线

d. D 位四挡。如图 1-31 所示，D 位四挡时，C_1、C_2、B_0、B_2 工作。B_0 工作，将超速行星排太阳轮固定。动力由输入轴输入，带动超速行星排行星架顺时针转动，并驱动行星齿轮及齿圈都顺时针转动，此时的传动比小于 1。C_1、C_2 工作使得前后行星排的工作同 D 位三挡，即处于直接挡。所以整个机构以超速挡传递动力。B_2 的作用同前所述。

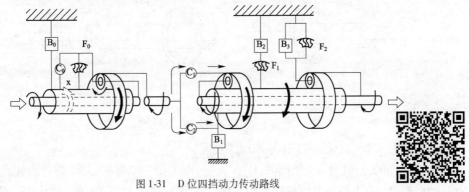

图 1-31　D 位四挡动力传动路线

e. 2位一挡。2位一挡的工作与D位一挡相同。

f. 2位二挡。如图1-32所示,2位二挡时,C_0、C_1、B_1、B_2、F_0、F_1工作。动力传动路线与D位二挡时相同。区别只是由于B_1的工作,使得2位二挡有发动机制动,而D位二挡没有。此挡为高速发动机制动挡。

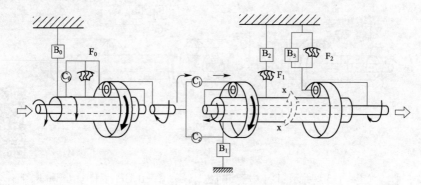

图1-32　2位二挡动力传动路线

发动机制动是指利用发动机怠速时的较低转速以及变速器的较低挡位来使较快的车辆减速。D位二挡时,如果驾驶人抬起加速踏板,发动机进入怠速工况,而汽车在原有的惯性作用下仍以较高的车速行驶。此时,驱动车轮将通过变速器的输出轴反向带动行星齿轮变速机构运转,各元件都将以相反的方向转动,即前后太阳轮将有顺时针转动的趋势,F_1不起作用,使得反传的动力不能到达发动机,无法利用发动机进行制动。而在2位二挡时,B_1工作使得前后太阳轮固定,既不能逆时针转动也不能顺时针转动,这样反传的动力就可以传到发动机,所以有发动机制动。

g. 2位三挡。2位三挡的工作与D位三挡相同。

h. L位一挡。如图1-33所示,L位一挡时,C_0、C_1、B_3、F_0、F_2工作。动力传动路线与D位一挡时相同。区别只是由于B_3的工作,使后行星排行星架固定,有发动机制动,原因同前所述。此挡为低速发动机制动挡。

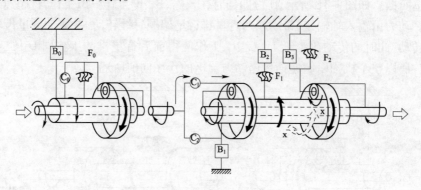

图1-33　L位一挡动力传动路线

i. L位二挡。L位二挡的工作与2位二挡相同。

j. R位。如图1-34所示,倒挡时,C_0、C_2、B_3、F_0工作。C_0和F_0工作如前所述直接将动力传给中间轴。C_2工作将动力传给前后行星排太阳轮。由于B_3工作,将后行星排行星架固定,使得行星齿轮仅相当于一个惰轮。前后行星排太阳轮顺时针转动驱动后行星排行星齿轮逆时针转动，进而驱动后行星排齿圈也逆时针转动，从输出轴逆时针输出动力。

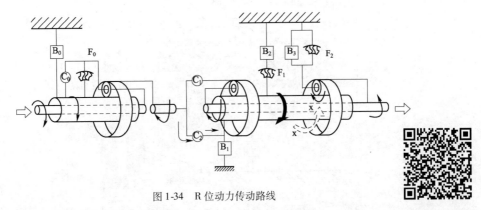

图 1-34　R 位动力传动路线

k. P 位（驻车挡）。换挡杆置于 P 位时，一般自动变速器都是通过驻车锁止机构将变速器输出轴锁止实现驻车。如图 1-35 所示，驻车锁止机构由输出轴外齿圈、锁止棘爪、锁止凸轮等组成。锁止棘爪与固定在变速器壳体上的枢轴相连。当换挡杆处于 P 位时，与换挡杆相连的手动阀通过锁止凸轮将锁止棘爪推向输出轴外齿圈，并嵌入齿中，使变速器输出轴与壳体相连而无法转动，如图 1-35b) 所示。当换挡杆处于其他位置时，锁止凸轮退回，锁止棘爪在复位弹簧的作用下离开输出轴外齿圈，锁止撤销，如图 1-35a) 所示。

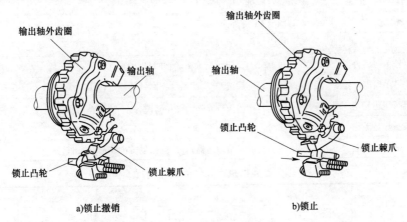

图 1-35　驻车锁止机构

(2) 辛普森 II 型行星齿轮变速机构。

① 结构和组成。

丰田卡罗拉乘用车配备的 U341E 型自动变速器，其齿轮变速机构采用了 CR—CR 式行星齿轮变速机构，即将两组单行星排的行星架 C（planet carrier）和齿圈 R（gearring）分别组配，该行星齿轮变速机构仅有 4 个独立元件（前太阳轮、后太阳轮、前行星架和后齿圈组件、前齿圈和后行星架组件），其特点是变速比大、效率高、元件轴转速低。

卡罗拉乘用车 U341E 型自动变速器行星齿轮变速机构的结构如图 1-36 所示，主要部件的功能见表 1-4，各换挡执行元件的工作情况见表 1-5。

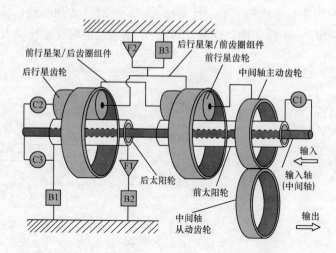

图1-36 卡罗拉乘用车 U341E 型自动变速器行星齿轮变速机构的结构

主要部件功能　　　　　　　　　　　　　　　　　　　　　　　　　　表1-4

部件	功能
C1	前进挡离合器	连接输入轴和前排太阳轮
C2	直接离合器	连接输入轴和后排行星架
C3	倒挡离合器	连接输入轴和后太阳轮
B1	OD挡和二挡制动器	固定后排太阳轮
B2	二挡制动器	固定F1的外圈
B3	一挡和倒挡制动器	固定后行星架/前齿圈组件
F1	1号单向离合器	与B2配合，阻止后太阳轮逆时针转动
F2	2号单向离合器	阻止后行星架/前齿圈组件逆时针转动
前排行星齿轮组	根据各换挡执行元件的工作情况，改变齿轮动力传递路线，以升高或降低输出转速
后排行星齿轮组	
中间轴齿轮副	将动力传递给差速器，并改变传动方向，降低输出转速

各换挡执行元件的工作情况　　　　　　　　　　　　　　　　　　　　表1-5

换挡杆位置	挡位	离合器			制动器			单向离合器	
		C1	C2	C3	B1	B2	B3	F1	F2
P	驻车挡								
R	倒挡			○			○		
N	空挡								
D	一挡	○							○
	二挡	○				○		○	
	三挡	○	○						
	四挡		○		○				
3	一挡	○							○
	二挡	○				○		○	
	三挡	○	○						

续上表

换挡杆位置	挡位	离合器			制动器			单向离合器	
		C1	C2	C3	B1	B2	B3	F1	F2
2	一挡	○							○
	二挡	○				○		○	
L	一挡	○					○		○

注：○表示工作。

②各挡的动力传递路线。

a. 一挡。换挡杆处于"D""3"和"2"位置的一挡时，参与工作的换挡执行元件有C1、F2，动力传递路线如图1-37所示。一挡时动力传递发生在前行星排，F2阻止前齿圈逆输入轴的旋转方向（逆时针）转动，此时，后排行星齿轮组没有元件被约束，因此，处于空转状态，动力传递路线如下：

输入轴→C1→前太阳轮→前行星齿轮→前行星架→中间轴主、从动齿轮→输出轴

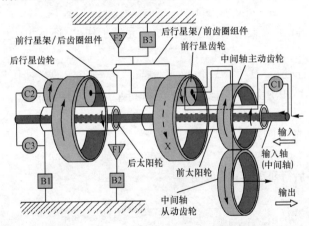

图1-37 一挡动力传递路线

放松加速踏板时，前行星架转速高（接驱动轮），前太阳轮转速低（接发动机），使前齿圈试图被带动加速顺着前行星架（前太阳轮）的旋转方向转动。由于单向离合器F2不阻止前齿圈顺着行星架的旋转方向转动，整个行星排不能反向传递动力，所以无发动机制动效果。

在L位一挡时，除了使上述的一挡换挡执行元件工作外，还使B3也工作，车辆行驶时，不论是踩下还是放松加速踏板，行星排都有动力传递能力，从而获得发动机制动效果。

b. 二挡。换挡杆处于"D"和"3"位置的二挡时，参与工作的换挡执行元件有C1、B2、F1，动力传递路线如图1-38所示。二挡时动力传递发生在前、后两个行星排，B2、F1联合作用，阻止后太阳轮逆输入轴的旋转方向转动，动力传递路线如下：

输入轴→C1→前太阳轮→前行星齿轮→前行星架／前齿圈→后行星架／后行星齿轮→后齿圈→中间轴主、从动齿轮→输出轴

放松加速踏板时，前行星架和后齿圈组件转速高（接驱动轮），前太阳轮转速低（接发动机），使前齿圈和后行星架组件加速转动，进而使后太阳轮试图被带动加速顺着前行星架（前

太阳轮)的旋转方向转动。由于单向离合器F1不阻止后太阳轮顺着行星架的旋转方向转动,整个行星排不能反向传递动力,所以无发动机制动效果。

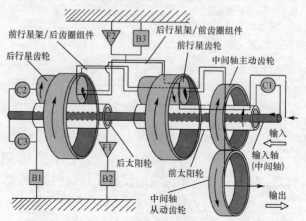

图1-38 二挡动力传递路线

在2位二挡时,除了使上述的二挡换挡执行元件工作外,还使B1也工作,从而获得发动机制动效果。

c. 三挡。换挡杆处于"D"和"3"位置的三挡时,参与工作的换挡执行元件有C1、C2、B2,动力传递路线如图1-39所示。三挡时,前、后排行星齿轮变速机构互锁于一体旋转,动力传递路线如下:

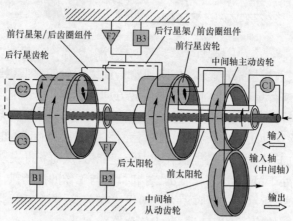

图1-39 三挡动力传递路线

由于行星齿轮变速机构的3个元件(太阳轮、行星架、齿圈)中有两个转速相等(前太阳轮、前行星架都与输入轴相连),因此在放松加速踏板时,驱动轮的动力可以经前行星架传给前太阳轮,所以有发动机制动效果。

d. 四挡。换挡杆处于"D"位置的四挡时,参与工作的换挡执行元件有C2、B1、B2,动力传递如图1-40所示。四挡时动力传递发生在后行星排,此时前排行星齿轮组处于空转状

态,动力传递路线如下:

输入轴→C2→后行星架→后行星齿轮→后齿圈→中间轴主、从动齿轮→输出轴

由于行星齿轮变速机构的3个元件(太阳轮、行星架、齿圈)中有1个固定(后太阳轮被固定),因此在放松加速踏板时,驱动轮的动力可以经后齿圈传给后行星架,所以有发动机制动效果。

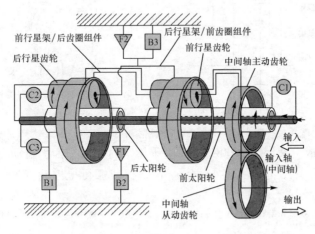

图1-40 四挡动力传递路线

e. R挡。换挡杆处于"R"位置时,参与工作的换挡执行元件有C3、B3,动力传递路线如图1-41所示。R挡时动力传递发生在后行星排,此时前排行星齿轮组处于空转状态,动力传递路线如下:

输入轴→C3→后太阳轮→后行星齿轮→后齿圈→中间轴主、从动齿轮→输出轴

由于行星齿轮变速机构的3个元件(太阳轮、行星架、齿圈)中有1个固定(后行星架被固定),因此在放松加速踏板时,驱动轮的动力可以经后太阳轮传给后齿圈,所以有发动机制动效果。

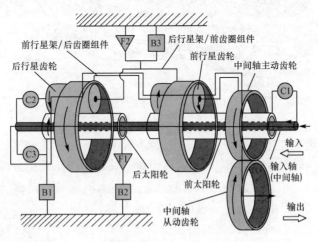

图1-41 倒挡动力传递路线

2)拉维娜式行星齿轮变速机构

拉维娜式行星齿轮变速机构结构示意图如图1-42所示,它是一种双排单、双级复合式

行星齿轮变速机构。前排为单级机构，后排是双级机构，前、后排共用一个齿圈和一个行星架。在行星架上，外行星齿轮为长行星齿轮，它与齿圈、短行星齿轮和大太阳轮同时啮合；内行星齿轮为短行星齿轮，它与小太阳轮和长行星齿轮同时啮合。

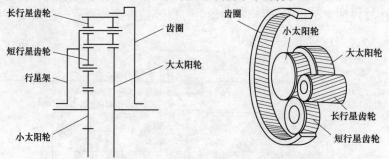

图1-42　拉维娜式行星齿轮变速机构结构示意图

（1）结构和组成。桑塔纳2000GSi-AT型乘用车的01N型四挡自动变速器为拉威娜式行星齿轮自动变速器，其结构如图1-43所示，包括拉威娜行星齿轮变速机构和离合器、制动器、单向离合器等。

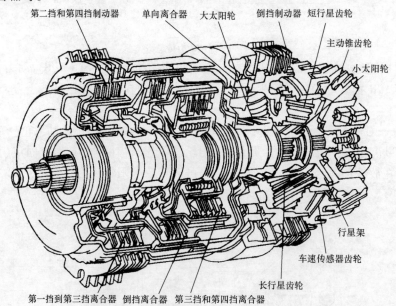

图1-43　拉威娜式行星齿轮变速器

拉威娜式行星齿轮变速机构的结构如图1-44所示。行星齿轮变速机构由大、小太阳轮各一个，长、短行星齿轮各3个，行星架和齿圈组成。长行星齿轮采用分段式结构，使三挡到四挡的转换更加平顺。短行星齿轮与长行星齿轮及小太阳轮啮合；长行星齿轮同时与大太阳轮、短行星齿轮及齿圈啮合，动力通过齿圈输出。

换挡执行元件主要由离合器、制动器和单向离合器组成。片式离合器和制动器由阀体（也称为滑阀箱）进行液压控制。

（2）各挡的动力传递路线。拉威娜式行星齿轮变速机构简图如图1-45所示，其中离合器K1用于驱动小太阳轮，离合器K2用于驱动大太阳轮，离合器K3用于驱动行星架，制动器 B1 用于制动行星架,制动器 B2 用于制动大太阳轮,单向离合器 F 防止行星架逆时针转动,锁止离合器(LC)可将液力变矩器的泵轮和涡轮刚性连在一起。

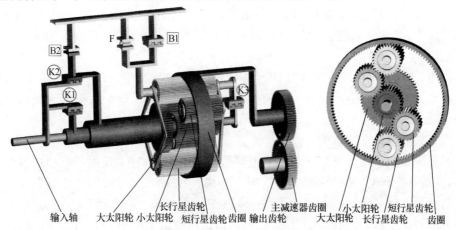

图 1-44 拉威娜式行星齿轮变速传动机构的结构

K1-第一挡到第三挡离合器;K2-倒挡离合器;K3-第三挡和第四挡离合器;B1-倒挡制动器;B2-第二挡和第四挡制动器;F-单向离合器

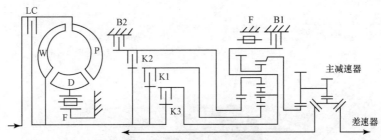

图 1-45 拉威娜式行星齿轮变速机构简图

各挡位换挡执行元件的工作情况见表 1-6。

各挡位换挡执行元件的工作情况 表 1-6

挡 位	B1	B2	K1	K2	K3	F
R	○			○		○
一挡			○			○
二挡		○	○			
三挡			○		○	
四挡		○			○	

注:○表示离合器、制动器或单向离合器工作。

①一挡。一挡时,离合器 K1 接合,单向离合器 F 工作。动力传递路线为:泵轮→涡轮→涡轮轴→离合器 K1→小太阳轮→短行星齿轮→长行星齿轮驱动齿圈。

②二挡。二挡时,离合器 K1 接合,制动器 B2 制动大太阳轮。动力传递路线为:泵轮→涡轮→涡轮轴→离合器 K1→小太阳轮→短行星齿轮→长行星齿轮围绕大太阳轮转动并驱动齿圈。

③三挡。三挡时,离合器 K1 和 K3 接合,驱动小太阳轮和行星架,因而使行星齿轮变速

机构锁止并一同转动。动力传递路线为：泵轮→涡轮→涡轮轴→离合器 K1 和 K3→整个行星齿轮转动。

④四挡。四挡时，离合器 K3 接合，制动器 B2 工作，使行星架工作，并制动大太阳轮，动力传递路线为：泵轮→涡轮→涡轮轴→离合器 K3→行星架→长行星齿轮围绕大太阳轮转动并驱动齿圈。

⑤R 挡。换挡杆在"R"位置时，离合器 K2 接合，驱动大太阳轮；制动器 B1 工作，使行星架制动。动力传递路线为：泵轮→涡轮→涡轮轴→离合器 K2→大太阳轮→长行星齿轮反向驱动齿圈。

3）平行轴式齿轮变速机构

广州本田雅阁乘用车 MAXA 自动变速器采用电子控制式，主要由平行轴式齿轮变速机构、液压控制系统和电子控制系统等三大部分组成，由一个三元件液力变矩器和一个三轴机构组成的电子控制自动变速装置，可以提供四个前进挡和一个倒车挡。

(1) 平行轴式自动变速器的结构。广州本田雅阁乘用车用 MAXA 自动变速器的内部结构如图 1-46 所示，图 1-47 为 MAXA 自动变速器的齿轮变速机构。平行轴式齿轮变速机构主要由平行轴、各挡齿轮和湿式多片离合器等组成。平行轴有三根，即主轴（输入轴）、中间轴和副轴（输出轴）。

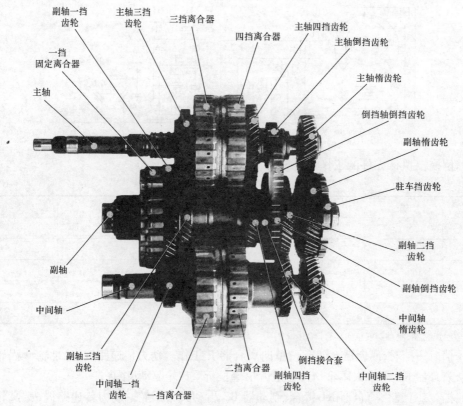

图 1-46　广州本田雅阁乘用车 MAXA 自动变速器的内部结构

①一挡离合器。一挡离合器可使一挡齿轮实现啮合或脱离。一挡离合器位于中间轴中部，它与二挡离合器背向相接。一挡离合器由中间轴内的 ATF 供油管提供液压。

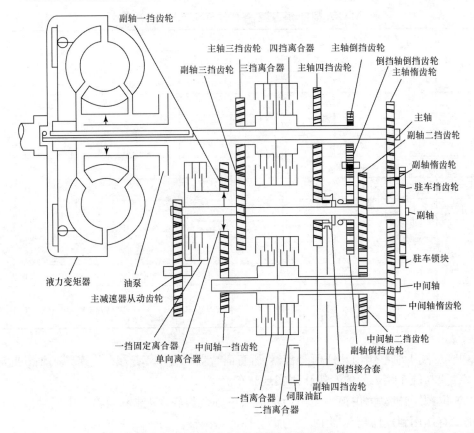

图1-47 MAXA自动变速器的齿轮变速机构

②二挡离合器。二挡离合器可使二挡齿轮实现啮合或脱离。二挡离合器位于中间轴中部,它与一挡离合器背向相接。二挡离合器由来自中间轴与液压回路相连的回路提供液压。

③三挡离合器。三挡离合器可使三挡齿轮实现啮合或脱离。三挡离合器位于主轴中部,它与四挡离合器背向相接。三挡离合器由主轴内与调节器阀相连的油道提供压力。

④四挡离合器。四挡离合器可使四挡齿轮及倒挡齿轮实现啮合或脱离。四挡离合器与倒挡齿轮一起位于主轴中部,四挡离合器与三挡离合器背向相接。四挡离合器由主轴内ATF供油管提供液压。

⑤一挡固定离合器。用于离合/分离一挡或一挡位置,它位于副轴的端部、液力变矩器的后面。一挡固定离合器由副轴内的油道供给压力。

⑥单向离合器。单向离合器固定在副轴的一挡齿轮和三挡齿轮中间,通过三挡齿轮花键与副轴连接在一起,三挡齿轮为它提供内座圈表面;一挡齿轮为它提供外座圈表面;当动力从中间轴的一挡齿轮传递给副轴的一挡齿轮时,单向离合器锁止;在 D_4、D_3、2 位置的一挡、二挡、三挡和四挡时,一挡离合器和一挡齿轮保持啮合。但是,当二挡、三挡、四挡离合器/齿轮在 D_4、D_3、2 位置作用时,单向离合器分离,这是因为副轴上的齿轮增加的转速超过了单向离合器锁止的"转速范围"。

(2)各挡位动力传递路线(图1-47)。MAXA型自动变速器各挡位参与工作的相关部件,见表1-7。

MAXA型自动变速器各挡位参与工作的相关部件　　　　　　　表1-7

挡　位		液力变矩器	一挡齿轮一挡离合器	一挡固定离合器	二挡齿轮二挡离合器	三挡齿轮三挡离合器	四　挡		倒挡齿轮	驻车挡齿轮
							齿　轮	离合器		
P		○								○
R		○						○	○	
N		○								
D_4	一挡	○	○							
	二挡	○			○					
	三挡	○				○				
	四挡	○					○	○		
D_3	一挡	○	○							
	二挡	○			○					
	三挡	○				○				
2		○			○					
1		○	○	○						

注：○表示工作。

①P位：液压油不作用到任何离合器，所有离合器均分离，动力不传递给副轴。此时，依靠驻车锁块与驻车挡齿轮的互锁作用实现驻车。

②N位：发动机动力由液力变矩器传递给主轴惰齿轮、副轴惰齿轮和中间轴惰齿轮，但液压油没有作用到任何离合器上，动力没有传递给副轴。

当换挡杆从 D_4 位变换到N位时，倒挡接合套仍将副轴四挡齿轮与副轴相连；当换挡杆从R位变换到N位时，倒挡接合套仍将副轴倒挡齿轮与副轴相连，但由于无动力传递给副轴，上述两种情况均无动力输出，从而使车辆处于空挡位置。

③D_4 或 D_3 位一挡。动力传递路线为：液力变矩器→主轴→主轴惰齿轮→副轴惰齿轮→中间轴惰齿轮→中间轴→一挡离合器→中间轴一挡齿轮→副轴一挡齿轮→单向离合器→副轴→主减速器主动齿轮。

④D_4 或 D_3 位二挡或2位。动力传递路线为：液力变矩器→主轴→主轴惰齿轮→副轴惰齿轮→中间轴惰齿轮→二挡离合器→中间轴二挡齿轮→副轴二挡齿轮→主减速器主动齿轮。

⑤D_4 或 D_3 位三挡。动力传递路线为：液力变矩器→主轴→三挡离合器→主轴三挡齿轮→副轴三挡齿轮→副轴→主减速器主动齿轮。

⑥D_4 位四挡。动力传递路线为：液力变矩器→主轴→四挡离合器→主轴四挡齿轮→副轴四挡齿轮→倒挡结合套→副轴→主减速器主动齿轮。

⑦1位一挡。动力传递路线与 D_4 或 D_3 位一挡基本相同，区别仅在于一挡固定离合器接合，使动力分流，实现发动机制动。阻力传递路线：车轮→驱动桥→最终驱动齿轮→副轴→一挡固定离合器→副轴一挡齿轮→中间轴一挡齿轮→一挡离合器→中间轴→中间轴惰齿轮→副轴惰齿轮→主轴惰齿轮→主轴→液力变矩器→发动机。

⑧R位。动力传递路线为：液力变矩器→主轴→四挡离合器→主轴倒挡齿轮→倒挡惰

齿轮→副轴倒挡齿轮→倒挡接合套→副轴→主减速器主动齿轮。

1.4 液压控制系统的结构与工作原理

1.4.1 液压控制系统的基本组成

液压控制系统的基本组成包括动力源、执行机构和控制机构三大部分。

(1)动力源。液压控制系统的动力源是油泵(又称液压泵),它是整个液压控制系统的工作基础。各种阀体的动作、换挡执行元件的工作等都需要一定压力的 ATF,油泵的基本功用就是提供满足需求的 ATF 油量和油压。

(2)执行机构。执行机构主要由离合器油缸、制动器油缸等组成,其功用是在控制油压的作用下实现离合器的接合和分离、制动器的制动和松开动作,以便得到相应的挡位。

(3)控制机构。控制机构包括阀体和各种阀,包括主调压阀、手动阀、换挡阀等。

液压控制系统还包括一些辅助装置,如用于防止换挡冲击的蓄能器、止回阀等。

1.4.2 液压控制系统主要元件

1)油泵

(1)功用。油泵的功用是产生一定压力和流量的 ATF,供给液力变矩器、液压控制系统和换挡执行元件。

(2)结构和工作原理。油泵是液压控制系统的动力源,一般位于液力变矩器和齿轮变速机构之间,由液力变矩器泵轮驱动。油泵类型主要有齿轮泵、转子泵和叶片泵,如图1-48所示。三种泵的共同特点是:内部元件(转子)由液力变矩器花键毂或驱动轴驱动,外部元件与内部元件之间有一定的偏心距。

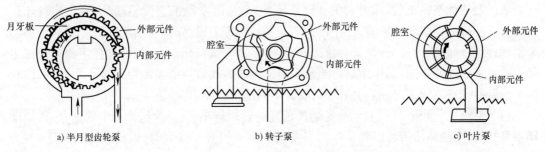

a) 半月型齿轮泵　　b) 转子泵　　c) 叶片泵

图 1-48 油泵

图1-49为内啮合齿轮泵的结构和工作原理示意图。内啮合齿轮泵主要由主动齿轮、从动齿轮、月牙板、壳体等组成。主动齿轮为内齿轮,从动齿轮为外齿轮,在壳体上有一个月牙板,把主、从动齿轮不啮合的部分隔开,并形成两个工作腔,分别为进油腔和出油腔。进油腔与泵体上的进油口相通,出油腔与泵体上的出油口相通。主动齿轮内径上有两个对称的凸键,与液力变矩器后端油泵驱动毂的键槽或平面相配合。因此,只要发动机转动,油泵便转动并开始供油。

油泵在工作过程中,主动齿轮带动从动齿轮转动,在齿轮脱离啮合的一端(进油腔),容积不断变大,产生真空吸力,把 ATF 从油底壳经滤网吸入油泵。在齿轮进入啮合的一端(出油腔),容积不断减小,油压升高,把 ATF 从出油腔挤压出去。这样,油泵不断地运转,就形成了具有一定压力的油液,供给自动变速器工作。

这种油泵有严格的加工制造精度要求。因为齿轮之间、齿轮与泵体之间,过大的磨损和间隙会导致油泵的性能下降、油压过低,而油压对于自动变速器的正常工作是非常重要的。

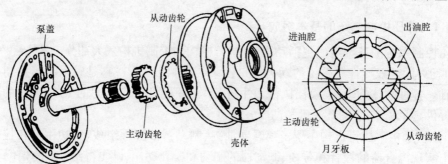

图1-49 内啮合齿轮泵的结构和工作原理

油泵使用应注意以下事项:

①发动机不工作,油泵不转,自动变速器无油压,即使在D位和R位,也不能靠推车起动发动机。

②长距离拖车时,由于发动机不转,油泵也不转,齿轮系统没有润滑油,磨损会加剧,因此,要求车速慢、距离短。如丰田车系要求拖车车速不高于30km/h,距离不超过80km;奔驰车系要求拖车车速不高于50km/h,距离不超过50km。

③变速器齿轮系统有故障或严重漏油时,牵引车辆应将传动轴脱开。对于前轮驱动的汽车,应将前轮悬空牵引。

2)主调压阀

液压油从油泵输出后,即进入主油路系统,油泵是由发动机直接驱动的,输出流量和压力均受发动机运转状况的影响,变化很大。当主油路压力过高时,会引起换挡冲击和增加功率消耗;而主油路压力过低时,又会使离合器、制动器等执行元件打滑,因此在主油路系统中必须设置主油路调压阀,其作用是将油泵输出压力精确调节到所需值后再输入主油路,以满足主油路系统在不同工况、不同挡位时,具有不同油压的要求:

(1)节气门开度较小时,自动变速器所传递的转矩较小,换挡执行元件中的离合器、制动器不易打滑,主油路压力可以降低。而当发动机节气门开度较大时,因传递的转矩增大,为防止离合器、制动器打滑,主油路压力要升高。

(2)汽车低速挡行驶时,所传递的转矩较大,主油路压力要高。而在高速挡行驶时,自动变速器传递的转矩较小,可降低主油路油压,以减小油泵的运转阻力。

(3)倒挡的使用时间较少,为减小自动变速器尺寸,倒挡执行元件通常被做得较小,为避免出现打滑,需提高操纵油压。

主调压阀结构如图1-50所示。油压的调节是靠电子控制调压,电磁阀调整出不同的油压值,使滑阀改变节流口a的大小,通过节流作用控制主油压的大小。节流口b泄出的油压经次调压阀的节流作用,调整出液力变矩器油压。

3)次调压阀

次调压阀是把主调压阀泄出的油压调节成液力变矩器油压。

如图1-51所示,滑阀上端作用着手动阀来的油压,向下推阀,还作用着一个由油道来的主油压,也向下推阀。而向上推阀的力有弹簧弹力和来自主调压阀调节后的油压,上下两力的平衡决定了节流口 a 的开度,即通过节流口的开度将主油压调节成液力变矩器油压。

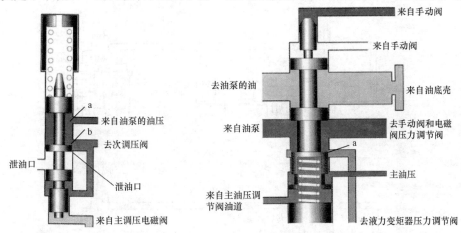

图1-50　主调压阀的结构　　　　　图1-51　次调压阀的结构

4）手动阀

手动阀又称为手控阀或手动换挡阀,与驾驶室内的换挡杆相连,其功用是控制各挡位油路的转换。如图1-52所示,当驾驶人操纵换挡杆时,手动阀会移动,使主油压通往不同的油道。如当换挡杆置于"P"位时,主油压会通往"P""R"和"L"位油道;当换挡杆置于"R"位时,主油压会同时通往"P""R"和"L"位油道与"R"位油道;当换挡杆置于"N"位时,手动阀会将主油压进油道切断,则不会有主油压通往各换挡阀;当换挡杆置于"D"位时,主油压会通往"D""2"和"L"位油道;当换挡杆置于"2"位时,主油压会同时通往"D""2"和"L"位油道与"2"和"L"位油道;当换挡杆置于"L"位时,主油压会同时通往"D""2"和"L"位油道与"2"和"L"位油道及P""R"和"L"位油道。

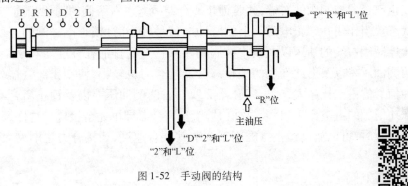

图1-52　手动阀的结构

5）换挡阀

电控自动变速器换挡阀的工作由换挡电磁阀控制,其控制方式有两种:一种是加压控制,即通过开启或关闭换挡阀控制油路进油孔来控制换挡阀的工作;另一种是泄压控制,即通过开启或关闭换挡阀控制油路泄油孔来控制换挡阀的工作。加压控制方式的工作原理如图1-53所示,压力油经换挡电磁阀后通至换挡阀的左端。当换挡电磁阀关闭时,没有油压作用在换挡阀左端,换挡阀在右端弹簧力的作用下移向左端,如图1-53a)所示;当换挡电磁阀开启时,压力油作用在换挡阀左端,使换挡阀克服弹簧力右移,如图1-53b)所示,从而改变油路,实现挡位变换。

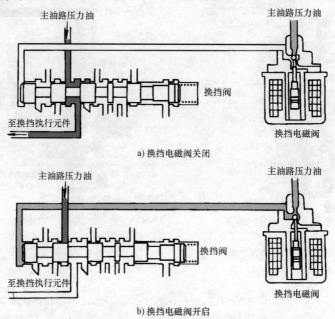

图1-53 换挡阀工作原理

6)锁止离合器控制阀

目前在一些新型电控自动变速器上,锁止电磁阀采用脉冲式电磁阀(图1-54),ECU可利用脉冲电信号占空比大小来调节锁止电磁阀的开度,以控制作用在锁止离合器控制阀右端的油压,由此调节锁止离合器控制阀左移时排油孔的开度,从而控制锁止离合器活塞右侧油压的大小。当作用在锁止电磁阀上的脉冲电信号的占空比为0时,电磁阀关闭,没有油压作用在锁止离合器控制阀的右端,此时锁止离合器活塞左右两侧的油压相同,锁止离合器处于分离状态。当作用在锁止电磁阀上的脉冲电信号较小时,锁止电磁阀的开度和作用在锁止离合器控制阀右端的油压以及锁止控制阀左移打开的排油孔开度均较小,锁止离合器活塞左右两侧油压差以及由此产生的锁止离合器接合力也较小,使锁止离合器处于半接合状态。脉冲信号的占空比越大,锁止离合器活塞左右两侧油压差以及锁止离合器接合力也越大。当脉冲信号的占空比达到一定数值时,锁止离合器即可完全接合。这样,ECU在控制锁止离合器接合时,可以通过锁止电磁阀来调节其接合速度,让接合力逐渐增大,使接合过程更加柔和。

7)节流控制阀

在自动变速器内,为改善换挡质量,减轻换挡冲击和延长离合器和制动器的使用寿命,在通往离合器或制动器的油路中加装了许多节流控制阀。

节流控制阀的作用有两个,一是使作用在离合器和制动器上的油压缓慢上升,以减轻接合时的冲击;二是使作用在离合器和制动器的油压泄油时尽快泄出,使分离迅速彻底,防止摩擦片分离不彻底造成的磨损。

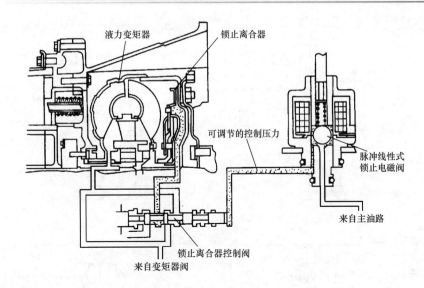

图 1-54　锁止离合器控制阀工作原理

如图 1-55 所示,当工作油液从进排液口①流入进排液口②时,油压使防松球压靠在一个节流孔上,因此工作油液仅能流经一个节流孔,使流至进排液口②的工作油液压力上升比较缓慢,减小了离合器和制动器接合时的冲击;当工作油液反转流动时,工作油液将防松球从受阻的节流孔处推开,泄油迅速,使离合器和制动器片能够快速分离。

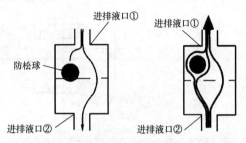

图 1-55　节流控制阀的结构与工作原理

1.4.3　液压控制系统的工作原理

目前大部分电子控制自动变速器采用由两个电磁阀操纵三个换挡阀实现四个挡位的变换。电控自动变速器换挡液压系统原理如图 1-56 所示。它采用泄压控制方式。由图中可知,一至二挡换挡阀和三至四挡换挡阀由电磁阀 A 控制,二至三挡换挡阀由电磁阀 B 控制。电磁阀不通电时关闭泄油孔,来自手动阀的主油路压力油通过节流孔后作用在各换挡阀右端,使阀芯克服弹簧力左移。电磁阀通电时泄油孔开启,换挡阀右端压力油被泄空,阀芯在左端弹簧力的作用下右移。

图 1-56a)为一挡,此时电磁阀 A 断电,电磁阀 B 通电,一至二挡换挡阀阀芯左移,关闭二挡油路;二至三挡换挡阀阀芯右移,关闭三挡油路。同时使主油路油压作用在三至四挡换挡阀阀芯右端,使三至四挡换挡阀阀芯停留在右位。

图 1-56b)为二挡,此时电磁阀 A 和电磁阀 B 同时通电,一至二挡换挡阀右端油压下降,阀芯右移,打开二挡油路。

图 1-56c)为三挡,此时电磁阀 A 通电,电磁阀 B 断电,二至三挡电磁阀右端油压上升,阀芯左移,打开三挡油路。同时使主油路油压作用在一至二挡换挡阀左端,并让三至四挡换挡阀阀芯左端控制油压泄空。

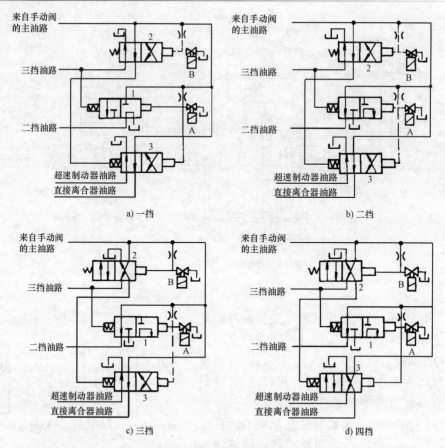

图 1-56　电控自动变速器换挡液压系统原理

A—换挡电磁阀 A；B—换挡电磁阀 B；1—一至二挡换挡阀；2—二至三挡换挡阀；3—三至四挡换挡阀

图 1-56d) 为四挡，此时电磁阀 A 和电磁阀 B 均不通电，三至四挡换挡阀阀芯右端控制压力上升，阀芯左移，关闭直接离合器油路，接通超速制动器油路，由于一至二挡换挡阀阀芯左端作用着主油路油压，虽然右端有压力油作用，但阀芯仍然保持在右端不能左移。

1.5　电子控制系统的结构与工作原理

1.5.1　概述

自动变速器的电子控制系统包括传感器及开关、电子控制单元（ECU）和执行器三部分，其组成框图如图 1-57 所示。

传感器及开关部分主要包括节气门位置传感器、车速传感器、发动机转速传感器、输入轴转速传感器、冷却液温度传感器、ATF 温度传感器、驻车挡/空挡位置开关（又称空挡起动开关）、强制降挡开关、制动灯开关、模式选择开关、OD 开关等。

执行器部分主要包括各种电磁阀和故障指示灯等。

ECU 主要完成换挡控制、锁止离合器控制、油压控制、故障诊断和失效保护等功能。

对于电控自动变速器，自动换挡主要取决于发动机负荷和车速，采用节气门位置传感器和车速传感器来感知发动机负荷和车速的情况，并将这两个信号发送给自动变速器 ECU，

ECU 根据存储器中的换挡程序决定升挡或降挡,然后再给换挡电磁阀发出控制信号,控制自动变速器换至相应挡位。

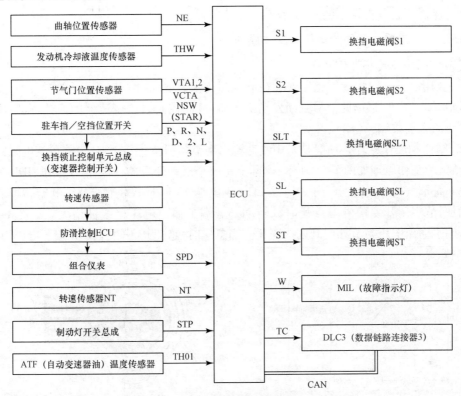

图 1-57　丰田 U341 型自动变速器电子控制系统组成框图

例如,对于丰田车系的四挡自动变速器,换挡情况见表 1-8。当自动变速器 ECU 使 1 号换挡电磁阀通电,2 号换挡电磁阀断电,则自动变速器为一挡。

丰田车系的四挡自动变速器换挡情况　　　　　　表 1-8

挡　位	换挡电磁阀	
	1 号	2 号
一挡	○	×
二挡	○	○
三挡	×	○
四挡	×	×

注:○表示通电,×表示断电。

自动变速器的换挡等控制还要取决于冷却液温度、ATF 温度等信号。如果冷却液温度、ATF 温度过低,自动变速器不会升挡。

如果自动变速器在工作过程中,满足了锁止离合器的工作情况,自动变速器 ECU 就会给锁止离合器(TCC)电磁阀(一般称为 3 号电磁阀)通电,切换油路使锁止离合器工作。

在换挡过程中,为了防止换挡冲击,自动变速器还会通过 4 号电磁阀控制换挡油压。

自动变速器 ECU 具有自诊断功能,如果电子控制系统出现故障,ECU 会将故障码存储在存储器中,以便读取;另外 ECU 还会点亮"OD OFF"指示灯(或故障指示灯)提示自动变速器出现故障,并可通过"OD OFF"指示灯的闪烁读取故障码。

如果自动变速器出现故障,除了"OD OFF"指示灯等会点亮,一般自动变速器还会锁挡,即自动变速器不会升挡也不会降挡,锁挡一定有故障码。

1.5.2 传感器及开关的结构与工作原理

1)节气门位置传感器(TPS)

(1)功用。节气门位置传感器安装在节气门体上,用于检测节气门开度的大小,并将数据传送给ECU,ECU根据此信号判断发动机负荷,从而控制自动变速器的换挡、调节主油压和对锁止离合器控制。

(2)结构和工作原理。一般是采用线性输出型节气门位置传感器,也称可变电阻式传感器,其结构和工作原理如图1-58所示,实际上是一个滑动变阻器,E是搭铁端子,IDL是急速端子,V_{TA}是节气门开度信号端子,V_C是ECU供电端子,ECU提供恒定5V电压。当节气门开度增加,节气门开度信号触点逆时针转动,V_{TA}端子输出电压也线性增大。如图1-59所示,V_{TA}端子输出电压与节气门开度成正比。当急速时,急速开关闭合,IDL端子电压为0V。

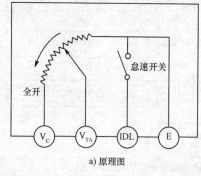
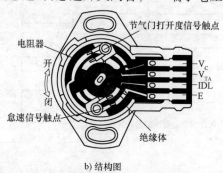

图1-58 节气门位置传感器的结构和工作原理

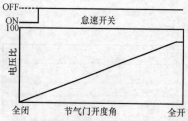

图1-59 V_{TA}端子输出电压与节气门开度的关系

2)车速传感器(VSS)

(1)功用。车速传感器用于检测自动变速器输出轴转速,自动变速器ECU根据车速传感器输入的信号计算出车速,并以此信号控制自动变速器的换挡和锁止离合器的锁止。

(2)类型。常见的车速传感器有电磁式、舌簧开关式、光电式三种。一般自动变速器装有两个车速传感器,分别为1号和2号车速传感器。2号车速传感器一般为电磁式的,它装在变速器输出轴附近的壳体上,为主车速传感器;1号车速传感器一般为舌簧开关式的,为副车速传感器,它装在车速表的转子附近,负责车速的传输,它同时也是2号车速传感器的备用件,当2号车速传感器失效后,由其代替工作。下面以常见的电磁式车速传感器为例介绍其结构和工作原理。

(3)电磁式车速传感器的结构和工作原理。如图1-60a)所示,电磁式车速传感器主要由永久磁铁、电磁感应线圈、转子等组成。转子一般安装在变速器输出轴上,永久磁铁和电磁感应线圈安装在变速器壳体上,如图1-60c)所示。当输出轴转动,转子也转动,转子与传感器之间的空气间隙发生周期性变化,使电磁感应线圈中磁通量也发生变化,从而产生交流感应电压,如图1-60b)所示,并输送给ECU。交流感应电压随着车速(输出轴转速)具有两个响应特性,一是随着车速的增加,交流感应电压增高;二是随着车速的增加,交流感应电压脉冲频率也增加。ECU是根据交流感应电压脉冲频率大小计算车速,并以此控制自动变速器的换挡。

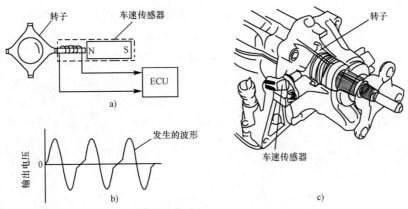

图1-60 电磁式车速传感器的结构和工作原理

3)输入轴转速传感器

对于乘用车自动变速器,一般在齿轮变速机构输入轴附近的壳体上装有检测输入轴转速的输入轴转速传感器。该传感器一般也是采用电磁式,其结构和工作原理与车速传感器一样。

自动变速器ECU根据输入轴转速传感器的信号可以更精确地控制换挡。另外,ECU还可以把该信号与发动机转速信号进行比较,计算出液力变矩器的转速比,使主油压和锁止离合器的控制得到优化,以改善换挡、提高行驶性能。

4)冷却液温度传感器

(1)功用。冷却液温度传感器的信号不仅用于发动机的控制,还用于自动变速器的控制。当发动机冷却液温度低于设定温度(如60℃),发动机ECU会发送一个信号给自动变速器ECU的OD_1端子,以防止自动变速器换入超速挡,同时锁止离合器也不能工作。当发动机冷却液温度过高时,自动变速器ECU会让锁止离合器工作以帮助发动机降低冷却液的温度,防止自动变速器过热。

如果冷却液温度传感器发生故障,发动机ECU会自动将冷却液温度设定为80℃,以便发动机和自动变速器可以工作。

(2)结构和工作原理。冷却液温度传感器是一个负温度系数的热敏电阻(图1-61),即温度升高,电阻下降。如图1-62所示,发动机ECU在THW端子接收到一个与冷却液温度成正比的电压,从而得到冷却液温度信号。

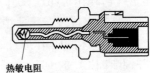

图1-61 冷却液温度传感器

5)模式选择开关

(1)功用。模式选择开关是供驾驶人选择所需要的行驶或换挡模式的开关。大部分车型都具有常规模式(N或NORM)和动力模式(P或PWR),有些车型还有经济模式(E或

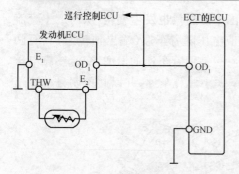

图1-62 冷却液温度传感器线路图

ECO)。自动变速器ECU根据所选择的行驶模式执行不同的换挡程序,控制换挡和锁止正时。如选择动力模式,自动变速器会推迟升挡,以提高动力性;而选择经济模式,自动变速器会提前升挡,以提高经济性,常规模式介于两者之间。

(2)结构和工作原理。图1-63为常见的具有常规和动力两种模式的模式选择开关线路图,当开关接通NORM(常规模式),仪表盘上NORM指示灯点亮,同时自动变速器ECU的PWR端子的电压为0V,ECU从而知道选择了常规模式。当开关接通PWR(动力模式),仪表盘上PWR指示灯点亮,同时自动变速器ECU的PWR端子的电压为12V,ECU从而知道选择了动力模式。

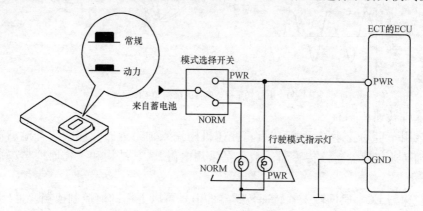

图1-63 模式选择开关线路图

6)驻车挡/空挡位置开关

(1)功用。驻车挡/空挡位置开关(又称空挡起动开关)有两个功用,一是给自动变速器ECU提供挡位信息,二是保证只有换挡杆置于P或N位才能起动发动机。

(2)结构和工作原理。如图1-64所示,当换挡杆置于不同的挡位时,仪表盘上相应的挡位指示灯会点亮。当ECU的端子N、2或L与端子E接通时,ECU便分别确定变速器位于N、2或L位;否则,ECU便确定变速器位于D位。只有当换挡杆置于P或N位时,端子B与NB接通,才能给起动机通电,使发动机起动。

7)OD开关

(1)功用。OD开关(超速挡开关)一般安装在换挡杆上,由驾驶人操作控制,可以使自动变速器有或没有超速挡。

(2)结构和工作原理。如图1-65所示,当按下OD开关(ON),OD开关的触点实际为断开,此时ECU的OD_2端子的电压为12V,自动变速器可以升至超速挡,且"OD OFF"指示灯不亮。

如图1-66所示,当再次按下OD开关,OD开关会弹起(OFF),OD开关的触点实际为闭合,此时ECU的OD_2端子的电压为0V,自动变速器不能升至超速挡,且"OD OFF"指示灯点亮。

单元一　自动变速器的检修

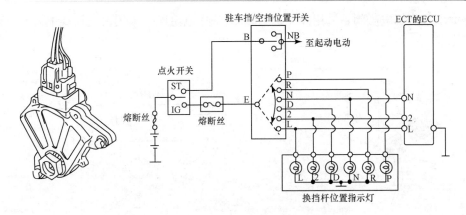

图1-64　驻车挡/空挡位置开关线路图

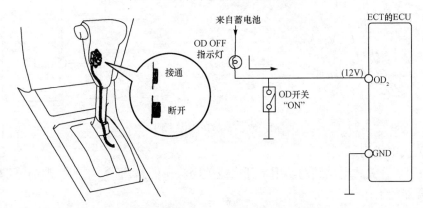

图1-65　OD开关ON的线路图

8) 制动灯开关

(1) 功用。自动变速器 ECU 通过制动灯开关检测是否踩下制动踏板,如果踩下制动踏板,ECU 会取消锁止离合器的工作。

(2) 结构和工作原理。如图1-67 所示,制动灯开关安装在制动踏板支架上。当踩下制动踏板,开关接通,ECU 的 STP 端子电压为12V;当松开制动踏板,开关断开,STP 端子电压为0V。ECU 根据 STP 端子的电压变化了解制动踏板的工作情况。

1.5.3　执行器的结构与工作原理

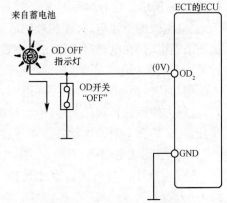

图1-66　OD开关OFF的线路图

电子控制系统的执行器主要指电磁阀和故障指示灯,这里只介绍电磁阀。

电磁阀根据功能的不同可以分为换挡电磁阀、锁止离合器电磁阀和油压电磁阀。根据工作原理的不同可以分为开关式电磁阀和占空比式(脉冲线性式)电磁阀。不同的自动变速器使用的电磁阀数量不同,一般为 3~8 个不等。例如上海通用的 4T65—E 型自动变速器电控系统有 4 个电磁阀,其中 2 个是换挡电磁阀、1 个是油压电磁阀、1 个是锁止离合器电磁阀。而一汽大众的 01M 自动变速器电控系统则采用 7 个电磁阀。

43

绝大多数换挡电磁阀是采用开关式电磁阀,油压电磁阀是采用占空比式电磁阀,而锁止离合器电磁阀则采用开关式和占空比式两种电磁阀。

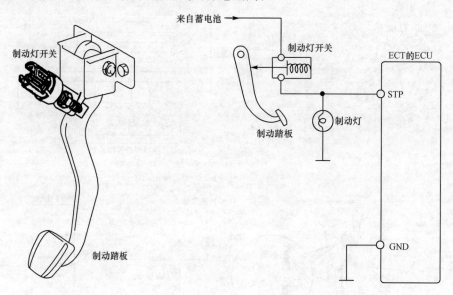

图1-67　制动灯开关线路图

1）开关式电磁阀

（1）功用。开关式电磁阀的功用是开启或关闭液压油路,通常用于控制换挡阀和部分车型锁止离合器的工作。

（2）结构和工作原理。开关式电磁阀由电磁线圈、衔铁、复位弹簧、阀芯和球阀等组成,如图1-68所示。它有两种工作方式,一种是使油路油压上升或使油路泄压,如图1-68a）所示,当电磁线圈不通电时,阀芯被油压推开,打开泄油孔,油路的液压油经电磁阀泄掉;当电磁线圈通电时,在电磁吸力作用下衔铁和阀芯下移,关闭泄油孔,使主油道油压上升。另一种是开启或关闭某一条油路,即当电磁线圈不通电时,油压将阀芯推开,球阀在油压作用下关闭泄油孔,打开进油孔,使主油道压力油进入控制油道,如图1-68b）所示;当电磁线圈通电时,电磁力使衔铁和阀芯下移,推动球阀关闭进油孔,打开泄油孔,控制油道内的压力油经泄油孔泄空,如图1-68c）所示。

2）占空比式电磁阀

（1）占空比的概念。占空比是指一个脉冲周期中通电时间所占的比例（百分数）,如图1-69所示。

（2）结构和工作原理。占空比式电磁阀（又称为线性脉冲式电磁阀）与开关式电磁阀类似,也是由电磁线圈、滑阀、弹簧等组成,如图1-70所示。它通常用于控制油路的油压,有的车型的锁止离合器也采用此种电磁阀控制。当电磁线圈通电时,电磁力使阀芯或滑阀开启,液压油经泄油孔排出,油路压力随之下降;当电磁线圈断电时,阀芯或滑阀在弹簧弹力的作用下将泄油孔关闭,使油路压力上升。与开关式电磁阀不同的是,控制占空比式电磁阀的电信号不是恒定不变的电压信号,而是一个固定频率的脉冲电信号。在脉冲电信号的作用下,电磁阀不断开启、关闭泄油口。

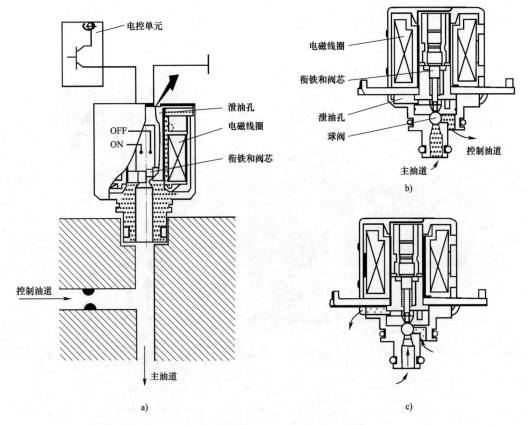

图 1-68 开关式电磁阀

占空比式电磁阀有两种工作方式,一是占空比越大,经电磁阀泄油越多,油压就越低;另一种是占空比越大,油压越高。

1.5.4 电子控制单元的结构与工作原理

电子控制单元英文缩写为 ECU。自动变速器 ECU 具有换挡控制、锁止离合器控制、换挡平顺性控制、故障诊断、失效保护等功能。

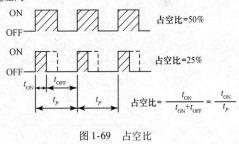

图 1-69 占空比

1) 换挡控制

自动变速器换挡时刻的控制是 ECU 最重要的工作内容之一。汽车在某个特定工况下都有一个与之对应的最佳换挡时刻,使汽车发挥出最好的动力性和经济性。汽车行驶过程中,自动变速器 ECU 根据模式选择开关信号、节气门开度信号、车速信号等参数来打开或关闭换挡电磁阀,从而打开或关闭通往离合器、制动器的油路,使变速器升挡或降挡。

图 1-71 是常见四挡自动变速器的自动换挡图,具有如下特点:

(1) 随着节气门开度增加,升挡或降挡车速增加。以二挡升三挡为例,当节气门开度为 2/8 时,升挡车速为 35km/h,降挡车速为 12km/h;当节气门开度为 4/8 时,升挡车速为 50km/h,降挡车速为 25km/h。所以在实际的换挡操作过程中,一般可以采用"抬加速踏板"的方法来快速升挡。

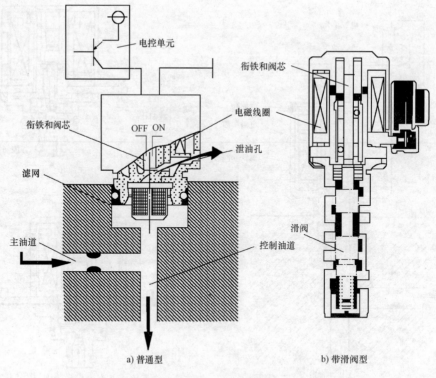

图 1-70　占空比式电磁阀

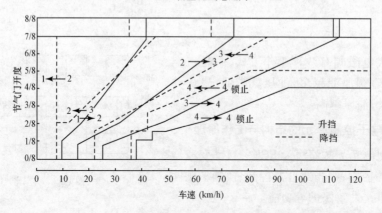

图 1-71　常见四挡自动变速器的自动换挡图

（2）升挡车速高于降挡车速，以免自动变速器在某一车速附近频繁升挡、降挡而加速自动变速器的磨损。

2）锁止离合器控制

自动变速器 ECU 将各种行驶模式下锁止离合器的工作方式编程存入存储器，然后根据各种输入信号，控制锁止离合器电磁阀的通、断电，从而控制锁止离合器的工作。

（1）锁止离合器工作的条件。如果满足以下 5 个条件，自动变速器 ECU 会接通锁止离合器电磁阀，使锁止离合器处于接合状态。

① 换挡杆置于 D 位，且挡位在 D_2、D_3 或 D_4 挡；

② 车速高于规定值；

③节气门开启(节气门位置传感器 IDL 触点未闭合);
④冷却液温度高于规定值;
⑤未踩下制动踏板(制动灯开关未接通)。

(2)锁止的强制取消。如果符合以下条件中的任何一项,ECU 就会给锁止离合器电磁阀断电,使锁止离合器分离。
①踩下制动踏板(制动灯开关接通);
②发动机怠速(节气门位置传感器 IDL 触点闭合);
③冷却液温度低于规定值(如 60℃);
④当巡航系统工作时,如果车速降至设定车速以下至少 10km/h。

早期的电控自动变速器中,控制锁止离合器的电磁阀是采用开关式电磁阀,即通电时锁止离合器接合,断电时锁止离合器分离。目前许多新型电控自动变速器采用占空比式电磁阀作为锁止离合器电磁阀,ECU 在控制锁止离合器接合时,通过改变脉冲电信号的占空比,让锁止离合器电磁阀的开度缓慢增大,以减小锁止离合器接合时所产生的冲击,使锁止离合器的接合过程变得更加柔和。

3)换挡平顺性控制

自动变速器改善换挡平顺性的方法有换挡油压控制、减少转矩控制和 N-D 换挡控制。

(1)换挡油压控制。自动变速器在升挡和降挡的瞬间,ECU 会通过油压电磁阀适当降低主油压,以减少换挡冲击,改善换挡。也有的自动变速器是在换挡时通过电磁阀来减小蓄能器背压,以减缓离合器或制动器油压的增长率,来减少换挡冲击。

(2)减少转矩控制。在自动变速器换挡的瞬间,通过推迟发动机点火时刻或减少喷油量,减少发动机输出转矩,以减少换挡冲击和输出轴的转矩波动。

(3)N-D 换挡控制。当换挡杆由 P 位或 N 位置于 D 位或 R 位时,或由 D 位或 R 位置于 P 位或 N 位时,通过调整喷油量,把发动机转速的变化减少到最小限度,以改善换挡。

4)故障自诊断

电控自动变速器 ECU 具有内置的自诊断系统,它不断监控各传感器、信号开关、电磁阀及其线路,当有故障时,ECU 使"OD OFF"指示灯闪烁,以提醒驾驶人或维修人员,并将故障内容以故障码的形式存储在存储器中,以便维修人员采用人工或仪器的方式读取故障码。

当故障排除后,"OD OFF"指示灯将停止闪烁,不过故障码仍然会保留在 ECU 存储器中。

当 OD 开关 ON 时(OD 开关断开),如果有故障,"OD OFF"指示灯将点亮而不是闪烁。

注意:不同的自动变速器,故障指示灯不同。如丰田车系采用"OD OFF",通用车系采用"Service Engine Soon"指示灯,本田车系采用 D_4 指示灯。

5)失效保护

当自动变速器出现故障时,为了尽可能使自动变速器保持最基本的工作能力,以维持汽车行驶,便于汽车进厂维修,电控自动变速器 ECU 都具有失效保护功能。

(1)当传感器出现故障时,ECU 所采取的失效保护措施是:
①节气门位置传感器出现故障时,ECU 根据怠速开关的状态进行控制。当怠速开关断开时(加速踏板被踩下),按节气门开度为 1/2 进行控制,同时节气门油压为最大值;当怠速

开关接通时(加速踏板完全放松),按节气门处于全闭状态进行控制,同时节气门油压为最小值。

②车速传感器出现故障时,ECU不能进行自动换挡控制,此时自动变速器的挡位由换挡杆的位置决定。在D位和2位时固定为超速挡或三挡,在L位时固定为二挡或一挡;或不论换挡杆在任何前进挡位,均固定为一挡,以保持汽车最基本的行驶能力。

③冷却液温度传感器或自动变速器油温度传感器出现故障时,ECU按温度为80℃的设定进行控制。

(2)电磁阀出现故障时,ECU所采取的失效保护措施是:

①换挡电磁阀出现故障时,ECU一般会将自动变速器锁挡,挡位与换挡杆的位置有关。如早期的丰田车系锁止情况见表1-9。

丰田车系锁止情况　　　　　　　　　　　表1-9

换挡杆位置	D	2	L	R
挡位	四挡	三挡	一挡	倒挡

②锁止离合器电磁阀出现故障时,ECU会停止锁止离合器的控制,使锁止离合器始终处于分离状态。

③油压电磁阀出现故障时,ECU会停止油压的控制,使油路压力保持为最大。

1.6 自动变速器维护与性能测试

1.6.1 自动变速器的维护

1)自动变速器油(ATF)液面高度的检查(车上检查)

注意:驾驶车辆,使发动机和自动变速器处于正常工作温度下。自动变速器油液温度为70~80℃。自动变速器油液容量为6.4L。

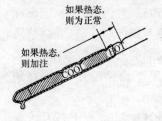

图1-72　ATF液面高度检查

(1)在发动机怠速且制动踏板踩下的情况下,将换挡杆换到从P位置到L位置的所有位置,然后回到P位置。

(2)拉出变速器油尺并将其擦干净。

(3)将变速器油尺完全推回到油管中。

(4)再次拉出变速器油尺,并检查液位是否在HOT范围内,如图1-72所示。如果液位低于HOT范围,应加注新机油并重新检查液位。如果液位超过HOT范围,排放一次,添加适量的新变速器油并重新检查液位。

2)驻车挡/空挡位置开关总成的检查(车上检查)

(1)施加驻车制动并将点火开关置于ON(IG)位置。

(2)踩下制动踏板,检查并确认当换挡杆在N或P位置时发动机能起动,而在其他位置时不起动。

(3)检查并确认当换挡杆在R位置时倒车灯点亮,倒挡警告蜂鸣器鸣响,但在其他位置不起作用。

如果发现故障,则应检查驻车挡/空挡位置开关的导通性。

3)换挡锁止控制单元总成的检查(车上检查)

(1)换挡锁止工作情况的检查。

①将换挡杆移至 P 位置。

②将点火开关置于 OFF 位置。

③检查并确认换挡杆不能从 P 位置移至任何其他位置。

④将开关置于 ON(IG) 位置,踩下制动踏板,检查并确认换挡杆可移至其他位置。

如果不能按规定进行操作,则检查换挡锁止控制单元。

(2)换挡锁止释放按钮工作情况的检查。在按下换挡锁止释放按钮的情况下移动换挡杆时,检查并确认换挡杆可从 P 位置移至任何其他位置。

(3)钥匙互锁工作情况的检查(不带智能上车和起动系统)。

①将点火开关置于 ON 位置。

②踩下制动踏板,并将换挡杆置于除 P 位置外的任何其他位置。

③检查并确认点火钥匙不能置于 LOCK 位置。

④将换挡杆移至 P 位置,将点火钥匙置于 LOCK 位置,检查并确认点火钥匙可以取下。

如果不能按规定进行操作,则检查换挡锁止控制单元。

1.6.2 自动变速器性能测试

1)手动换挡测试

(1)目的。手动换挡测试的目的是确定故障起因是机械系统还是电控系统。断开变速器线束,以禁止电子控制自动换挡。在此情况下,只能操作换挡杆进行换挡。如果通过操作换挡杆未能换挡,可假定存在机械故障。

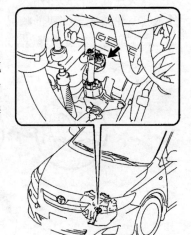

(2)测试方法及步骤。

①将点火开关置于 OFF 位置。

②如图 1-73 所示,断开变速器线束连接器。

③使发动机暖机。

④使车辆行驶。

⑤当换挡杆移至 L、2、3 和 D 位置时,检查自动变速器工作情况,标准工作状态见表 1-10。

图 1-73 断开变速器线束连接器

表 1-10 标准工作状态

换挡杆	操作	换挡杆	操作
L 至 2	未能换挡	D 至 3	未能换挡
2 至 3	未能换挡	3 至 2	未能换挡
3 至 D	未能换挡	2 至 L	未能换挡

⑥将点火开关置于 OFF 位置。

⑦连接变速器线束连接器。

⑧清除故障码(DTC)。

49

注意：断开变速器线束时，自动变速器挡位设置见表1-11。

自动变速器挡位设置　　　　表1-11

换挡杆	挡位	换挡杆	挡位
P	驻车挡	3	三挡
R	倒挡	2	三挡
N	空挡	L	三挡
D	三挡		

2）失速转速的测试

（1）目的。失速试验测试的目的是通过测量D位置的失速转速来检查自动变速器和发动机的整体性能。

（2）注意事项。

①应在铺设完好的道路（不会打滑的路）上进行行驶测试。

②在ATF（自动变速器油）的正常工作温度为50～80°C下执行测试。

③请勿连续执行本测试超过5s。

④为确保安全，应在能够提供良好牵引力的宽阔而空旷的平地上进行测试。

⑤失速测试务必由两人一起完成。一名维修人员进行测试时，另一名维修人员应在车外观察车轮或车轮挡块的状况。

（3）测试方法及步骤（图1-74）。

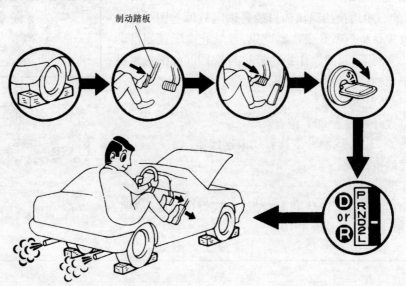

图1-74　失速试验

①塞住4个车轮。

②将智能检测仪连接到DLC3。

③完全拉紧驻车制动器。

④左脚一直牢牢踩住制动踏板。

⑤起动发动机。

⑥换至D位置。用右脚将加速踏板踩到底。

⑦此时快速读取失速转速。标准失速转速：(2400±300)r/min。

如果失速转速不符合标准要求，可能的故障原因见表1-12。

失速转速不符合标准的故障原因　　　　　　　　表1-12

故　　障	可能的故障原因
D位置时发动机失速转速低	1. 发动机动力输出可能不足； 2. 液力变矩器导轮单向离合器工作异常 注意：如果测量值比规定值低600r/min或更多，则液力变矩器可能有故障
D位置时发动机失速转速高	1. 管路压力过低； 2. 前进挡离合器打滑； 3. 2号单向离合器工作异常； 4. 液位不正确

3）换挡时滞的测试

（1）目的。发动机怠速转动时将换挡杆从空挡拨至前进挡或倒挡后，需要有一段时间的时滞或延时才能使自动变速器完成换挡工作，这一时间称为自动变速器换挡时滞时间。根据换挡时滞时间的长短，可判断主油路油压及换挡执行元件的工作是否正常。

（2）注意事项。

①在ATF（自动变速器油）的正常工作温度为50~80℃下执行测试。

②两次测试之间一定要有1min的间隔。

③进行三次测试，并测量时滞。计算这三个时滞的平均值。

（3）测试方法及步骤（图1-75）。

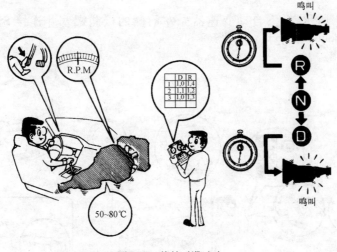

图1-75　换挡时滞试验

①将智能检测仪连接到DLC3。

②完全拉紧驻车制动器。

③起动发动机并使其暖机，检查怠速转速。怠速转速：大约700r/min（在N位置并且空调关闭）。

④将换挡杆从N换至D位置。用秒表测量从切换换挡杆到感受到冲击的时间间隔。

标准时滞:N→D 的时间少于 1.2s。

⑤按照同样的方法测量 N→R 的时滞。标准时滞:N→R 的时间少于 1.5s。

如果 N→D 或 N→R 的时滞比规定的时滞长,可能的故障原因见表 1-13。

表 1-13　N→D 或 N→R 的时滞比规定的时滞长故障可能的原因

故　障	可能的故障原因
N→D 时滞较长	1. 管路压力过低; 2. 前进挡离合器磨损; 3. 2 号单向离合器工作异常
N→R 时滞较长	1. 管路压力过低; 2. 倒挡离合器磨损; 3. 一挡和倒挡制动器磨损

4)液压测试

(1)注意事项。

①在 ATF(自动变速器油)的正常工作温度为 50~80℃下执行测试。

②管路压力测试务必由两人一起完成,一名维修人员进行测试时,另一名维修人员应在车外观察车轮或车轮挡块的状况。

③注意不要使 SST 软管妨碍排气管。

④检测必须在检查和调整发动机之后进行。

⑤检测应在空调关闭的情况下进行。

⑥失速测试时,测试的持续时间不得超过 5s。

(2)测试方法及步骤(图 1-76)。

①使 ATF 变暖。

②如图 1-77 所示,拆下自动变速器壳左前侧的检测螺塞并连接 SST 09992—00095 (09992—00231,09992—00271)。

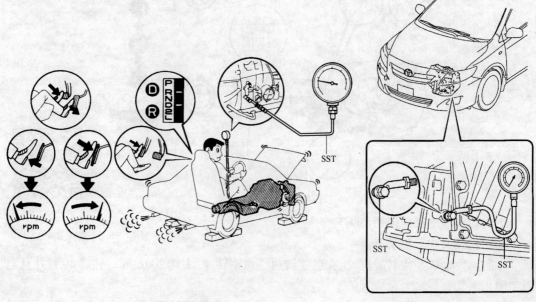

图 1-76　液压试验　　　　　　　　　图 1-77　连接 SST

③完全拉紧驻车制动器并塞住4个车轮。
④将智能检测仪连接到DLC3。
⑤起动发动机并检查怠速。
⑥用左脚踩住制动踏板并将换挡杆置于D位置。
⑦在发动机怠速运转时测量管路压力,U341E型自动变速器管路压力见表1-14。

U341E型自动变速器管路压力　　　　　　　　　表1-14

条　件	D位置(kPa)	R位置(kPa)
怠速运转时	372～412	553～623
失速测试	1120～1230	1660～1870

⑧将加速踏板踩到底。发动机转速达到失速转速时,迅速读取最高管路压力,应符合表1-14中所示要求。
⑨用同样的方法在R位置进行测试,应符合表1-14中所示要求。
如果管路压力不符合规定,可能的故障原因见表1-15。

管路压力不符合规定可能的故障原因　　　　　　　　　表1-15

故　障	可能的故障原因
如果在所有位置测量值都偏高	1.换挡电磁阀SLT故障; 2.调压器阀故障
如果在所有位置测量值都偏低	1.换挡电磁阀SLT故障; 2.调压器阀故障; 3.油泵故障
如果仅在D位置压力偏低	1.D位置油路漏油; 2.前进挡离合器故障
如果仅在R位置压力偏低	1.R位置油路漏油; 2.倒挡离合器故障; 3.一挡和倒挡制动器故障

5)道路试验

道路试验是诊断、分析自动变速器故障最有效的手段之一。此外,自动变速器在修复之后,也应进行道路试验,以检查其工作性能,检验修理质量。自动变速器的道路试验内容主要有:检查换挡车速、换挡质量以及检查换挡执行元件有无打滑现象等。在道路试验之前,应先让汽车以中低速行驶5～10min,让发动机和自动变速器都达到正常工作温度(50～80℃)。在试验中,通常应将OD开关置于ON的位置(即OD OFF熄灭),并将模式选择开关置于常规模式或经济模式。道路试验的方法如下:

(1) D位置的测试。换至D位置并完全踩下加速踏板,然后检查以下几点:
①检查加挡操作。检查并确认一挡→二挡、二挡→三挡、三挡→四挡可加挡,且换挡点与自动换挡规范一致(表1-16)。

U341E 型自动变速器换挡规范　　　　　　　　　　　　　　　表 1-16

操作			换挡车速（km/h）
换挡规范（正常）	D 位置	节气门全开	
		一挡→二挡	52 ~ 58
		二挡→三挡	99 ~ 109
		三挡→四挡	158 ~ 169
		四挡→三挡	152 ~ 163
		三挡→二挡	94 ~ 103
		二挡→一挡	45 ~ 50
		节气门全关	
		三挡→四挡	42 ~ 47
		四挡→三挡	31 ~ 36
	2 位置	节气门全开	
		一挡→二挡	52 ~ 58
		三挡→二挡	92 ~ 101
		二挡→一挡	45 ~ 50
	L 位置	节气门全开	
		三挡→二挡	92 ~ 101
		二挡→一挡	45 ~ 50
锁止点（节气门开度5%）	D 位置	四挡	
		锁止 ON	65 ~ 71
		锁止 OFF	61 ~ 66
	3 位置	三挡	
		锁止 ON	112 ~ 122
		锁止 OFF	107 ~ 117

②检查是否出现换挡冲击和打滑。检查一挡→二挡、二挡→三挡和三挡→四挡加挡时的是否出现冲击和打滑现象。

③检查是否出现异常噪声和振动。行驶时换挡杆置于 D 位置并进行一挡→二挡、二挡→三挡和三挡→四挡加挡，以及在锁止状态期间行驶时，检查是否存在异常噪声和振动。

注意：必须彻底检查引起异常噪声和振动的原因，这可能是由于差速器、液力变矩器等失衡造成的。

④检查强制降挡操作。行驶时换挡杆置于 D 位置，检查从二挡→一挡、三挡→二挡和四挡→三挡强制降挡时的车速。确认各速度都处于自动换挡规范指示的适用车速范围内（表 1-14）。

⑤检查强制降挡时的异常冲击和打滑。

⑥检查锁止机构。

a. 换挡杆在 D 位置（四挡）时，以稳定的速度行驶（锁止打开）。

b. 轻踩加速踏板，检查并确认发动机转速不急剧变化。

注意：如果发动机转速出现较大跳跃，则不能锁止。

（2）3 位置测试。换至 3 位置并完全踩下加速踏板，然后检查以下几点：

①检查加挡操作。检查并确认一挡→二挡和二挡→三挡可加挡，且换挡点与自动换挡规范一致（表 1-16）。

注意：在 3 位置时不能加挡至四挡。

②检查发动机制动。在 3 位置和三挡下行驶时，松开加速踏板，并检查发动机制动

效果。

③在加速和减速期间,检查是否存在异常噪声,并在加挡和减挡时检查是否存在冲击。

(3)2位置测试。换至2位置并完全踩下加速踏板,然后检查以下几点:

①检查加挡操作。检查并确认一挡→二挡可加挡,且换挡点要与自动换挡规范一致(表1-16)。

注意:在2位置时不能加挡至三挡并锁止。

②检查发动机制动。在2位置和二挡下行驶时,松开加速踏板,并检查发动机制动效果。

③在加速和减速期间,检查是否存在异常噪声,并在加挡和减挡时检查是否存在冲击。

(4)L位置测试。换至L位置并完全踩下加速踏板,然后检查以下几点:

①检查是否不能加挡。在L位置下行驶时,检查是否不能加挡至二挡。

注意:在L位置时不能加挡至二挡并锁止。

②检查发动机制动。在L位置下行驶时,松开加速踏板,并检查发动机制动效果。

③在加速和减速期间,检查是否出现异常噪声。

(5)R位置测试。换至R位置,轻踩加速踏板,并检查车辆向后移动时是否出现任何异常噪声或振动。

注意:在进行上述检测之前,请确保检测区域无闲杂人员且畅通无阻。

(6)P位置测试。将车辆停在斜坡(大于5°)上,将换挡杆置于P位置后松开驻车制动器。然后检查并确认驻车锁爪能使车辆保持在原地。

(7)上坡/下坡控制功能测试。

①检查车辆在上坡时,是否不能加挡至四挡。

②检查车辆在下坡时,踩下制动器后,是否从四挡自动减挡至三挡。

(1)描述自动变速器基本组成及各部分的功用。

(2)简述液力变矩器的组成和工作原理。

(3)试分析丰田U341E型自动变速器、大众01N型自动变速器各挡动力传递路线。

(4)简述自动变速器液压控制系统的基本组成和各部件的主要作用。

(5)简述自动变速器电子控制系统的组成和各部件的作用。

(6)简述自动变速器常见测试项目的方法及步骤,并对试验结果进行分析。

(7)请分析汽车自动变速器失效故障的原因。

1.7 自动变速器的检修

本部分以卡罗拉乘用车U34E型自动变速器液力变矩器的检修为例进行说明。

1.7.1 液力变矩器的检修

1)液力变矩器单向离合器的检查

(1)如图 1-78 所示,固定 SST 09350—32014(09351—32010,09351—32020),使其正好置于液力变矩器毂的槽口和单向离合器外座圈的槽口处。

(2)如图 1-79 所示,竖直放置液力变矩器并转动 SST 09350—32014(09351—32010,09351—32020),检查并确定其顺时针旋转时运转平稳,而逆时针旋转时被锁止。如有必要,则清洁液力变矩器并检查单向离合器。如果单向离合器的工作情况仍不符合规定,则更换液力变矩器。

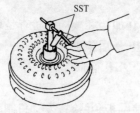

图 1-78 单向离合器的检查(一)

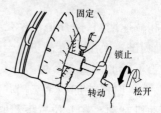

图 1-79 单向离合器的检查(二)

2)液力变矩器总成状态的检查

检查并确认液力变矩器总成应符合下列状态:

(1)失速测试或换挡杆置于 N 位时,液力变矩器离合器未发出金属声。

(2)单向离合器在一个方向可转动,而在另一方向锁止。

(3)自动变速器油中的粉末量不多于图 1-80 所示中的样例显示量。

注意:样图显示,从拆下的液力变矩器中取出了约 0.25L 的 ATF。

3)液力变矩器中 ATF 的更换

如果 ATF 变色或有恶臭味,摇动液力变矩器使其中的油液四处流动。使变矩器的安装面朝上,排空 ATF。

4)ATF 冷却器、ATF 管路的清洁和检查

(1)如果已检查液力变矩器或已更换 ATF,则清洗自动变速器油冷却器和油管路,如图 1-81所示。

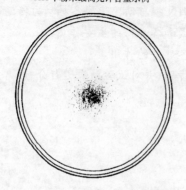

图 1-80 液力变矩器总成状态的检查

图 1-81 清洁并检查 ATF 冷却器和 ATF 管路

单元一　自动变速器的检修

注意：从进油软管中注入 196kPa 的压缩空气。如果在 ATF 中发现了过量的细粉末,则用斗式泵添加新 ATF 并再次进行清洗。

（2）如果 ATF 混浊不清,检查自动变速器油冷却器(散热器)。

1.7.2　自动变速器齿轮变速机构的检修

1）U341E 型自动变速器的拆解

丰田卡罗拉乘用车 U341E 型自动变速器的拆解请参照图 1-82 至图 1-91 进行。

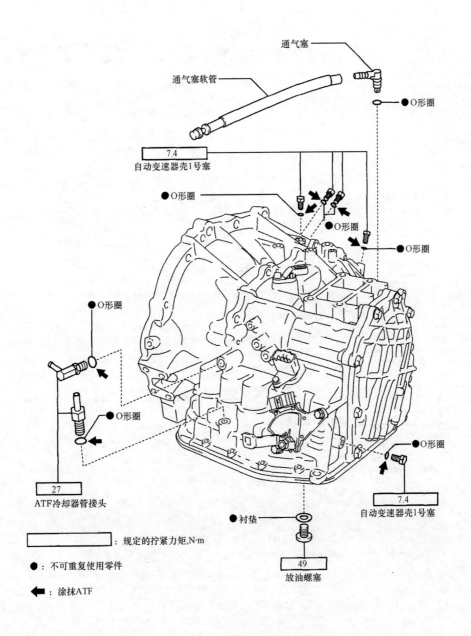

图 1-82　U341E 型自动变速器的分解图（一）

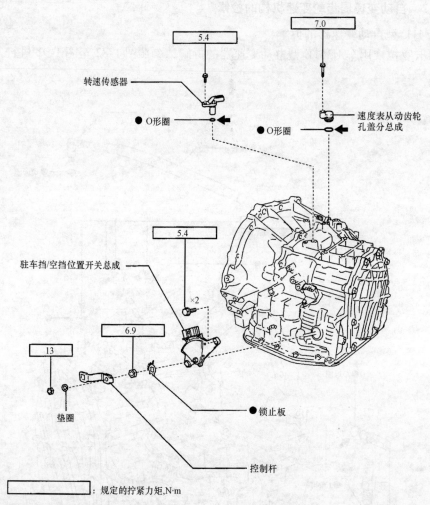

图1-83 U341E型自动变速器的分解图(二)

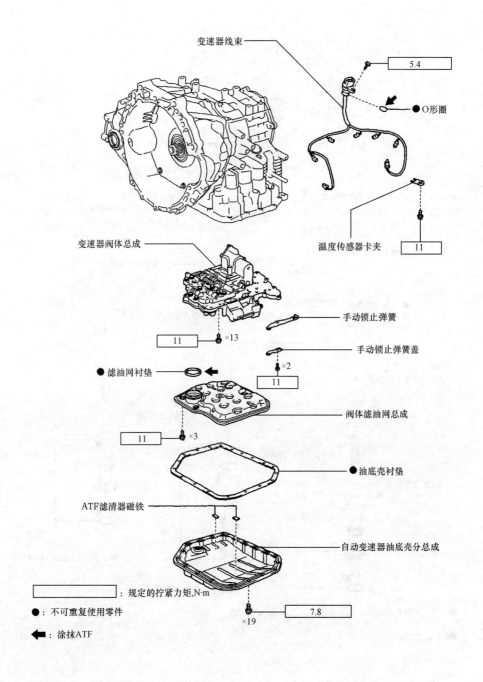

图1-84 U341E型自动变速器的分解图(三)

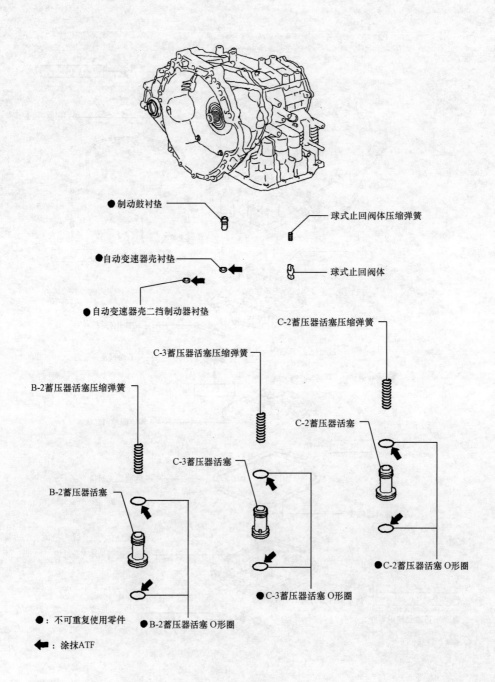

图1-85 U341E型自动变速器的分解图(四)

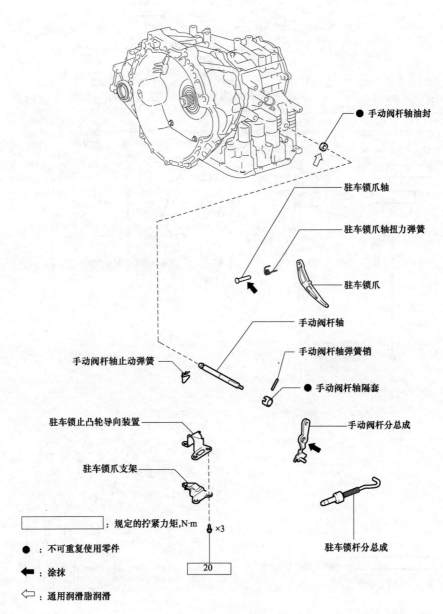

图1-86　U341E型自动变速器的分解图(五)

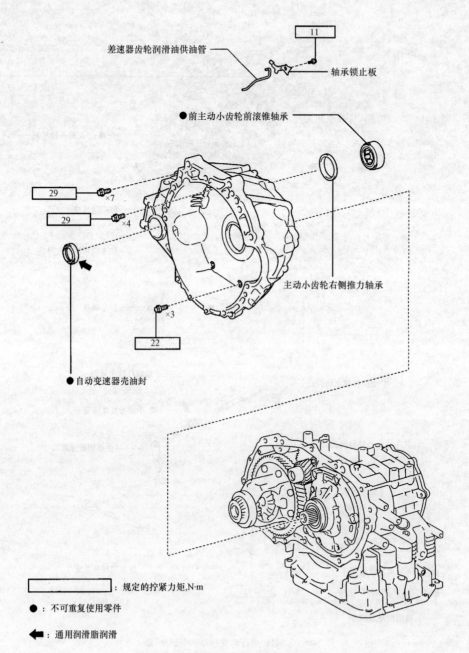

图 1-87 U341E 型自动变速器的分解图（六）

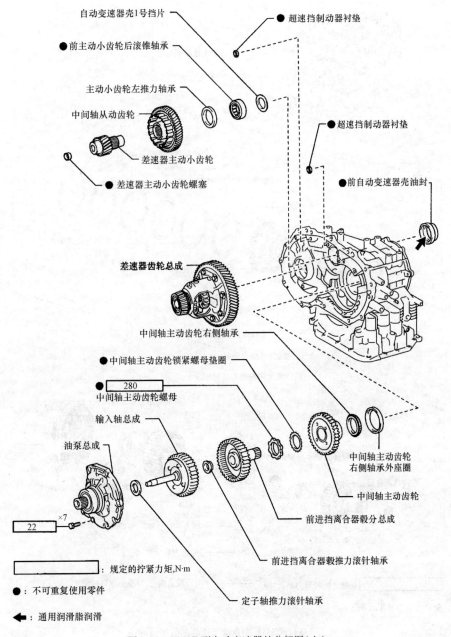

图1-88 U341E型自动变速器的分解图（七）

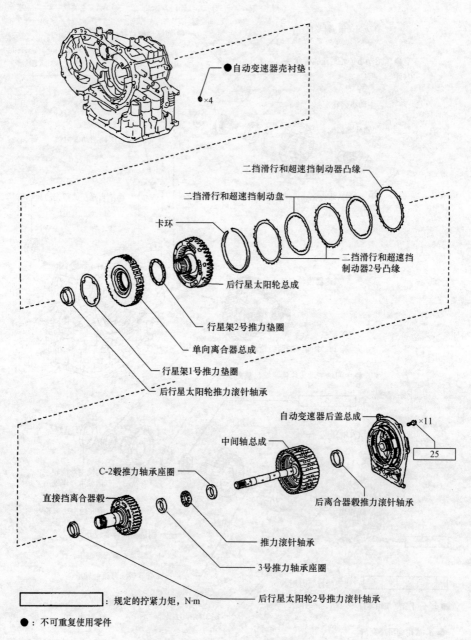

图1-89 U341E型自动变速器的分解图(八)

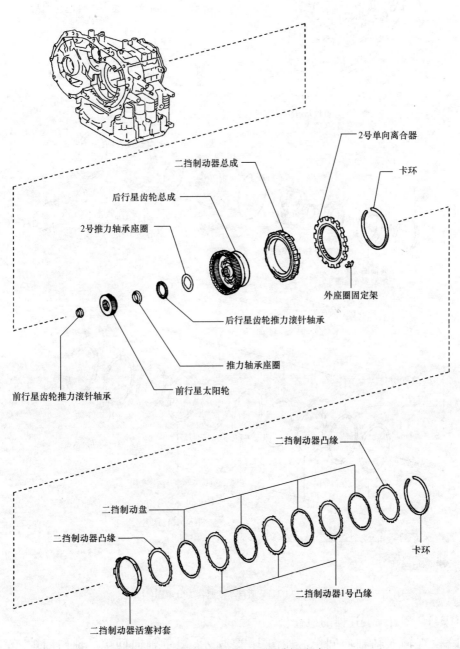

图1-90 U341E型自动变速器的分解图(九)

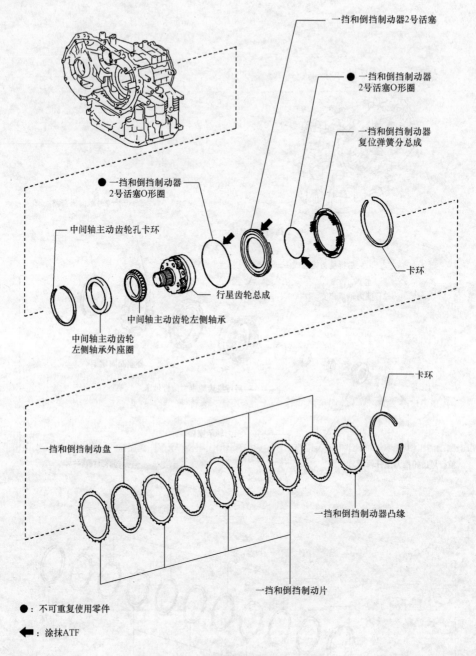

图1-91 U341E型自动变速器的分解图(十)

2) U341E型自动变速器的检查

(1) 检查输入轴轴向间隙。如图1-92所示,测量轴向间隙。轴向间隙:0.374~1.292mm。如果轴向间隙不符合规定,更换定子轴推力滚针轴承和前进挡离合器毂的推力滚针轴承。

(2) 检查中间轴总成。如图1-93所示,用百分表测量中间轴轴向间隙。轴向间隙:0.204~0.966mm。如果轴向间隙不符合规定,选择并更换后离合器毂推力滚针轴承。

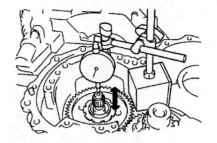

图1-92 检查输入轴轴向间隙　　　　图1-93 检查中间轴总成

(3) 检查单向离合器总成。如图1-94所示,固定住后行星太阳轮,转动单向离合器。确保单向离合器在逆时针旋转时自由转动,而顺时针旋转时则锁止。

(4) 检查二挡滑行和超速挡制动盘。如图1-95所示,检查盘、片和凸缘的滑动表面是否有磨损或烧蚀。如有必要,更换它们。

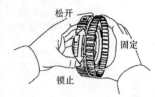

图1-94 检查单向离合器总成

注意:如果任何盘摩擦衬片剥落或变色,或者印制有编号的部分被损坏,则更换所有盘。组装新盘前,将其浸泡在自动变速器油中至少15min。

(5) 检查二挡制动盘(图1-95)。检查盘、片和凸缘的滑动表面是否有磨损或烧蚀。如有必要,更换它们。

注意:如果任何盘摩擦衬片剥落或变色,或者印制有标记的部分被损坏,则更换所有盘。组装新盘前,将其浸泡在自动变速器油中至少15min。

(6) 检查一挡和倒挡制动盘。如图1-96所示,检查盘、片和凸缘的滑动表面是否有磨损或烧蚀。如有必要,更换它们。

注意:如果任何盘摩擦衬片剥落或变色,或者印制有标记的部分被损坏,则更换所有盘。组装新盘前,将其浸泡在自动变速器油中至少15min。

(7) 检查一挡和倒挡制动器复位弹簧分总成。如图1-97所示,用游标卡尺测量弹簧连同弹簧座的自由长度,标准自由长度:13.96mm。

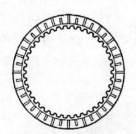

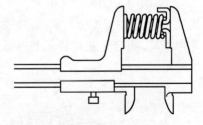

图1-95 检查二挡滑行和超　　图1-96 检查一挡和倒　　图1-97 检查一挡和倒挡制动器复位
速挡制动盘　　　　　　挡制动盘　　　　　　弹簧分总成

3) U341E型自动变速器的装配

(1) 轴承位置。如图1-98所示,检查轴承位置和安装方向。

(2) 检查差速器壳滚锥轴承预紧力。

① 在前差速器壳和轴承上涂自动变速器油,并将其安装至自动变速器壳。

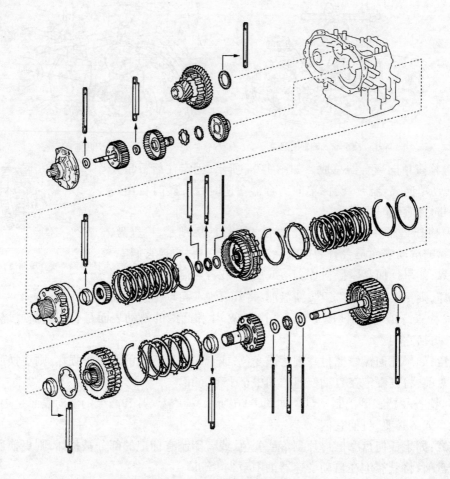

图1-98 自动变速器的装配(一)

②如图1-99所示,用14个螺栓安装自动变速器外壳。螺栓A的拧紧力矩:29N·m;螺栓B的拧紧力矩:22N·m。

③如图1-100所示,用SST和小扭力扳手测量差速器齿轮的预紧力。新的轴承标准预紧力:0.98～1.57N·m;旧的轴承标准预紧力矩:0.49～0.78N·m。如果预紧力矩不符合规定,从自动变速器壳上拆下差速器。根据表1-17选择一个新的自动变速器壳侧调整垫片。

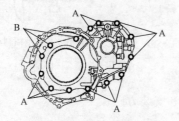

图1-99 自动变速器的装配(二)

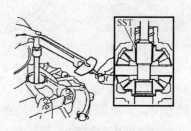

图1-100 自动变速器的装配(三)

调整垫片厚度　　　　　　　　　　　　　表1-17

标　记	厚度（mm）	标　记	厚度（mm）
01	1.90	11	2.40
02	1.95	12	2.45
03	2.00	13	2.50
04	2.05	14	2.55
05	2.10	15	2.60
06	2.15	16	2.65
07	2.20	17	2.70
08	2.25	18	2.75
09	2.30	19	2.80
10	2.35		

（3）安装自动变速器壳油封。

①在新自动变速器壳油封的唇口上涂通用润滑脂。

②如图1-101所示，用SST 09554—14010、09950—70010（09951—07100）和锤子敲入自动变速器壳油封。油封嵌入深度：-0.5~0.5mm。

（4）安装前自动变速器壳油封。

①在新前自动变速器壳油封的唇口上涂通用润滑脂。

②如图1-102所示，用SST 09726—27012（09726—02041）、09950—70010（09951—07150）和锤子敲入前自动变速器壳油封。油封嵌入深度：2.2~3.2mm。

（5）安装前主动小齿轮后滚锥轴承。

①如图1-103所示，将自动变速器壳1号挡片安装至自动变速器壳。

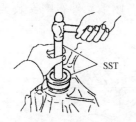
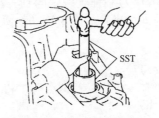
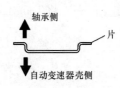

图1-101　自动变速器的装配（四）　　图1-102　自动变速器的装配（五）　　图1-103　自动变速器的装配（六）

②如图1-104所示，用SST 09950—60010（09951—00610）、09950—70010（09951—07150）和锤子将前主动小齿轮后滚锥轴承安装至自动变速器壳。

（6）安装前主动小齿轮前滚锥轴承。

①将推力轴承安装至自动变速器外壳。

②如图1-105所示，用SST 09950—60010（09951—00650）、09950—70010（09951—07150）和压力机将新的前主动小齿轮前滚锥轴承安装至自动变速器外壳。

（7）安装差速器齿轮润滑油供油管。如图1-106所示，将差速器齿轮润滑油供油管安装至自动变速器外壳。

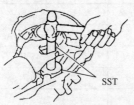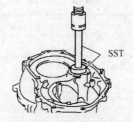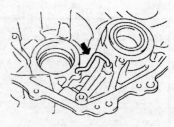

图1-104 自动变速器的装配(七)　　图1-105 自动变速器的装配(八)　　图1-106 自动变速器的装配(九)

(8)安装轴承锁止板。如图1-107所示,用螺栓将轴承锁止板安装至自动变速器外壳,拧紧力矩:11N·m。

(9)安装中间轴主动齿轮孔卡环。如图1-108所示,用螺丝刀将中间轴主动齿轮孔卡环安装至自动变速器壳。

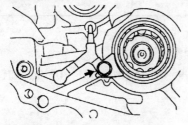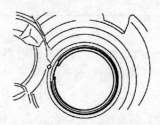

图1-107 自动变速器的装配(十)　　　　图1-108 自动变速器的装配(十一)

(10)安装中间轴主动齿轮左侧轴承。如图1-109所示,用SST 09950—60020(09951—00890)、09950—70010(09951—07150)和锤子将中间轴主动齿轮左侧轴承外座圈安装至自动变速器壳。将中间轴主动齿轮左侧轴承安装至自动变速器壳。

(11)安装中间轴主动齿轮右侧轴承。如图1-110所示,用SST 09950—60020(09951—00890)、09950—70010(09951—07150)和锤子将中间轴主动齿轮右侧轴承外座圈安装至自动变速器壳。将中间轴主动齿轮右侧轴承安装至自动变速器壳。

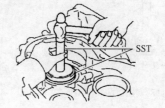

图1-109 自动变速器的装配(十二)　　　　图1-110 自动变速器的装配(十三)

(12)安装手动阀杆轴油封。

①在新手动阀杆轴油封唇口上涂抹一层通用润滑脂。

②如图1-111所示,用SST 09950—60010(09951—00220)、09950—70010(09951—07100)和锤子安装新手动阀杆轴油封。油封嵌入深度:-0.5~0.5mm。

(13)安装差速器主动小齿轮。如图1-112所示,用SST 09950—60010(09951—00350)、09950—70010(09951—07150)和压力机将差速器主动小齿轮安装至中间轴从动齿轮。

注意:更换中间轴从动齿轮时,同时更换自动变速器壳中的中间轴主动齿轮。压下差速器主动小齿轮直到与中间轴从动齿轮接触。

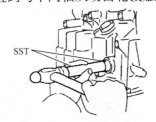
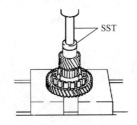

图1-111　自动变速器的装配(十四)　　图1-112　自动变速器的装配(十五)

(14)安装差速器主动小齿轮螺塞。如图1-113所示,用SST 09221—25026(09221—00071)和塑料锤将新的差速器主动小齿轮螺塞安装至差速器主动小齿轮。标准间隙:2.5~3.5mm。

(15)安装中间轴从动齿轮。如图1-114所示,将中间轴从动齿轮和主动小齿轮推力轴承安装至自动变速器壳。

(16)安装驻车锁爪。

①在驻车锁爪轴上涂ATF。

②如图1-115所示,将驻车锁爪、驻车锁爪轴扭力弹簧和驻车锁爪轴安装至自动变速器壳。

图1-113　自动变速器的装配(十六)

注意:检查并确认驻车锁爪移动平稳。

(17)安装手动阀杆轴。如图1-116所示,将手动阀杆轴安装至自动变速器壳。

注意:切勿损坏油封唇口。

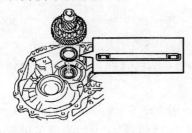
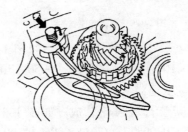

图1-114　自动变速器的装配(十七)　　图1-115　自动变速器的装配(十八)

(18)安装驻车锁杆分总成。如图1-117所示,将驻车锁杆安装至手动阀杆。

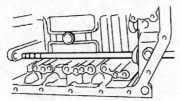
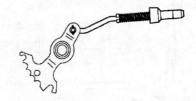

图1-116　自动变速器的装配(十九)　　图1-117　自动变速器的装配(二十)

(19)安装手动阀杆分总成。

①在手动阀杆分总成上涂ATF。

②将手动阀杆和新的手动阀杆隔套安装至手动阀杆轴。

③如图1-118所示,用尖冲头和锤子将销敲入。

④如图1-119所示,转动隔套和杆轴,使定位小孔与杆轴上的锁紧位置标记对齐。

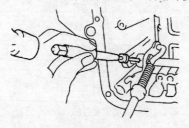

图1-118 自动变速器的装配(二十一)

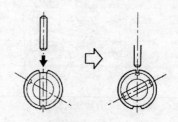

图1-119 自动变速器的装配(二十二)

⑤使用一个尖冲头,通过小孔锁紧隔套。

⑥检查并确认隔套没有转动。

(20)安装手动阀杆轴止动弹簧。如图1-120所示,将手动阀杆轴止动弹簧安装至手动阀杆轴。

(21)安装驻车锁爪支架。如图1-121所示,用3个螺栓将驻车锁爪支架、驻车锁杆和凸轮导向装置安装至自动变速器壳,拧紧力矩:20N·m。

图1-120 自动变速器的装配(二十三)

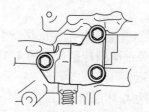

图1-121 自动变速器的装配(二十四)

(22)安装中间轴主动齿轮。如图1-122所示,用SST 09223—15030、09527—17011、09950—60010(09951—00650)、09950—70010(09951—07150)和压力机将中间轴主动齿轮安装至自动变速器壳。

(23)安装行星齿轮总成。如图1-123所示,用SST 09950—60010(09951—00480)、09223—15030、09527—17011、09950—70010(09951—07150)和压力机将行星齿轮总成安装至自动变速器壳。

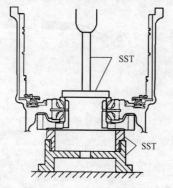

图1-122 自动变速器的装配(二十五)

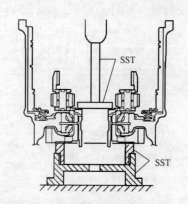

图1-123 自动变速器的装配(二十六)

（24）安装中间轴主动齿轮螺母。

①如图1-124所示，用驻车锁爪固定中间轴从动齿轮。

②如图1-125所示，用SST 09387—00120安装新的锁紧垫圈和螺母，拧紧力矩：280N·m。

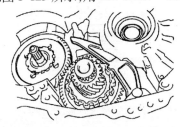

图1-124 自动变速器的装配（二十七）

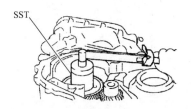

图1-125 自动变速器的装配（二十八）

③如图1-126所示，用SST 09387—00120和小扭力扳手，测量以60r/min的速度旋转中间轴主动齿轮时的转动力矩，转动力矩应为0.20~0.49N·m。

④如图1-127所示，用SST 09930—00010和锤子锁紧螺母垫圈。

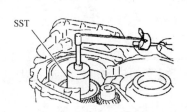

图1-126 自动变速器的装配（二十九）

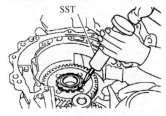

图1-127 自动变速器的装配（三十）

（25）安装一挡和倒挡制动器2号活塞O形圈。如图1-128所示，在两个新的一挡和倒挡制动器2号活塞O形圈上涂ATF，并将其安装至一挡和倒挡制动器2号活塞。

（26）安装一挡和倒挡制动器2号活塞。如图1-129所示，在一挡和倒挡制动器2号活塞上涂ATF，并将其安装至自动变速器壳。

注意：切勿损坏油封唇口。

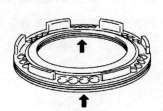

图1-128 自动变速器的装配（三十一）

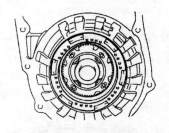

图1-129 自动变速器的装配（三十二）

（27）安装一挡和倒挡制动器复位弹簧分总成。如图1-130所示，将一挡和倒挡制动器复位弹簧分总成安装至自动变速器壳。用SST 09387—00070、压力机和螺丝刀安装卡环。

（28）安装一挡和倒挡制动盘。如图1-131所示，将4个片、4个盘和凸缘安装至自动变速器壳。用螺丝刀安装卡环。

（29）检查一挡和倒挡制动器的装配间隙。

①如图1-132所示，从后侧压住盘和片，用SST 09350—36010（09350—06110）和百分表测量一挡和倒挡制动器的装配间隙，装配间隙：0.806~1.206mm。

注意：如果间隙不在规定范围内，选择一个新的制动器凸缘。有4种不同厚度的凸缘可供选择，见表1-18。

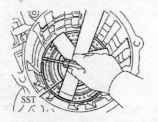

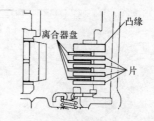

图1-130 自动变速器的装配（三十三）　　图1-131 自动变速器的装配（三十四）

②将压缩空气（392kPa）吹入油孔中，检查并确认一挡和倒挡制动器活塞移动。

凸缘厚度　　　　　　　　　　　　　　　　　　表1-18

标 记	厚 度（mm）
—	3.4
1	3.6
2	3.8
3	4.0

（30）安装前行星太阳轮。如图1-133所示，将行星太阳轮和滚针轴承安装至行星齿轮总成。

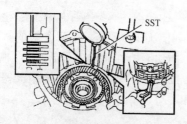

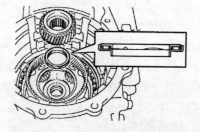

图1-132 自动变速器的装配（三十五）　　图1-133 自动变速器的装配（三十六）

（31）安装外座圈固定架。如图1-134所示，将外座圈固定架安装至2号单向离合器。

（32）安装2号单向离合器。如图1-135所示，将2号单向离合器和二挡制动器活塞总成安装至后行星齿轮总成。

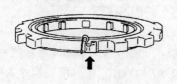

图1-134 自动变速器的装配（三十七）　　图1-135 自动变速器的装配（三十八）

（33）安装后行星齿轮推力滚针轴承。如图1-136所示，将2号推力轴承座圈、行星齿轮推力滚针轴承和推力轴承座圈安装至后行星齿轮总成。

（34）安装后行星齿轮总成。如图1-137所示，将后行星齿轮总成安装至自动变速器壳。

用螺丝刀安装卡环。

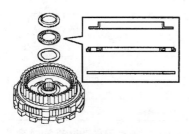

图 1-136　自动变速器的装配(三十九)

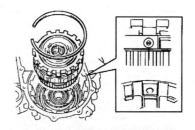

图 1-137　自动变速器的装配(四十)

(35)检查 2 号单向离合器。如图 1-138 所示,检查并确认后行星齿轮总成逆时针旋转时自由转动,而顺时针旋转时则锁止。

(36)安装二挡制动器活塞套筒。如图 1-139 所示,将二挡制动器活塞套筒安装至自动变速器壳。

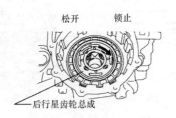

图 1-138　自动变速器的装配(四十一)

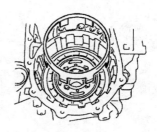

图 1-139　自动变速器的装配(四十二)

(37)安装二挡制动盘。

①如图 1-140 所示,将 4 个盘、3 个二挡制动器 1 号凸缘和 2 个二挡制动器凸缘安装至自动变速器壳。

②如图 1-141 所示,用螺丝刀将 2 个卡环安装至自动变速器壳。

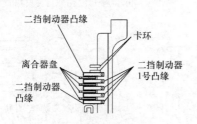

图 1-140　自动变速器的装配(四十三)

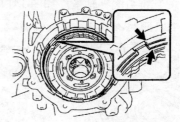

图 1-141　自动变速器的装配(四十四)

(38)检查二挡制动器的装配间隙。如图 1-142 所示,在施加和释放压缩空气(392～785kPa)的同时,用百分表测量二挡离合器的装配间隙。装配间隙:0.847～1.247mm。有 4 种不同厚度的凸缘可供选择,见表 1-19。

注意:如果间隙不在规定范围内,选择一个新的制动器凸缘。

(39)安装单向离合器总成。如图 1-143 所示,将 2 号推

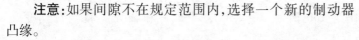

图 1-142　自动变速器的装配(四十五)

力垫圈安装至后行星齿轮总成,将单向离合器总成安装至后行星太阳轮总成。

凸缘厚度　　　　　　　　　　　表1-19

标　记	厚　度(mm)
—	3.0
1	3.2
2	3.4
3	3.6

(40)检查单向离合器总成(图1-94)。固定住后行星太阳轮,转动单向离合器,检查并确认单向离合器在逆时针旋转时自由转动,而顺时针旋转时则锁止。

(41)安装后行星太阳轮推力滚针轴承。如图1-144所示,将推力滚针轴承和垫圈安装至后行星太阳轮。

(42)安装后行星太阳轮总成。如图1-145所示,安装后行星太阳齿轮总成。

图1-143　自动变速器的装配(四十六)

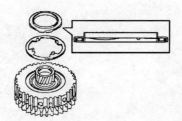
图1-144　自动变速器的装配(四十七)

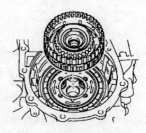
图1-145　自动变速器的装配(四十八)

(43)安装后行星太阳轮2号推力滚针轴承。如图1-146所示,将后行星太阳轮2号推力滚针轴承安装至后行星太阳轮。

(44)如图1-147所示,安装直接挡离合器毂。

(45)安装推力滚针轴承。如图1-148所示,将3号推力轴承座圈、推力滚针轴承和C-2毂推力轴承座圈安装至直接挡离合器毂。

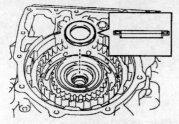
图1-146　自动变速器的装配(四十九)

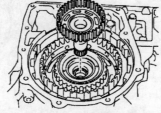
图1-147　自动变速器的装配(五十)

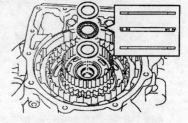
图1-148　自动变速器的装配(五十一)

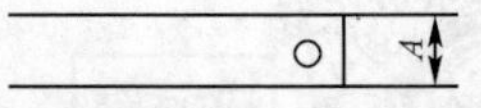

图1-149　自动变速器的装配(五十二)

(46)安装二挡滑行和超速挡制动盘。

①如图1-149所示,测量凸缘厚度(尺寸A)。

②如图1-150所示,将2个盘、2个片和凸缘安装至自动变速器壳。

(47)安装中间轴总成。如图1-151所示,将中间轴总成安装至自动变速器壳。

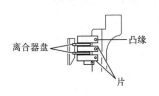
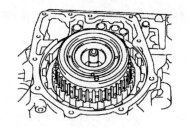

图1-150　自动变速器的装配(五十三)　　图1-151　自动变速器的装配(五十四)

(48)检查二挡滑行和超速挡制动器的间隙。

①如图1-152所示,将一直尺放置在自动变速器壳上,用游标卡尺测量二挡滑行和超速挡制动器凸缘与直尺之间的距离(尺寸B)。

②如图1-153所示,将一直尺放置在超速挡制动器活塞上,用游标卡尺测量自动变速器后盖和直尺之间的距离(尺寸C)。用下列公式计算活塞行程值。

$$活塞行程值 = 尺寸A + 尺寸B - 尺寸C$$

装配间隙:2.091~2.491mm。有4种不同厚度的凸缘可供选择,见表1-20。

注意:如果间隙不在规定范围内,选择一个新的制动器凸缘。

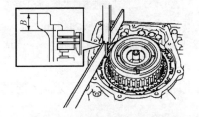
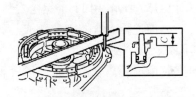

图1-152　自动变速器的装配(五十五)　　图1-153　自动变速器的装配(五十六)

凸缘厚度　　　　　　　　　　　　　　　　表1-20

标　　记	厚　　度(mm)
4	4.0
5	4.2
6	4.4
7	4.6

(49)安装后离合器毂推力滚针轴承。如图1-154所示,将轴承安装至中间轴。

(50)检查中间轴总成。

①如图1-155所示,用11个螺栓安装自动变速器后盖,拧紧力矩:25N·m。

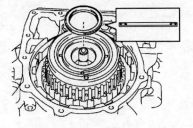
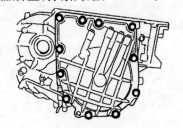

图1-154　自动变速器的装配(五十七)　　图1-155　自动变速器的装配(五十八)

②如图 1-93 所示,用百分表测量中间轴轴向间隙。轴向间隙:0.204~0.966mm。如果轴向间隙不符合规定,选择并更换后离合器毂推力滚针轴承。

注意: 有 2 种不同厚度的推力滚针轴承可供选择。棕色推力滚针轴承厚度为 2.5mm;黑色推力滚针轴承厚度为 2.8mm。

③从自动变速器后盖上拆下 11 个螺栓。

(51) 安装自动变速器壳衬垫。如图 1-156 所示,将 4 个新衬垫安装至自动变速器壳。

(52) 安装自动变速器后盖总成。

①如图 1-157 所示,在自动变速器壳上涂抹密封胶。密封胶:丰田原厂密封胶 1281、THREE BOND1281 或同等产品。

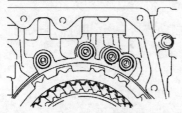

图 1-156 自动变速器的装配(五十九)

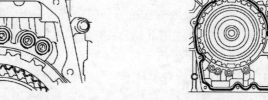

图 1-157 自动变速器的装配(六十)

②如图 1-155 所示,用 11 个螺栓安装自动变速器后盖,拧紧力矩:25N·m。

(53) 安装前进挡离合器毂分总成。如图 1-158 所示,将前进挡离合器毂分总成安装至自动变速器壳。

(54) 安装前进挡离合器毂推力滚针轴承。如图 1-159 所示,将轴承安装至前进挡离合器毂。

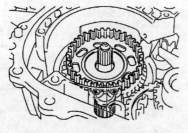

图 1-158 自动变速器的装配(六十一)

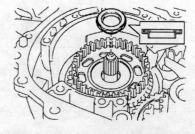

图 1-159 自动变速器的装配(六十二)

(55) 安装定子轴推力滚针轴承。如图 1-160 所示,将轴承安装至输入轴总成。

(56) 安装输入轴总成。如图 1-161 所示,将输入轴总成安装至自动变速器壳。

(57) 安装超速挡制动器衬垫。如图 1-162 所示,将两个新衬垫安装至自动变速器壳。

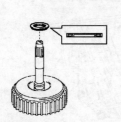

图 1-160 自动变速器的装配(六十三)

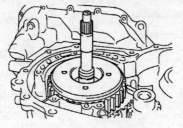

图 1-161 自动变速器的装配(六十四)

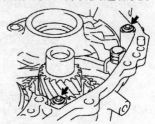

图 1-162 自动变速器的装配(六十五)

(58) 安装差速器齿轮总成。如图 1-163 所示,将差速器齿轮总成安装至自动变速器壳。

(59) 安装油泵总成。如图 1-164 所示,用 7 个螺栓安装油泵,拧紧力矩:22N·m。

(60) 检查输入轴总成。如图 1-165 所示,确保输入轴转动平稳。

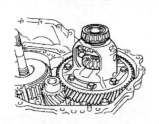
图 1-163 自动变速器的装配（六十六）

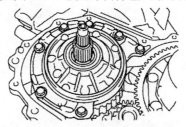
图 1-164 自动变速器的装配（六十七）

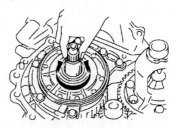
图 1-165 自动变速器的装配（六十八）

(61) 检查输入轴轴向间隙(图 1-92)。测量轴向间隙。轴向间隙:0.374～1.292mm。如果轴向间隙不符合规定,更换前进挡离合器毂推力滚针轴承和定子轴推力滚针轴承。

(62) 安装自动变速器外壳。

① 如图 1-166 所示,在自动变速器壳上涂抹密封胶。密封胶:丰田原厂密封胶 1281、THREE BOND1281 或同等产品。

② 如图 1-99 所示,用 14 个螺栓安装自动变速器外壳。螺栓 A 拧紧力矩:29N·m;螺栓 B 拧紧力矩:22N·m。

(63) 安装 C-2 蓄压器活塞。

① 如图 1-167 所示,在两个新 O 形圈上涂 ATF,并将其安装至 C-2 蓄压器活塞。

注意:切勿损坏 O 形圈。

② 如图 1-168 所示,安装弹簧和 C-2 蓄压器活塞。

注意:C-2 蓄压器活塞弹簧自由长度为 66.90mm,外径为 17.20mm。

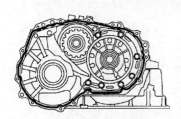
图 1-166 自动变速器的装配（六十九）

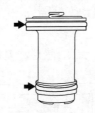
图 1-167 自动变速器的装配（七十）

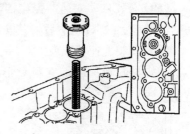
图 1-168 自动变速器的装配（七十一）

(64) 安装 C-3 蓄压器活塞。

① 如图 1-169 所示,在两个新 O 形圈上涂 ATF,并将其安装至 C-3 蓄压器活塞。

注意:切勿损坏 O 形圈。

② 如图 1-170 所示,安装弹簧和 C-3 蓄压器活塞。

注意:C-3 蓄压器活塞弹簧自由长度为 87.30mm,外径为 18.70mm,颜色为橙色。

(65) 安装 B-2 蓄压器活塞。

① 如图 1-171 所示,在两个新 O 形圈上涂 ATF,并将其安装至 B-2 蓄压器活塞。

注意:切勿损坏O形圈。

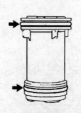 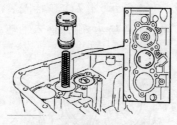 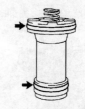

图1-169　自动变速器的装配
（七十二）　　　　　图1-170　自动变速器的装配
（七十三）　　　　　图1-171　自动变速器的装配
（七十四）

②如图1-172所示,安装弹簧和B-2蓄压器活塞。

注意:B-2蓄压器活塞弹簧自由长度为66.90mm,外径为15.50mm,颜色为白色。

(66)安装球式止回阀体。如图1-173所示,安装弹簧和球式止回阀体。

(67)安装制动鼓衬垫。如图1-174所示,安装新的制动鼓衬垫。

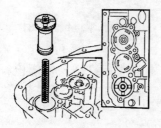 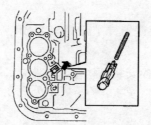 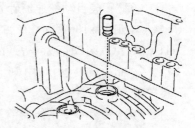

图1-172　自动变速器的装配
（七十五）　　　　　图1-173　自动变速器的装配
（七十六）　　　　　图1-174　自动变速器的装配
（七十七）

(68)安装自动变速器壳衬垫。如图1-175所示,在新的自动变速器壳衬垫上涂ATF,然后将其安装至自动变速器壳。

(69)安装自动变速器壳二挡制动器衬垫。如图1-176所示,在新的自动变速器壳二挡制动器衬垫上涂ATF,然后将其安装至自动变速器壳。

(70)安装变速器线束。

①如图1-177所示,在新O形圈上涂ATF,然后将其安装至变速器线束。

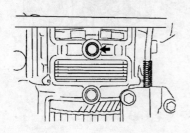 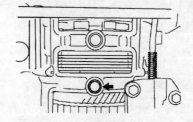 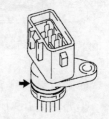

图1-175　自动变速器的装配
（七十八）　　　　　图1-176　自动变速器的装配
（七十九）　　　　　图1-177　自动变速器的装配
（八十）

②如图1-178所示,将变速器线束插入自动变速器。

③如图1-179所示,用螺栓安装变速器线束,拧紧力矩:5.4N·m。

(71)安装变速器阀体总成。

①使手动阀凹槽对准手动阀杆销。
②如图 1-180 所示,用 13 个螺栓暂时安装阀体。螺栓 A 长度:32mm;螺栓 B 长度:22mm;螺栓 C 长度:55mm;螺栓 D 长度:45mm。

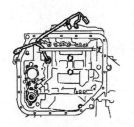
图 1-178　自动变速器的装配（八十一）

图 1-179　自动变速器的装配（八十二）

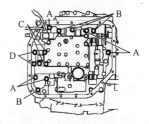
图 1-180　自动变速器的装配（八十三）

③如图 1-181 所示,用两个螺栓暂时安装锁止弹簧和锁止弹簧盖。螺栓 A 长度:14mm;螺栓 B 长度:45mm。
④检查并确认手动阀杆接触到锁止弹簧顶部滚柱的中心部分。
⑤拧紧这 15 个螺栓,拧紧力矩:11N·m。
⑥如图 1-182 所示,连接 5 个电磁阀连接器。
⑦用锁止板和螺栓安装 ATF 温度传感器,拧紧力矩:11N·m。螺栓长度:55mm。
(72)安装阀体滤油网总成。
①如图 1-183 所示,在新 O 形圈上涂 ATF,并将其安装至滤油网。

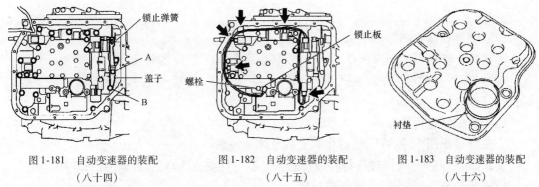
图 1-181　自动变速器的装配（八十四）　　图 1-182　自动变速器的装配（八十五）　　图 1-183　自动变速器的装配（八十六）

②如图 1-184 所示,用 3 个螺栓将阀体滤油网总成安装至自动变速器,拧紧力矩:11N·m。

(73)安装自动变速器油底壳分总成。
①如图 1-185 所示,将两块磁铁安装到油底壳上。
②将新油底壳衬垫安装到油底壳上。
③如图 1-186 所示,用 19 个螺栓安装油底壳,拧紧力矩:7.8N·m。
(74)安装通气塞。将通气塞安装至自动变速器壳。
(75)安装通气塞软管。如图 1-187 所示,将通气塞软管安装至通气塞。
(76)安装自动变速器壳 1 号塞。

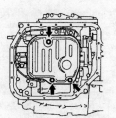 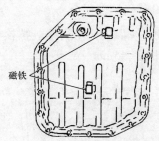 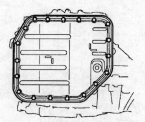

图 1-184 自动变速器的装配（八十七）　　图 1-185 自动变速器的装配（八十八）　　图 1-186 自动变速器的装配（八十九）

① 在 5 个新 O 形圈上涂 ATF，并将其安装至 5 个自动变速器壳 1 号塞。

② 如图 1-188 所示，将 4 个自动变速器壳 1 号塞安装至自动变速器外壳和自动变速器壳，拧紧力矩：7.4N·m。

③ 如图 1-189 所示，将自动变速器壳 1 号塞安装至自动变速器壳，拧紧力矩：7.4N·m。

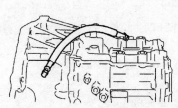 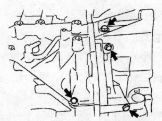 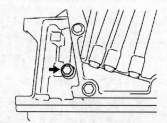

图 1-187 自动变速器的装配（九十）　　图 1-188 自动变速器的装配（九十一）　　图 1-189 自动变速器的装配（九十二）

(77) 安装机油冷却器管接头。

① 在两个新 O 形圈上涂 ATF，并将其安装至两个 ATF 冷却器管接头。

② 如图 1-190 所示，将两个 ATF 冷却器管接头安装至自动变速器壳，拧紧力矩：27N·m。

(78) 安装转速传感器。

① 在新 O 形圈上涂 ATF，然后将其安装至转速传感器。

② 如图 1-191 所示，用螺栓将转速传感器安装至自动变速器壳，拧紧力矩：5.4N·m。

(79) 安装驻车挡/空挡位置开关总成。

① 将驻车挡/空挡位置开关总成安装至自动变速器。

② 如图 1-192 所示，暂时安装两个螺栓。

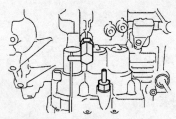 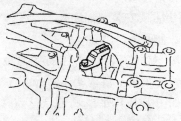 

图 1-190 自动变速器的装配（九十三）　　图 1-191 自动变速器的装配（九十四）　　图 1-192 自动变速器的装配（九十五）

③换上新的锁止板,并拧紧手动阀轴螺母,拧紧力矩:6.9N·m。
④暂时安装控制杆。
⑤如图1-193所示,逆时针转动控制杆直到其停止,然后顺时针转动两个槽口。
⑥拆下控制杆。
⑦如图1-194所示,将凹槽与空挡基线对准。
⑧将开关固定到位,然后拧紧两个螺栓,拧紧力矩:5.4N·m。
⑨如图1-195所示,使用螺丝刀,用锁止板锁紧螺母。

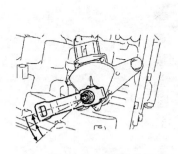

图1-193 自动变速器的装配（九十六）

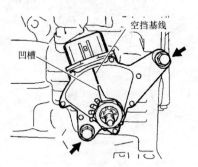

图1-194 自动变速器的装配（九十七）

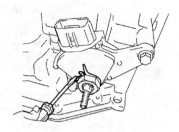

图1-195 自动变速器的装配（九十八）

⑩如图1-196所示,用螺母和垫圈安装控制杆,拧紧力矩:13N·m。

(80)安装速度表从动齿轮孔盖分总成。

①在新O形圈上涂ATF,然后将其安装至速度表从动齿轮孔盖分总成。

②如图1-197所示,将速度表从动齿轮孔盖分总成安装至自动变速器外壳,拧紧力矩:7.0N·m。

图1-196 自动变速器的装配(九十九)

图1-197 自动变速器的装配(一百)

1.7.3 液压控制系统的检修

1)油泵的检修

U341E型自动变速器油泵分解图如图1-198所示。

(1)油泵的拆解。

①拆卸前油泵体O形圈。如图1-199所示,从油泵上拆下前油泵体O形圈。

②拆卸定子轴总成。如图1-200所示,用"TORX"梅花套筒扳手(T30)拆下10个"TORX"梅花螺钉。

③拆卸前油泵主动齿轮。如图1-201所示,从油泵体上拆下前油泵主动齿轮。

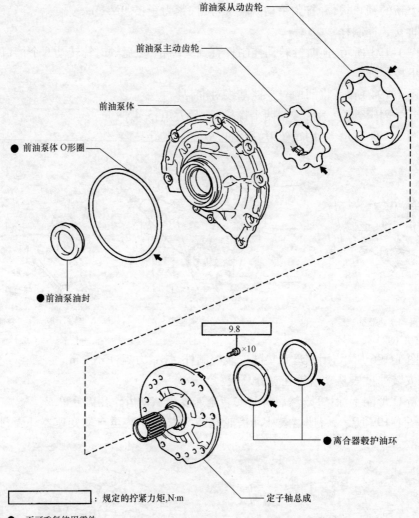

图1-198　U341E型自动变速器油泵分解图

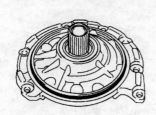

图1-199　油泵的拆解(一)

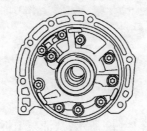

图1-200　油泵的拆解(二)

图1-201　油泵的拆解(三)

④拆卸前油泵从动齿轮。如图1-202所示,从油泵体上拆下前油泵从动齿轮。

⑤拆卸前油泵油封。如图1-203所示,用SST 09308—00010从油泵体上拆下前油泵油封。

⑥拆卸离合器毂护油环。如图1-204所示,用螺丝刀从定子轴总成上拆下两个离合器毂护油环。

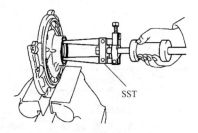
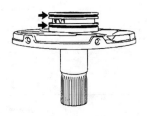

图1-202　油泵的拆解(四)　　图1-203　油泵的拆解(五)　　图1-204　油泵的拆解(六)

(2)油泵的检查。

①检查定子轴总成。

a. 如图1-205所示,用百分表测量定子轴衬套的内径。标准内径:21.500～21.526mm;最大内径:21.526mm。如果内径超过最大值,则更换定子轴。

b. 如图1-206所示,将输入轴总成安装到定子轴总成上,检查并确认输入轴总成旋转平稳。

注意:如果运动不平稳或发出异常噪声,则换上新的定子总成。更换时检查输入轴与轴承的接触面,如果发现任何损坏或变色,则换上新的输入轴。

②检查油泵齿轮间隙。

a. 如图1-207所示,测量从动齿轮齿顶和主动齿轮齿顶的间隙。标准顶部间隙:0.07～0.15mm;最大顶部间隙:0.15mm。如果顶部间隙大于最大值,则更换油泵体分总成。

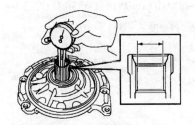
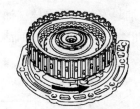

图1-205　定子轴总成的检查(一)　　图1-206　定子轴总成的检查(二)　　图1-207　油泵齿轮间隙的检查(一)

b. 如图1-208所示,将从动齿轮推向泵体一侧。用厚薄规测量间隙。标准泵体间隙:0.10～0.15mm;最大泵体间隙:0.15mm。如果泵体间隙大于最大值,则更换油泵体分总成。

c. 如图1-209所示,用钢直尺和厚薄规测量这两个齿轮的侧隙。标准侧隙:0.02～0.05mm;最大侧隙:0.05mm。如果侧隙大于最大值,则更换主动齿轮、从动齿轮或泵体。主动齿轮厚度见表1-21,从动齿轮厚度见表1-22。

图1-208　油泵齿轮间隙的检查(二)　　图1-209　油泵齿轮间隙的检查(三)

主动齿轮厚度　　　　　　　　　　　　　　　　　　　表1-21

编　号	厚　度(mm)
1	9.44～9.45
2	9.45～9.46
3	9.46～9.47
4	9.47～9.48
5	9.48～9.49

从动齿轮厚度　　　　　　　　　　　　　　　　　　　表1-22

编　号	厚　度(mm)
1	9.44～9.45
2	9.45～9.46
3	9.46～9.47
4	9.47～9.48
5	9.48～9.49

③检查前油泵体分总成。如图1-210所示,用百分表测量油泵体衬套内径。标准内径:38.113～38.138mm;最大内径:38.138mm。如果内径大于最大内径,更换油泵体分总成。

(3)油泵的装配。

①安装离合器毂护油环(图1-204)。在两个新的离合器毂护油环上涂ATF,并将其安装至定子轴。

②安装前油泵油封。如图1-211所示,用SST 09950—60010(09951—00550)、09950—70010(09951—07100)将前油泵油封安装至油泵体。油封嵌入深度:-0.15～0.15mm。

③安装前油泵从动齿轮。如图1-212所示,在前油泵从动齿轮上涂ATF,然后将其安装至油泵体,有标记的一面朝上。

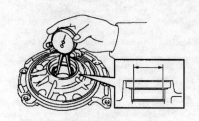
图1-210　前油泵体分总成的检查

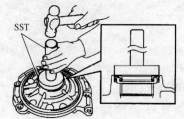
图1-211　油泵重新装配(一)

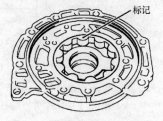
图1-212　油泵重新装配(二)

④安装前油泵主动齿轮。如图1-213所示,在前油泵主动齿轮上涂ATF,然后将其安装至油泵体,有标记的一面朝上。

⑤安装定子轴总成(图1-200)。使用"TORX"梅花套筒扳手(T30),用10个"TORX"梅花螺钉安装定子轴总成,拧紧力矩:9.8N·m。

⑥检查油泵总成。如图1-214所示,用两把螺丝刀转动主动齿轮并确保它能平稳转动。

注意:切勿损坏油封唇口。

单元一　自动变速器的检修

图 1-213　油泵重新装配(三)　　　图 1-214　油泵重新装配(四)

⑦安装前油泵体 O 形圈(图 1-199)。在新的前油泵体 O 形圈上涂 ATF,并将其安装至油泵。

2)阀体总成的检修

拆装 U341E 型自动变速器阀体总成相关零部件分解图如图 1-215 所示。

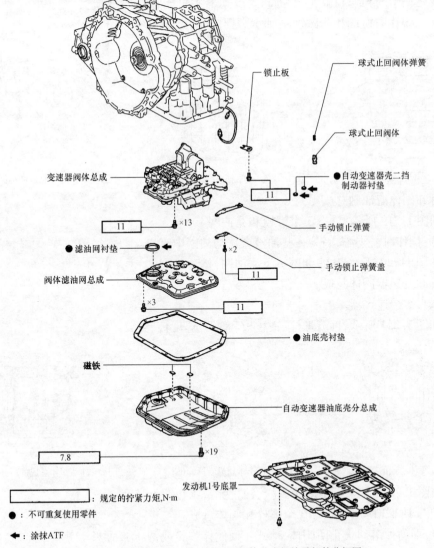

图 1-215　拆装 U341E 型自动变速器阀体总成相关零部件分解图

(1)阀体总成的拆卸。

①从蓄电池负极端子断开电缆。

②拆卸发动机1号底罩。

③排放自动变速器油。

a. 拆下放油螺塞和衬垫,并排空ATF。

b. 安装新衬垫和放油螺塞,拧紧力矩:49N·m。

④拆卸自动变速器油底壳分总成。

a. 如图1-216所示,拆下19个螺栓、油底壳和油底壳衬垫。注意:油底壳中会残留一些油液。拆下所有油底壳螺栓,并小心拆下油底壳分总成。

b. 如图1-217所示,从油底壳上拆下两个磁铁。

c. 如图1-218所示,检查油底壳中的微粒。用拆下的磁铁收集所有钢屑。仔细检查油底壳内及磁铁上的异物和微粒,判断自动变速器中可能存在的磨损类型。钢(磁性):轴承、齿轮和离合器片磨损;铜(非磁性):轴承磨损。

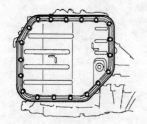
图1-216 阀体总成的拆卸(一)

图1-217 阀体总成的拆卸(二)

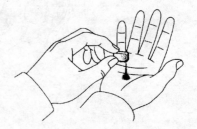
图1-218 阀体总成的拆卸(三)

⑤拆卸阀体滤油网总成。

a. 如图1-219所示,拆下3个螺栓和滤油网。

注意:操作时需小心,因为一些油液会从滤油网中流出。

b. 如图1-220所示,从滤油网拆下滤油网衬垫。

⑥拆卸变速器阀体总成。

a. 断开5个连接器。

b. 如图1-221所示,拆下螺栓、锁止板和ATF温度传感器。

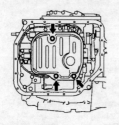
图1-219 阀体总成的拆卸(四)

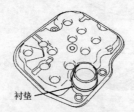
图1-220 阀体总成的拆卸(五)

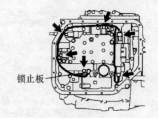
图1-221 阀体总成的拆卸(六)

c. 如图1-222所示,拆下两个螺栓、锁止弹簧罩和锁止弹簧。

d. 如图1-223所示,拆下13个螺栓和阀体总成。

注意:切勿掉落球式止回阀体、球式止回阀体弹簧或蓄压器活塞。

e. 如图1-224所示,拆下球式止回阀体,检查球式止回阀体弹簧。

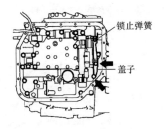 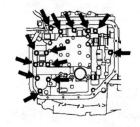 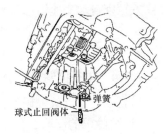

图 1-222　阀体总成的拆卸(七)　　图 1-223　阀体总成的拆卸(八)　　图 1-224　阀体总成的拆卸(九)

f. 如图 1-225 所示,拆下两个自动变速器壳二挡制动器衬垫。

(2)阀体总成的安装。

①安装变速器阀体总成。

a. 在两个新的自动变速器壳二挡制动器衬垫上涂 ATF(图 1-225),然后将其安装至自动变速器壳。

b. 安装球式止回阀体弹簧和球式止回阀体(图 1-224)。

c. 使手动阀凹槽对准手动阀杆销。

d. 如图 1-226 所示,用 13 个螺栓暂时安装阀体。螺栓 A 长度:32mm,螺栓 B 长度:22mm,螺栓 C 长度:55mm,螺栓 D 长度:45mm。

e. 如图 1-227 所示,用两个螺栓暂时安装锁止弹簧和锁止弹簧盖。螺栓 A 长度:14mm,螺栓 B 长度:45mm。

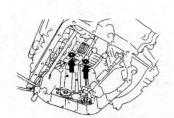 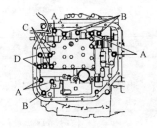 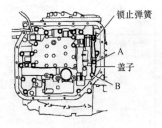

图 1-225　阀体总成的拆卸(十)　　图 1-226　阀体总成的安装(一)　　图 1-227　阀体总成的安装(二)

f. 检查并确认手动阀杆接触到锁止弹簧顶部滚柱的中心部分。

g. 拧紧图 1-227 中的 15 个螺栓,拧紧力矩:11N·m。

h. 用锁止板和螺栓安装 ATF 温度传感器(图 1-221),拧紧力矩:11N·m。

i. 连接 5 个换挡电磁阀连接器。

②安装阀体滤油网总成。

a. 在新的滤油网衬垫上涂 ATF,然后将其安装至滤油网(图 1-220)。

b. 用 3 个螺栓安装滤油网(图 1-219),拧紧力矩:11N·m。

③安装自动变速器油底壳分总成。

a. 将两个磁铁安装至油底壳(图 1-217)。

b. 用 19 个螺栓安装油底壳和新衬垫(图 1-216),拧紧力矩:7.8N·m。

④将电缆连接到蓄电池负极端子,拧紧力矩:5.4N·m。

⑤加注自动变速器油。

⑥检查自动变速器油。
⑦检查自动变速器油是否泄漏。
⑧安装发动机1号底罩。

1.7.4 电子控制系统的检修

1)自动变速器故障码的读取与清除

(1)故障码的读取。存储在电控单元(ECM)中的故障码(DTC)可以在智能检测仪上显示。这些诊断工具可显示待定DTC和当前DTC。在连续行驶过程中,如果ECM未检测到故障,则有些DTC将不会存储。然而,在一次行驶中检测到的故障作为待定DTC存储。

①将智能检测仪连接到DLC3。
②将点火开关置于ON(IG)位置。
③进入以下菜单项:Enter/Powertrain/Engine and ECT/DTC/Current(or Pending)。
④确认DTC和定格数据,然后将它们记录下来。
⑤确认DTC的详情。丰田卡罗拉乘用车U341E型自动变速器故障码见表1-23。

U341E型自动变速器故障码表 表1-23

故障码(DTC)	检测项目	故障部位
P0705	变速器挡位传感器电路故障(PRNDL输入)	1. 驻车挡/空挡位置开关电路断路或短路; 2. 驻车挡/空挡位置开关; 3. ECM
P0710	变速器油温度传感器"A"电路	1. ATF温度传感器电路断路或短路; 2. 变速器线束(ATF温度传感器); 3. ECM
P0711	变速器油温度传感器"A"性能	变速器线束(ATF温度传感器)
P0712	变速器油温度传感器"A"电路低输入	1. ATF温度传感器电路短路; 2. 变速器线束(ATF温度传感器); 3. ECM
P0713	变速器油温度传感器"A"电路高输入	1. ATF温度传感器电路断路; 2. 变速器线束(ATF温度传感器); 3. ECM
P0717	涡轮转速传感器电路无信号	1. 变速器转速传感器NT(转速传感器NT)电路断路或短路; 2. 变速器转速传感器NT(转速传感器NT); 3. ECM; 4. 自动变速器总成
P0724	制动开关"B"电路高电位	1. 制动灯开关电路短路; 2. 制动灯开关; 3. ECM
P0741	液力变矩器电磁阀性能(换挡电磁阀SL)	1. 换挡电磁阀SL保持打开或关闭状态; 2. 阀体阻塞; 3. 换挡电磁阀SL; 4. 液力变矩器; 5. 自动变速器(离合器、制动器或齿轮等); 6. 管路压力过低

续上表

故障码(DTC)	检 测 项 目	故 障 部 位
P0751	换挡电磁阀"A"性能(换挡电磁阀S1)	1. 换挡电磁阀S1保持打开或关闭状态; 2. 阀体阻塞; 3. 换挡电磁阀S1; 4. 自动变速器(离合器、制动器或齿轮等)
P0756	换挡电磁阀"B"性能(换挡电磁阀S2)	1. 换挡电磁阀S2保持打开或关闭状态; 2. 阀体阻塞; 3. 换挡电磁阀S2; 4. 自动变速器(离合器、制动器或齿轮等)
P0787	换挡/正时电磁阀电位低(换挡电磁阀ST)	1. 换挡电磁阀ST电路短路; 2. 换挡电磁阀ST; 3. ECM
P0788	换挡/正时电磁阀电位高(换挡电磁阀ST)	1. 换挡电磁阀ST电路断路; 2. 换挡电磁阀ST; 3. ECM
P0973	换挡电磁阀"A"控制电路电位低(换挡电磁阀S1)	1. 换挡电磁阀S1电路短路; 2. 换挡电磁阀S1; 3. ECM
P0974	换挡电磁阀"A"控制电路电位高(换挡电磁阀S1)	1. 换挡电磁阀S1电路断路; 2. 换挡电磁阀S1; 3. ECM
P0976	换挡电磁阀"B"控制电路电位低(换挡电磁阀S2)	1. 换挡电磁阀S2电路短路; 2. 换挡电磁阀S2; 3. ECM
P0977	换挡电磁阀"B"控制电路电位高(换挡电磁阀S2)	1. 换挡电磁阀S2电路断路; 2. 换挡电磁阀S2; 3. ECM
P2714	压力控制电磁阀"D"性能(换挡电磁阀SLT)	1. 换挡电磁阀SLT保持关闭状态; 2. 阀体阻塞; 3. 液力变矩器; 4. 自动变速器(离合器、制动器或齿轮等)
P2716	压力控制电磁阀"D"电路(换挡电磁阀SLT)	1. 换挡电磁阀SLT电路断路或短路; 2. 阀体阻塞; 3. 液力变矩器; 4. 自动变速器(离合器、制动器或齿轮等)
P2769	液力变矩器电磁阀电路短路(换挡电磁阀SL)	1. 换挡电磁阀SL电路短路; 2. 换挡电磁阀SL; 3. ECM
P2770	液力变矩器电磁阀电路断路(换挡电磁阀SL)	1. 换挡电磁阀SL电路断路; 2. 换挡电磁阀SL; 3. ECM

(2)故障码的清除。使用智能检测仪清除 DTC。

①将智能检测仪连接到 DLC3。

②将点火开关置于 ON(IG)位置。

③进行以下菜单项:Enter/Powertrain/Engine and ECT/DTC/Clear。

2)驻车挡/空挡位置开关总成的检修

拆装 U341E 型自动变速器驻车挡/空挡位置开关总成相关部件分解图如图 1-228 所示。

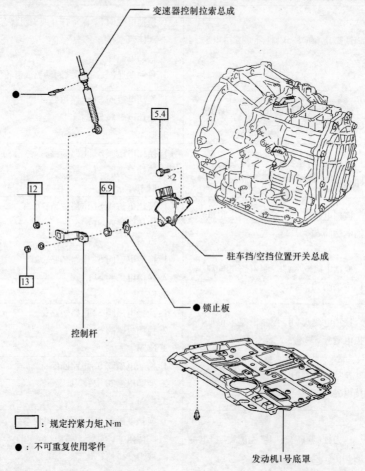

图 1-228　拆装 U341E 型自动变速器驻车挡/空挡位置开关总成相关部件分解图

(1)驻车挡/空挡位置开关总成的拆卸。

①从蓄电池负极端子断开电缆。

②拆卸发动机 1 号底罩。

③分离自动变速器控制拉索总成。

a. 如图 1-229 所示,从控制杆上拆下螺母并断开控制拉索总成。

b. 从控制拉索支架上拆下卡子并断开控制拉索总成。

④拆卸驻车挡/空挡位置开关总成。

a. 从驻车挡/空挡位置开关总成上断开连接器。

b. 如图 1-230 所示,拆下螺母、垫圈和控制杆。

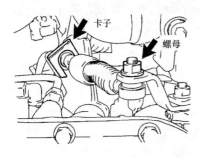
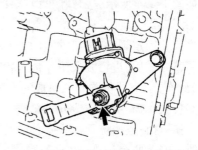

图1-229 分离变速器控制拉索总成　　图1-230 拆卸驻车挡/空挡位置开关总成（一）

c. 如图1-231所示，撬出锁止板并拆下手动阀轴螺母。

d. 如图1-232所示，拆下2个螺栓，并拉出驻车挡/空挡位置开关总成。

（2）驻车挡/空挡位置开关总成的检查。

①断开驻车挡/空挡位置开关连接器。

②根据图1-233中连接器端子测量电阻，标准电阻值见表1-24。

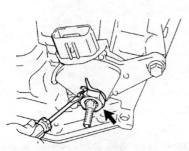
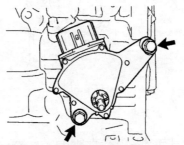
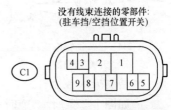

图1-231 拆卸驻车挡/空挡位置开关总成（二）　　图1-232 拆卸驻车挡/空挡位置开关总成（三）　　图1-233 连接器端子

标准电阻　　　　　　　　　　　　　　表1-24

检测仪连接	条件	规定标准
2-6 和 4-5	P 位置	小于 1Ω
	除 P 位置外	10kΩ 或更大
2-1	R 位置	小于 1Ω
	除 R 位置外	10kΩ 或更大
2-9 和 4-5	N 位置	小于 1Ω
	除 N 位置外	10kΩ 或更大
2-7	D 位置和 3 位置	小于 1Ω
	除 D 位置和 3 位置外	10kΩ 或更大
2-3	2 位置	小于 1Ω
	除 2 位置外	10kΩ 或更大
2-8	L 位置	小于 1Ω
	除 L 位置外	10kΩ 或更大

（3）驻车挡/空挡位置开关总成的调整。

①如图1-234所示,松开驻车挡/空挡位置开关的螺栓,并将换挡杆置于N位置。

②如图1-235所示,将凹槽与空挡基线对准。

③将开关固定到位,然后拧紧两个螺栓(图1-234),拧紧力矩:5.4N·m。

④调整完成后,进行开关工作情况检查。

(4)驻车挡/空挡位置开关总成的安装。

①安装驻车挡/空挡位置开关总成。

a.将驻车挡/空挡位置开关安总成安装至自动变速器。

b.暂时安装两个螺栓(图1-232)。

c.如图1-236所示,换上新的锁止板,并拧紧手动阀轴螺母,拧紧力矩:6.9N·m。

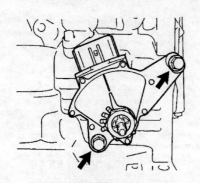
图1-234 松开驻车挡/空挡位置开关的螺栓

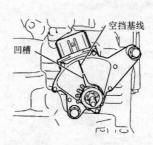
图1-235 对准基线

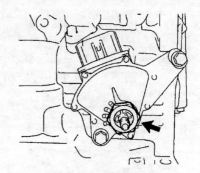
图1-236 拧紧手动阀轴螺母

d.暂时安装控制杆。

e.如图1-237所示,逆时针转动控制杆直到其停止,然后顺时针转动两个槽口。

f.拆下控制杆。

g.如图1-238所示,将凹槽与空挡基线对准。将开关固定到位,然后拧紧两个螺栓,拧紧力矩:5.4N·m。

h.如图1-239所示,使用螺丝刀,用锁止板锁紧螺母。

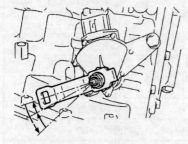
图1-237 逆时针转动控制杆

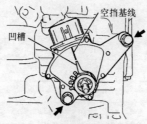
图1-238 安装开关总成

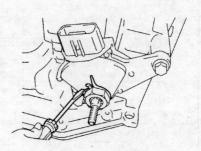
图1-239 锁紧螺母

i.用螺母和垫圈安装控制杆(图1-230),拧紧力矩:13N·m。

j.将连接器连接至驻车挡/空挡位置开关总成。

②安装变速器控制拉索总成(图1-229)。用螺母将变速器控制拉索总成安装至控制杆,拧紧力矩:12N·m。用一个新的卡子将变速器控制拉索总成安装至支架。

③将电缆连接到蓄电池负极端子,拧紧力矩:5.4N·m。

④调整换挡杆位置。
⑤检查换挡杆位置。
⑥检查驻车挡/空挡位置开关总成。
⑦安装发动机 1 号底罩。
3）转速传感器的检查
拆装 U341E 自动变速器转速传感器相关部件分解图如图 1-240 所示。

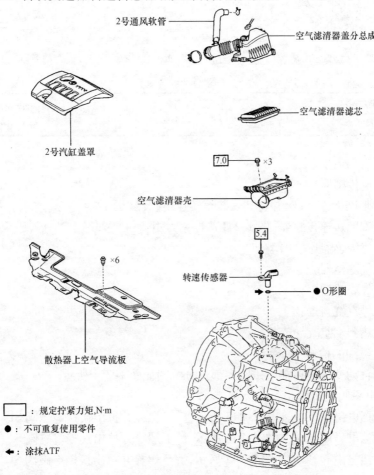

图 1-240　拆装 U341E 自动变速器转速传感器相关部件分解图

（1）转速传感器的拆卸。
①拆卸散热器上空气导流板。
②拆卸 2 号汽缸盖罩。
③拆卸空气滤清器盖分总成。
④拆卸空气滤清器壳。
⑤拆卸转速传感器。
a. 如图 1-241 所示，断开转速传感器连接器。
b. 拆下螺栓和转速传感器。
c. 如图 1-242 所示，从转速传感器上拆下 O 形圈。

(2)转速传感器的检查。根据图 1-243 中连接器端子测量电阻,电阻值见表 1-25。如果电阻值不符合规定,则更换转速传感器。

图 1-241 断开传感器连接器

图 1-242 拆下 O 形圈

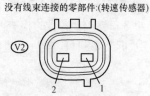

图 1-243 连接器端子

标 准 电 阻　　　　　　　　　　　表 1-25

检测仪连接	条　件	规 定 标 准
1-2	20℃	560~680Ω

(3)转速传感器的安装。

①安装转速传感器。

a. 在新 O 形圈上涂 ATF,并将其安装至转速传感器(图 1-242)。

b. 用螺栓安装转速传感器(图 1-241),拧紧力矩:5.4N·m。

c. 连接转速传感器连接器。

②安装空气滤清器壳。

③安装空气滤清器盖分总成。

④安装 2 号汽缸盖罩。

⑤安装散热器上空气导流板。

4)换挡电磁阀的检修

U341E 型自动变速器换挡电磁阀零部件分解图如图 1-244 所示。

(1)换挡电磁阀的拆解。

①拆卸换挡电磁阀 S1。如图 1-245 所示,拆下螺栓并拉出换挡电磁阀 S1。

②拆卸换挡电磁阀 S2。如图 1-246 所示,拆下螺栓并拉出换挡电磁阀 S2。

③拆卸换挡电磁阀 SL。如图 1-247 所示,拆下螺栓并拉出换挡电磁阀 SL。

④拆卸 3 号电磁阀锁止板。如图 1-248 所示,从阀体上拆下 2 个螺栓和 3 号电磁阀锁止板,从阀体上拉出换挡电磁阀 ST,从换挡电磁阀 SLT 上拆下 1 号电磁阀锁止板,从阀体上拉出换挡电磁阀 SLT。

⑤拆卸手动阀。如图 1-249 所示,从阀体上拆下手动阀。

(2)换挡电磁阀的检查。

①检查换挡电磁阀 S1(图 1-250)。

a. 用检测仪测量电磁阀连接器(S1)与电磁阀阀体(S1)之间的电阻,标准电阻:11~15Ω(20°C)。如果测量值不符合规定,更换换挡电磁阀 S1。

b. 将蓄电池正极(+)引线连接到电磁阀连接器端子,并将负极(-)引线连接到阀体上,然后检查电磁阀的工作情况。正常:电磁阀发出工作声音。如果不能按规定进行操作,则更换换挡电磁阀 S1。

注意: 在检测过程中使用蓄电池时,请勿将检测仪的正极和负极探针离得太近,以免发生短路。

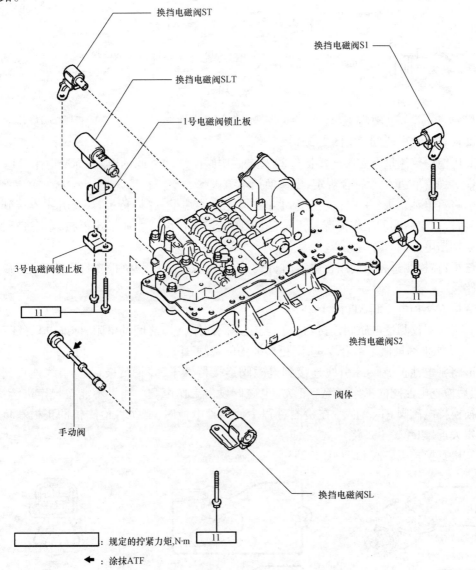

图 1-244 U341E 型自动变速器换挡电磁阀零部件分解图

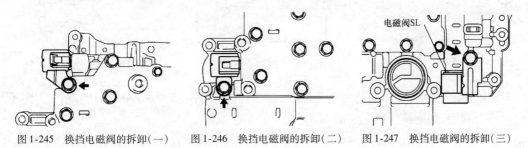

图 1-245 换挡电磁阀的拆卸(一)　　图 1-246 换挡电磁阀的拆卸(二)　　图 1-247 换挡电磁阀的拆卸(三)

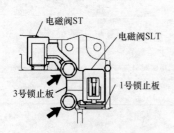 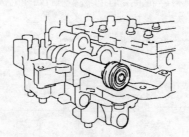 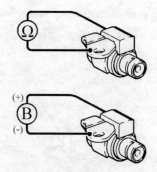

图1-248　换挡电磁阀的拆卸(四)　　图1-249　换挡电磁阀的拆卸(五)　　图1-250　换挡电磁阀的检查(一)

②检查换挡电磁阀 S2(图1-251)。

a.用检测仪测量电磁阀连接器(S2)与电磁阀阀体(S2)之间的电阻,标准电阻:11～15Ω(20°C)。如果测量值不符合规定,更换换挡电磁阀 S2。

b.将蓄电池正极(+)引线连接到电磁阀连接器端子,并将负极(-)引线连接到阀体上,然后检查电磁阀的工作情况。正常:电磁阀发出工作声音。如果不能按规定进行操作,则更换换挡电磁阀 S2。

注意:在检测过程中使用蓄电池时,请勿将检测仪的正极和负极探针离得太近,以免发生短路。

③检查换挡电磁阀 ST(图1-252)。

a.用检测仪测量电磁阀连接器(ST)与电磁阀阀体(ST)之间的电阻,标准电阻:11～15Ω(20°C)。如果测量值不符合规定,则更换换挡电磁阀 ST。

b.将蓄电池正极(+)引线连接到电磁阀连接器端子,并将负极(-)引线连接到阀体上,然后检查电磁阀的工作情况。正常:电磁阀发出工作声音。如果不能按规定进行操作,则更换换挡电磁阀 ST。注意:在检测过程中使用蓄电池时,请勿将检测仪的正极和负极探针离得太近,以免发生短路。

④检查换挡电磁阀 SLT(图1-253)。

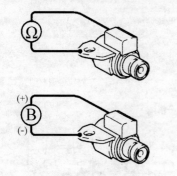 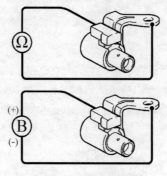 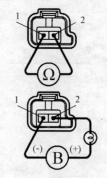

图1-251　换挡电磁阀的　　　图1-252　换挡电磁阀的　　　图1-253　换挡电磁阀的
　　　　　检查(二)　　　　　　　　　检查(三)　　　　　　　　　检查(四)

a.用检测仪测量端子1与端子2之间的电阻,标准电阻:5.0～5.6Ω(20°C)。如果测量值不符合规定,则更换换挡电磁阀 SLT。

b.将带21W 灯泡的蓄电池正极(+)引线连接到电磁阀连接器的端子2,并将蓄电池负极(-)引线连接到电磁阀连接器的端子1上,然后检查电磁阀的工作情况。正常:电磁阀发出工作声音。如果不能按规定进行操作,则更换换挡电磁阀SLT。

注意:在检测过程中使用蓄电池时,请勿将检测仪的正极和负极探针离得太近,以免发生短路。

⑤检查换挡电磁阀SL(图1-254)。

a. 用检测仪测量电磁阀连接器(SL)与电磁阀阀体(SL)之间的电阻,标准电阻:11~15Ω(20℃)。如果测量值不符合规定,则更换换挡电磁阀SL。

b. 将正极(+)引线连接至电磁阀连接器端子,并将负极(-)引线连接至电磁阀阀体,然后检查电磁阀的工作情况。正常:电磁阀发出工作声音。如果不能按规定进行操作,则更换换挡电磁阀SL。

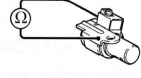
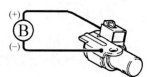

图1-254 换挡电磁阀的检查(五)

注意:在检测过程中使用蓄电池时,请勿将检测仪的正极和负极探针离得太近,以免发生短路。

(3)换挡电磁阀的装配。

①安装手动阀(图1-249)。在手动阀上涂ATF,并将其安装至阀体。

②安装3号电磁阀锁止板(图1-248)。将换挡电磁阀SLT安装至阀体。将1号电磁阀锁止板安装至换挡电磁阀SLT。将换挡电磁阀ST安装至阀体。用2个螺栓将3号电磁阀锁止板安装至阀体,拧紧力矩:11N·m。

③安装换挡电磁阀SL(图1-247)。用螺栓将换挡电磁阀SL安装至阀体,拧紧力矩:11N·m。

④安装换挡电磁阀S2(图1-246)。用螺栓将换挡电磁阀S2安装至阀体,拧紧力矩:11N·m。

⑤安装换挡电磁阀S1(图1-245)。用螺栓将换挡电磁阀S1安装至阀体,拧紧力矩:11N·m。

 小组工作

(1)每8名学生组成1个工作小组,确定小组长,接受工作任务,做好工作准备。

(2)阅读工作单,查阅维修手册(或实训指导书)观察待拆装汽车自动变速器,讨论拆卸方法和步骤,确定小组人员工作分工。向实训指导教师汇报讨论结果,经指导教师同意后,开始下一步的工作。

(3)按照工作单的引导,完成待拆装汽车自动变速器的拆卸、分解和检查工作。

(4)在完成工作任务的过程中,根据工作单的要求,完成自动变速器零部件认识、作用和工作原理描述等学习任务。

(5)完成工作单要求的自动变速器主要零部件的检测,将检测结果记录在工作单的相应栏目,并对检测结果作出分析。

(6)回答指导教师的现场提问,接受指导教师的技能考核。

(7)完成工作任务后,对工作过程进行自我评价和小组互评,听取指导教师的点评。

(8)清洁工作场所,清点维护工具设备,完成任务交接。

1.8 无级变速器的结构与工作原理

1.8.1 概述

1)原理介绍

无级变速器是传动比可以在一定范围内连续变化的变速器,简称 CVT(Continuously Variable Transmission)。它采用传动带和工作直径可变的主、从动轮相配合来传递动力,可以实现传动比的连续改变,从而得到传动系统与发动机工况的最佳匹配,最大限度地利用发动机的特性,提高汽车的动力性和燃油经济性,目前在汽车上的应用越来越多。目前常见的无级变速器是金属带式无级变速器(VDT—CVT)。

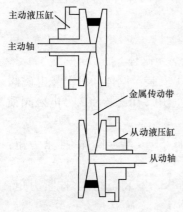

图 1-255　VDT-CVT 的结构与工作原理

VDT—CVT 的主要结构和工作原理如图 1-255 所示。金属传动带由两束金属环和几百个金属片构成。主动轮组和从动轮组都由可动盘和固定盘组成,与液压缸靠近的一侧带轮(可动盘)可以在轴上滑动,另一侧带轮(固定盘)则固定。可动盘与固定盘都是锥面结构,它们的锥面形成 V 形槽来与 V 形金属传动带啮合。发动机输出轴输出的动力首先传递到 CVT 的主动轮,然后通过金属传动带传递到从动轮,最后经减速器、差速器传递给车轮来驱动汽车。工作时通过主动轮与从动轮的可动盘做轴向移动来改变主动轮、从动轮锥面与金属传动带啮合的工作半径,从而改变传动比。可动盘的轴向移动量是由驾驶人根据需要通过控制系统调节主动轮、从动轮液压缸的压力来实现的。由于主动轮和从动轮的工作半径可以实现连续调节,从而实现了无级变速。

2)优点

CVT 技术真正应用在汽车上不过十几年的时间,但它比传统的手动变速器和自动变速器的优势却是显而易见的。

(1)结构简单,体积小,大批量生产后的成本低于当前液力式自动变速器的成本。

(2)工作速比范围宽,容易与发动机形成理想的匹配,从而改善燃烧过程,降低油耗和排放。

(3)具有较高的传动效率,功率损失少,经济性高。

1.8.2 无级变速器的基本组成和工作原理

本部分内容以奥迪 Multitronic CVT 为例进行介绍,该无级变速器的内部编号为01J。

1)奥迪 01J CVT 的基本组成

奥迪 01J CVT 主要由飞轮减振装置、前进挡离合器/倒挡制动器及行星齿轮装置、速比变换器、液压控制单元和电控单元等组成,如图 1-256 所示。

单元一　自动变速器的检修

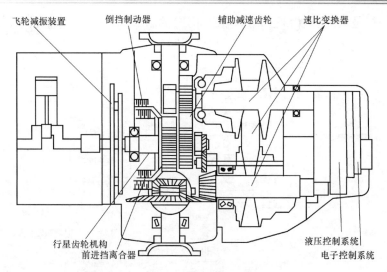

图 1-256　奥迪 01J 无级变速器的基本组成

发动机输出转矩通过飞轮减振装置或双质量飞轮传递给变速器,前进挡离合器和倒挡制动器都是湿式摩擦元件,两者均为起动装置。倒挡的旋转方向是通过行星齿轮机构改变的。发动机的转矩通过辅助减速齿轮传到速比变换器,并由此传到主减速器、差速器。液压控制系统和电子控制系统集成一体,位于变速器内部。

2)前进挡离合器/倒挡制动器及行星齿轮机构

(1)前进挡离合器和倒挡制动器。奥迪 01J CVT 的起动装置是前进挡离合器和倒挡制动器,并与行星齿轮机构一起实现前进挡和倒挡。它们只做起动装置,并不改变传动比,这与在自动变速器中的离合器和制动器的功用是不同的。

奥迪 01J CVT 的前进挡离合器和倒挡制动器均是采用湿式多片式结构,这与前述的自动变速器中的离合器和制动器的结构是相同的,这里不过多叙述。

(2)行星齿轮机构。行星齿轮机构的结构如图 1-257 所示,由齿圈、两个行星齿轮、行星架、太阳轮组成。当太阳轮顺时针转动时,驱动行星齿轮 1 逆时针转动,再驱动行星齿轮 2 顺时针转动,最后驱动齿圈也顺时针转动。

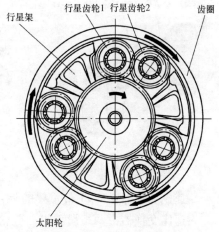

图 1-257　行星齿轮机构的结构

作为输入元件的太阳轮与输入轴和前进挡离合器钢片相连接,作为输出元件的行星架与辅助减速齿轮的主动齿轮和前进挡离合器的摩擦片相连接,齿圈和倒挡制动器摩擦片相连接,倒挡制动器钢片和变速器壳体相连接。行星齿轮机构的简图如图 1-258 所示。

3)动力传递路线

(1)P/N 挡的动力传递路线。换挡杆处于 P 或 N 位时,前进挡离合器和倒挡制动器都不工作。发动机的转矩通过输入轴相连接的太阳轮传到行星齿轮机构并驱动行星齿轮 1,行星齿轮 1 再驱动行星齿轮 2,行星齿轮 2 与齿圈相啮合。车辆尚未行驶时,作为辅助减速齿

101

轮输入部分的行星架(行星齿轮机构的输出部分)的阻力很大,处于静止状态,齿圈以发动机转速一半的速度怠速运转,旋转方向与发动机相同。

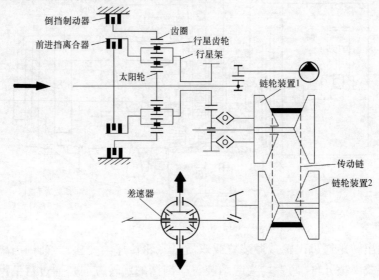

图1-258 行星齿轮机构的简图

(2)前进挡的动力传递路线。换挡杆处于 D 位时,前进挡离合器工作。由于前进挡离合器钢片与太阳轮连接,摩擦片与行星架相连接,此时,太阳轮(变速器输入轴)与行星架(输出部分)连接,行星齿轮机构被锁死成为一体,并与发动机运转方向相同,传动比为1:1。

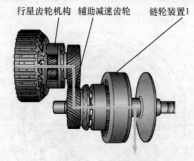

图1-259 辅助减速齿轮

(3)倒挡的动力传递路线。换挡杆处于 R 位时,倒挡制动器工作。由于倒挡制动器摩擦片与齿圈相连接,钢片与变速器壳体相连接,此时,齿圈被固定,太阳轮(输入轴)主动,转矩传递到行星架,由于是双行星齿轮(其中一个为惰轮),所以行星架就会以与发动机旋转方向相反的方向运转,车辆向后行驶。

由行星架输出的动力通过辅助减速齿轮传递到速比变换器,如图1-259所示。

4)速比变换器

速比变换器是 CVT 最重要的装置,其功用是实现无级变速传动。

速比变换器由两组滑动锥面链轮和专用链条组成,如图1-260所示。主动链轮由发动机通过辅助减速齿轮驱动,发动机转矩由传动链传递到从动链轮装置,并由此传给主减速器。每组链轮装置中的其中一个链轮可沿轴向移动,来调整传动链的跨度尺寸,从而连续地改变传动比。两组链轮装置必须同步进行,这样才能保证传动链始终处于张紧状态,并且具有足够的传动链和链轮之间的接触压力。

速比变换器的组成如图1-261所示。该速比变换器的工作模式是基于双活塞工作原理。其特点是利用少量的压力油就可以很快地进行换挡,这可以保证在相对低压时,锥面链轮与传动链之间有足够的接触压力。在链轮装置1和链轮装置2上各有一个保证传动链轮和传动链之间正常接触压力的压力缸和用于调整变速比的分离缸。为了有效地传递发动机转矩,锥面链轮和传动链之间需要很高的接触压力,接触压力通过调节压力缸内的油压产生。压力缸表面积很大,能够在低压时提供所需的接触压力。液压系统泄压时,主动链轮膜片弹簧和从动链轮的螺旋弹簧产生一个额定的传动链条基础张紧力(接触压力)。在卸压状态下,速比变换器起动传动比由从动链轮的螺旋弹簧弹力调整。

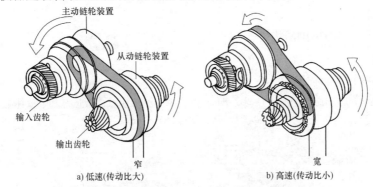

图 1-260　速比变换器的基本组成和原理

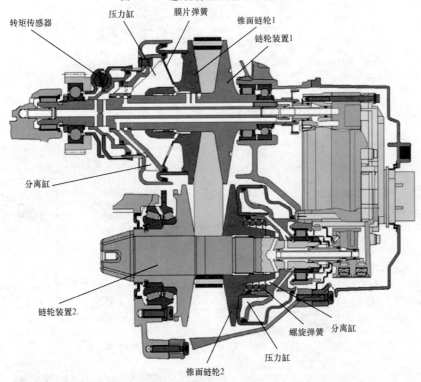

图 1-261　速比变换器的组成

5) 液压控制系统

CVT 的液压控制系统也像自动变速器的液压控制系统一样,担负着系统油压的控制、油路的转换控制、用油元件的供油以及冷却控制等。

(1) 供油装置。奥迪 01J CVT 的供油装置采用的是带月牙形密封的内啮合齿轮泵,直接装在液压控制单元上,形成一个整体,减少了压力损失。

(2)液压控制单元。液压控制单元由手动换挡阀、9个液压阀和3个电磁控制阀组成。液压控制单元和电子控制单元直接插接在一起,液压控制单元应完成下述功能:

①控制前进挡离合器/倒挡制动器的工作状态。

②调节离合器压力。

③冷却离合器。

④为接触压力控制提供压力油。

⑤传动控制。

⑥为飞溅润滑油罩盖供油。

液压控制系统的油路图如图1-262所示。为防止系统工作压力过高,限压阀将油泵产

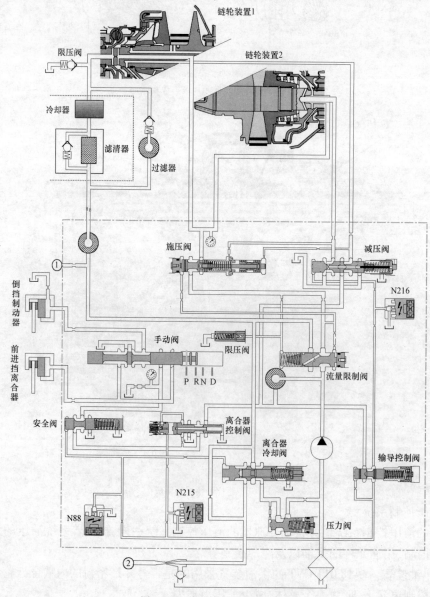

图1-262 液压控制系统的油路图

生的最高压力限制在0.82MPa,并通过输导控制阀向三个压力调节电磁阀提供一个恒定的0.5MPa的输导控制压力。压力阀防止起动时油泵吸入空气,当油泵输出功率高时,压力阀打开,允许ATF油从回油管流到油泵吸入侧,提高油泵效率。施压阀控制系统压力,在各种工况下都始终能够提供足够的油压。电磁阀N88、N215和N216在设计上称为压力控制阀,它们将控制电流转变为相应的液压控制压力。

6)电子控制系统

奥迪01J CVT的电子控制系统的组成如图1-263所示。电子控制系统由电子控制单元、输入装置(传感器、开关)和输出装置(电磁阀)三部分组成。其特点是电子控制单元集成在速比变换器内,控制单元直接用螺栓紧固在液压控制单元上。3个压力调节阀与控制单元间直接通过坚固的插头连接(S形接头),没有连接线。控制单元用一个25针脚的小型插头与汽车相连。电控系统更具特点的是集成在控制单元内的传感器技术:电器部件的底座为一个坚硬的铝板,壳体材料为塑料,并用铆钉紧固到底座上。壳体容纳全部的传感器,因此不再需要线束和插头。这种结构大大提高了工作效率和可靠性。另外将发动机转速传感器和多功能开关设计成霍尔传感器,霍尔传感器没有机械磨损,信号不受电磁干扰,这使其可靠性进一步提高。传感器为控制单元的集成部件,若某个传感器损坏,必须更换电子控制单元。

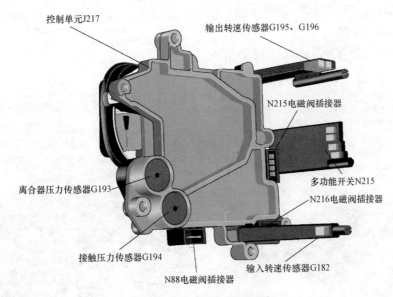

图1-263 电子控制系统的组成

1.9 双离合器自动变速器的结构与工作原理

1.9.1 双离合器自动变速器概述

双离合器自动变速器(Dual-Clutch-Transmission,DCT),也叫直接换挡变速器(Direct-Shift-Gearbox,DSG)。双离合器自动变速器是基于手动变速器发展而来的,并且综合了手动变速器与自动变速器的优点。

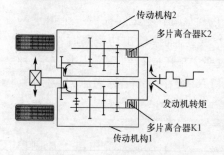

图1-264 双离合器自动变速器工作原理图

1）工作原理

双离合器自动变速器的工作原理如图1-264所示，它是通过将变速器挡位按奇、偶数分开布置，形成两个彼此独立的传动单元。每个传动单元的结构都与一个手动变速器相同，每个传动单元都配有一个湿式多片离合器，传动单元1通过湿式多片离合器K1来选择一、三、五挡和倒挡，传动单元2通过湿式多片离合器K2来选择二、四、六挡，因此，只需通过切换两个离合器的工作状态就可以完成换挡操作。

2）双离合器自动变速器的结构特点

（1）有两根输入轴，挡位按奇偶数分开布置在两根输入轴上。

（2）换挡方式、换挡齿轮基本结构与手动变速器一样。

（3）有两个离合器进行换挡控制。

（4）离合器的切换和挡位变换由控制单元和执行机构进行自动控制。

3）优点

（1）传动效率高，油耗低。

（2）换挡时没有动力中断，换挡平稳。

（3）能跳过一个挡。

（4）具有良好的驾驶舒适性、动力性和操控性。

1.9.2 02E双离合器自动变速器的结构与工作原理

下面以一汽大众公司的02E双离合器自动变速器为例介绍其主要结构特点和工作原理。02E双离合器自动变速器的外形如图1-265所示，其内部结构如图1-266所示。

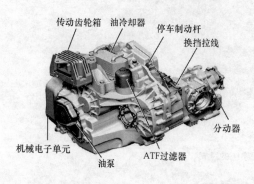

图1-265 02E双离合器自动变速器的外形　　图1-266 02E双离合器自动变速器的内部结构

双离合器自动变速器主要由机械传动机构、电子控制系统、液压控制系统等组成。

1）机械传动机构

机械传动机构的组成如图1-267所示，主要由双质量飞轮、两个多片离合器、输入轴及齿轮、输出轴及齿轮等组成。

2）电子控制系统

单元一 自动变速器的检修

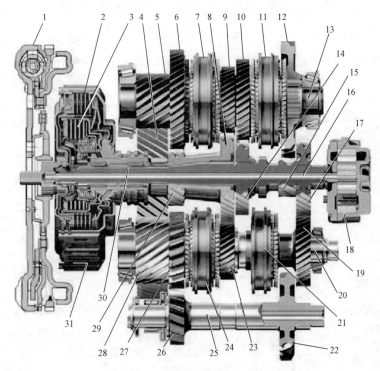

图1-267 02E变速器机械传动机构的组成

1-双质量飞轮；2-离合器K1；3-离合器K2；4-差速器输入齿轮；5-输出轴1上的输出齿轮；6-输出轴1上的二挡齿轮；7-二、四挡同步器；8-输入轴2上的四、六挡齿轮；9-输出轴1上的四挡齿轮；10-输出轴1上的三挡齿轮；11-一、三挡同步器；12-输出轴1上的一挡齿轮；13-输出轴1；14-输入轴1上的三挡齿轮；15-输入轴1上的一、倒挡齿轮；16-油泵轴；17-输入轴1上的五挡齿轮；18-油泵；19-输出轴2上的五挡齿轮；20-输出轴2；21-五挡同步器；22-倒挡轴上的倒挡齿轮1；23-输出轴2上的六挡齿轮；24-倒、六挡同步器；25-倒挡轴；26-倒挡轴上的倒挡齿轮2；27-输出轴2上的倒挡齿轮；28-输出轴2上的输出齿轮；29-输入轴2上的二挡齿轮；30-输入轴2；31-双离合器

电子控制系统的组成如图1-268所示，主要由输入装置（传感器和开关信号）、电子控制单元和执行机构组成。

3）液压控制系统

液压控制系统以自动变速器油（ATF）为介质，主要的功用是根据需求调整液压系统压力，并对双离合器和换挡调节器进行控制，对离合器冷却控制，为整个齿轮机构提供可靠的冷却和润滑。

整个液压控制系统的组成如图1-269所示，主要由变速器油、供油装置、冷却装置、过滤装置、电液控制装置和油路组成。

4）各挡动力传递路线

（1）一挡动力传递路线。一挡动力的传递路线如图1-270所示。发动机动力经离合器K1→输入轴1→输入轴1上的一、倒挡齿轮→输出轴1上的一挡齿轮→一、三挡同步器→输出轴1→输出轴1上的输出齿轮→差速器。

（2）二挡动力传递路线。二挡动力的传递路线如图1-271所示。发动机动力经离合器K2→输入轴2→输入轴2上的二挡齿轮→输出轴上1的二挡齿轮→二、四挡同步器→输出轴1→输出轴1上的输出齿轮→差速器。

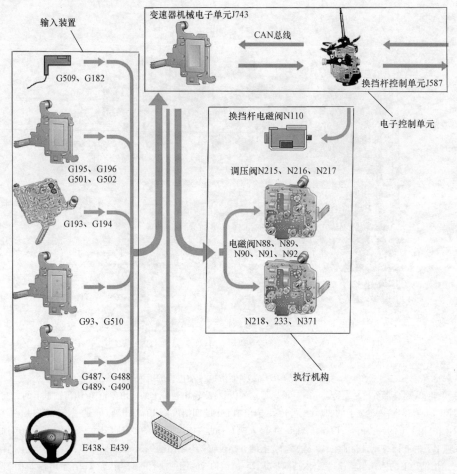

图 1-268　电子控制系统组成

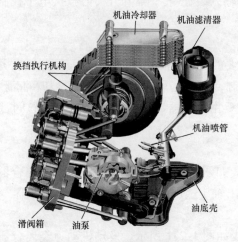

图 1-269　液压控制系统组成

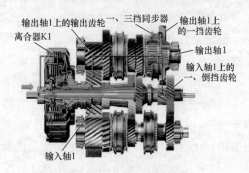

图 1-270　一挡动力传递路线

（3）三挡动力传递路线。三挡动力的传递路线如图 1-272 所示。发动机动力经离合器 K1→输入轴 1→输入轴 1 上的三挡齿轮→输出轴 1 上的三挡齿轮→一、三挡同步器→输出轴 1→输出轴 1 上的输出齿轮→差速器。

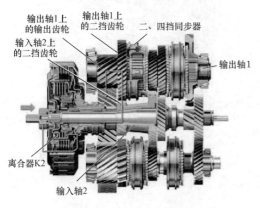

图 1-271　二挡动力传递路线　　　　　　图 1-272　三挡动力传递路线

（4）四挡动力传递路线。四挡动力的传递路线如图 1-273 所示。发动机动力经离合器 K2→输入轴 2→输入轴 2 上的四、六挡齿轮→输出轴 1 上的四挡齿轮→二、四挡同步器→输出轴 1→输出轴 1 上的输出齿轮→差速器。

（5）五挡动力传递路线。五挡动力的传递路线如图 1-274 所示。发动机动力经离合器 K1→输入轴 1→输入轴 1 上的五挡齿轮→输出轴 2 上的五挡齿轮→五挡同步器→输出轴 2→输出轴 2 上的输出齿轮→差速器。

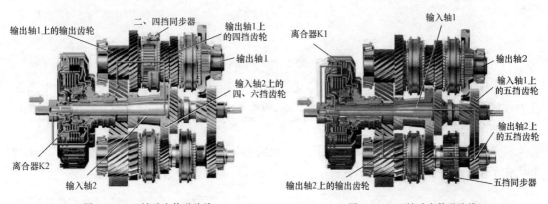

图 1-273　四挡动力传递路线　　　　　　图 1-274　五挡动力传递路线

（6）六挡动力传递路线。六挡动力的传递路线如图 1-275 所示。发动机动力经离合器 K2→输入轴 2→输入轴 2 上的四、六挡齿轮→输出轴 2 上的六挡齿轮→六、R 挡同步器→输出轴 2→输出轴 2 上的输出齿轮→差速器。

（7）倒挡动力传递路线。倒挡动力的传递路线如图 1-276 所示。发动机动力经离合器 K1→输入轴 1→输入轴 1 上的一、倒挡齿轮→倒挡轴上的倒挡齿轮 1→倒挡轴→倒挡轴上的倒挡齿轮 2→输出轴 2 上的倒挡齿轮→六、R 挡同步器→输出轴 2→输出轴上的输出齿轮→差速器。

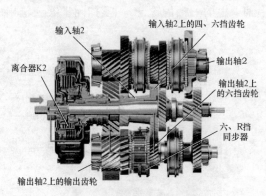

图 1-275　六挡动力传递路线　　　　　图 1-276　倒挡动力传递路线

（8）P 挡。换挡杆移动到 P 位置时，驻车锁结合，止动爪卡入驻车锁止齿轮的轮齿内，驻车锁结构如图 1-277 所示。

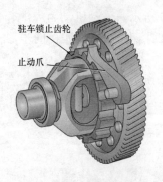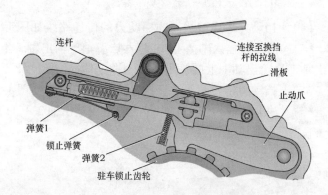

图 1-277　驻车锁结构

如果驻车锁接合，止动爪卡入驻车锁止齿轮的一个齿内，弹簧 1 拉紧，锁止弹簧卡入连杆内并使止动爪保持不动，如果车辆开始移动，就会通过松开弹簧 1 将止动爪推到驻车锁止齿轮上的下一个空隙处。

换挡杆移出"P"位置时，驻车锁松开。滑板向右后侧退回到其初始位置，弹簧 2 将止动爪从驻车锁止齿轮的空隙中推出。

(1) 简述自动变速器基本组成及各部分的功用。
(2) 自动变速器各挡位名称及功用是什么？
(3) 液力变矩器由哪些元件组成，它是如何工作的？
(4) 简述单排行星齿轮机构的组成、连接关系和运动规律。
(5) 自动变速器的换挡执行元件有哪些，各有什么功用？
(6) 按图说明丰田 U341E 型自动变速器各挡动力传递路线。
(7) 按图说明大众 01N 型拉威娜式行星齿轮自动变速器各挡动力传递路线。

(8) 简述自动变速器液压控制系统的基本组成。

(9) 简述自动变速器电子控制系统的组成和作用。

(10) 简述自动变速器手动换挡测试的方法及步骤。

(11) 简述失速转速测试的方法及步骤,并对试验结果进行分析。

(12) 简述换挡时滞测试的方法及步骤,并对试验结果进行分析。

(13) 简述自动变速器液压测试的方法及步骤。

(14) 如何读取、清除卡罗拉乘用车 U341E 型自动变速器的故障码?

单元二　电子控制悬架系统的检修

学习情境

　　一位客户所驾驶的雷克萨斯 LS400 型乘用车车身高度控制功能失灵,车身高度控制不起作用、车身高度出现不规则变化。经维修技师检查,车辆其他系统技术状况良好,故障可能出现在电子控制悬架系统,需对电子控制悬架系统进行检修。

汽车车身高度控制功能失效故障检修

1) 工作对象

待检修装备电子控制悬架系统的车辆 1 台。

2) 工作内容

(1) 领取所需的工具,做好工作准备。

(2) 检查电子控制悬架系统的工作。

(3) 拆卸、检查电子控制悬架系统主要零部件并进行检测,分析检测结果,制订修复方案。

(4) 安装电子控制悬架系统零部件,确定系统工作正常。

(5) 检查、评价工作质量。

(6) 整理工具,清洁工作场地。

3) 工作目标与要求

(1) 学生应以小组工作的方式,完成本项工作任务。

(2) 学生应当能在小组成员的配合下,利用汽车维修手册(或实训指导书)制订工作计划,实施工作计划。

(3) 能通过阅读资料和现场观察,辨别所检修电子控制悬架系统的结构类型。

(4) 能认识所检修电子控制悬架系统零部件,口述电子控制悬架系统的工作原理和各零部件的作用。

(5) 能向客户解释所修电子控制悬架系统故障原因和修复方案。

(6)能按规范的步骤,完成电子控制悬架系统主要零部件的拆卸和安装。
(7)在工作过程中,注意工作安全,做好废料的处理,保持工作环境整洁。

2.1 概述

传统的悬架系统一般具有固定的弹簧刚度和减振器阻尼力,不能同时满足汽车行驶平顺性和操纵稳定性的要求;降低弹簧刚度,平顺性会变好,使乘客乘坐舒适,但悬架偏软会使操纵稳定性变差;而增加弹簧刚度会提高操纵稳定性,但较硬的弹簧又使车辆对路面的不平度很敏感,使平顺性降低。因此,理想的悬架系统应在不同的使用条件下具有不同的弹簧刚度和减振器阻尼力,这样既能满足平顺性的要求又能满足操纵稳定性的要求,电子控制悬架系统就是这种理想的悬架系统。

2.1.1 电子控制悬架系统的分类

电子控制悬架系统主要有半主动悬架和主动悬架两种。

半主动悬架是指悬架元件中的弹簧刚度和减振器阻尼力之一可以根据需要进行调节。为减少执行元件所需的功率,主要采用调节减振器阻尼力的方法,只需提供调节控制阀、控制器和反馈调节器所消耗的较小功率即可。主动悬架是一种具有做功能力的悬架,通常包括产生力和转矩的主动作用器(液压缸、汽缸、伺服电动机、电磁铁等)、测量元件(加速度、位移和力传感器等)和反馈控制器等。

主动悬架需要一个动力源(油泵或空气压缩机等)为悬架系统提供连续的动力输入。当汽车载荷、行驶速度、路面状况等行驶条件发生变化时,主动悬架能根据需要自动调节弹簧刚度和减振器的阻尼力,从而能够同时满足汽车行驶平顺性和操纵稳定性等各方面的要求。主动悬架按照弹簧的类型可分为空气弹簧主动悬架和油气弹簧主动悬架。

2.1.2 电子控制悬架系统的控制功能

电子控制悬架系统主要对车速及路面感应、车身姿态和车身高度三方面进行控制。

1)车速及路面感应控制

(1)当车速高时,提高弹簧刚度和减振器阻尼力,以提高汽车高速行驶时的操纵稳定性。

(2)当前轮遇到突起时,减小后轮悬架弹簧刚度和减振器阻尼力,以减小车身的振动和冲击。

(3)当路面差时,提高弹簧刚度和减振器阻尼力,以抑制车身的振动。

2)车身姿态控制

(1)转向时侧倾控制:紧急转向时,提高弹簧刚度和减振器阻尼力,以抑制车身的侧倾。

(2)制动时点头控制:紧急制动时,提高弹簧刚度和减振器阻尼力,以抑制车身的点头。

(3)加速时后坐控制:紧急加速时,提高弹簧刚度和减振器阻尼力,以抑制车身的后坐。

3)车身高度控制

不管车辆负载在规定范围内如何变化,都可以保持汽车高度一定,车身保持水平,可大大减少汽车在转向时产生的侧倾。

(1) 高速感应控制。当汽车在良好路面上高速行驶时,车速超过 90km/h,若汽车高度控制开关选择在"HIGH"位置上,汽车高度将自动转换为"NORM"状态,降低车身高度,以减少空气阻力,提高汽车行驶的稳定性。

(2) 连续差路面行驶控制。当汽车在连续差路面上行驶时,车速在 40~90km/h,提高车身高度,以提高汽车的通过性;车速在 90km/h 以上,降低车身高度,以满足汽车行驶的稳定性。

(3) 点火开关 OFF 控制。驻车时,当点火开关关闭后,乘客和行李质量的变化使汽车高度高于目标高度时,能使汽车高度降低到目标高度,改善汽车驻车时的姿势(汽车高度降低),且便于乘客的乘降。

(4) 自动高度控制。不管乘客和行李质量如何变化,操作高度控制开关能使汽车的目标高度变为"正常"或"高"的状态,保持车身高度恒定。

2.1.3 电子控制悬架系统的基本组成和工作原理

虽然电子控制悬架系统的结构形式多种多样,但它们的基本组成基本相同,一般由传感器及开关、电子控制单元和执行机构等组成。传感器主要有车身高度传感器、车速传感器、加速度传感器、转向盘转角传感器、节气门位置传感器等;开关有模式选择开关、制动灯开关、停车开关和车门开关等。执行机构有可调阻尼的减振器,可调节弹簧高度和弹性大小的弹性元件等。电子控制单元一般由微机和信号放大电路组成。

电子控制悬架系统的一般工作原理是:利用传感器(包括开关)把汽车行驶时路面的状况和车身的状态进行检测,将检测信号输入计算机进行处理,计算机通过驱动电路控制悬架系统的执行机构动作,完成悬架特性参数的调整,其工作原理如图 2-1 所示。

图 2-1 电子控制悬架系统的工作原理

2.2 传感器及开关

2.2.1 转向盘转角传感器

转向盘转角传感器装在转向轴上,用于检测转向盘的中间位置、转动方向、转动角度和转动速度。在电子控制悬架中,电子控制单元根据车速传感器信号和转角传感器信号,判断汽车转向时侧向力的大小和方向,提高操纵稳定性、防止侧倾。

现代汽车多采用光电式转角传感器,图 2-2 所示为光电式转角传感器的安装位置和结构。在转向盘的转向轴上装有一个带窄缝的圆盘,传感器的光电元件(即发光二极管)和光敏接收元件(光敏三极管)相对地装在盘两侧形成遮光器。由于圆盘上的窄缝呈等距均匀分布,当转向盘的转轴带动圆盘偏转时,窄缝圆盘将扫过遮光器中间的空穴,从而在遮光器的输出端即可进行 ON、OFF 转换,形成脉冲信号。

光电式转角传感器的工作原理如图 2-3 所示,其电路原理如图 2-4 所示。当转动转向盘时,带窄缝的圆盘使遮光器之间的光束产生通/断的变化,遮光器的这种反复开/关状态产生与转角成一定比例的一系列数字信号,系统控制装置可根据此信号的变化来判断转向盘的转角与转速。同时,由于传感器上两个光电耦合器 ON/OFF 信号变换的相位错开约 90°,可根据检测到的脉冲信号的相位差来判断转向盘的偏转方向。

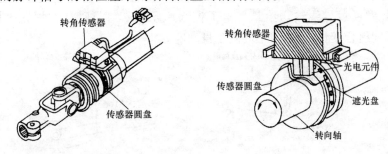

图 2-2　光电式转角传感器的安装位置和结构

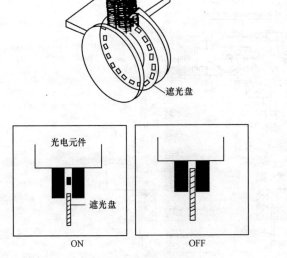

图 2-3　光电式转角传感器的工作原理图

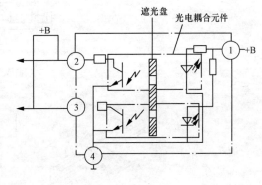

图 2-4　光电式转角传感器电路原理图

2.2.2　车身高度传感器

车身高度传感器的功用是将车身与车桥之间的相对高度变化(悬架变形量的变化)转换为电信号并传送给电子控制单元。有的车型有 3 个车身高度传感器,而有的车型有 4 个,在每个悬架上都装有一个车身高度传感器,通过它监测车身与悬架下臂之间的距离变化,来检测汽车高度和因道路不平而引起的悬架位移量。车身高度传感器常用的有片簧开关式、霍尔式和光电式传感器,其中前两种是接触式传感器,在使用中存在由于磨损而影响检测精度的缺点;后一种是光电式传感器即非接触式传感器,不存在上述缺点,因而应用广泛。

光电式车身高度传感器一般安装在车身与车桥之间(图 2-5),其结构及工作原理如图 2-6 所示。

传感器内有一根靠连杆带动转动的转轴,转轴上固定一个开有许多窄槽的圆盘,圆盘两边是由发光二极管和光敏三极管组成的光电耦合器。每个光电耦合器共有四组发光二极管和光敏三极管组成。当车身高度变化时(如汽车载荷发生变化),车身与车轮的相对运动使车身高度传感器的连接杆转动,通过传感器轴带动圆盘转动,使光电耦合器组相对应的发光二极管和光敏三极管上的光线发生 ON/OFF 的转换。光敏三极管把接收到的光线 ON/OFF 转换成电信号,并通过导线输送给悬架电子控制单元(ECU)。ECU 根据光电耦合器 ON/OFF 转换的不同组合变化,检测出不同的车身高度。

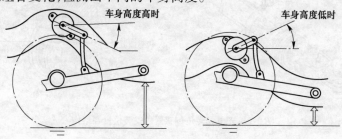

图 2-5　光电式车身高度传感器的安装位置

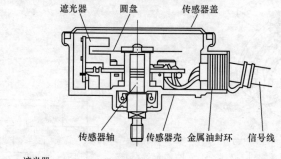

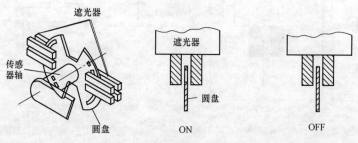

图 2-6　光电式高度传感器的结构及工作原理示意图

2.2.3　加速度传感器

当车轮打滑时,不能以转向角和汽车车速正确判断车身侧向力的大小。为了直接测出车身横向加速度和纵向加速度,可以利用加速度传感器。横向加速度传感器主要用于检测汽车转向时,汽车因离心力的作用而产生的横向加速度,并将产生的电信号输送给电子控制单元,使电子控制单元能判断悬架系统的阻尼力改变的大小及空气弹簧中空气压力的调节情况,以维持车身的最佳姿势。

常用的加速度传感器有差动变压器式和钢球位移式等。

1)差动变压器式加速度传感器

图 2-7 所示为差动变压器式加速度传感器的结构,图 2-8 所示为其工作原理。

在励磁线圈(一次绕组)通以交流电的情况下,当汽车转弯(或加、减速)行驶时,芯杆在汽车横向力(或纵向力)的作用下产生位移,随着芯杆位置的变化,检测线圈(二次绕组)的输出电压发生变化。检测线圈的输出电压与汽车横向力(或纵向力)一一对应,反映了汽车横向力(或纵向力)的大小,对车身姿势进行控制。

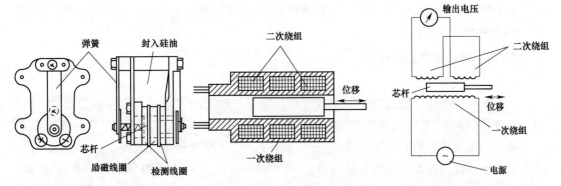

图 2-7 差动变压器式加速度传感器的结构

图 2-8 差动变压器式加速度传感器的工作原理

2) 钢球位移式加速度传感器

钢球位移式加速度传感器的结构如图 2-9 所示。根据所检测的力(横向力、纵向力或垂直力)不同,加速度传感器的安装方向也不一样。如汽车转弯行驶时,钢球在汽车横向力的作用下产生位移,随着钢球位置的变化,造成线圈的输出电压发生变化。悬架电子控制装置根据加速度传感器输入的信号即可正确判断汽车横向力的大小,从而实现对汽车车身姿势的控制。

2.2.4 模式选择开关

模式选择开关位于变速器换挡杆旁,如图 2-10 所示。驾驶人根据汽车的行驶状况和路面情况选择悬架的运行模式,即悬架的"软""中"或"硬"状态,从而决定减振器的阻尼力大小。

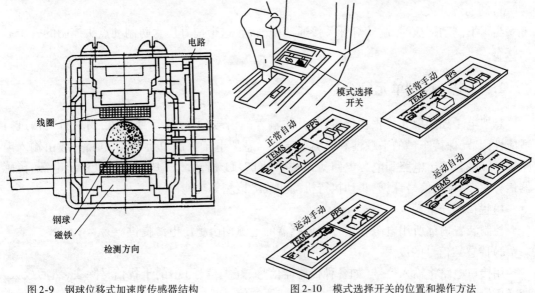

图 2-9 钢球位移式加速度传感器结构

图 2-10 模式选择开关的位置和操作方法

驾驶人通过控制模式选择开关,可使悬架系统工作在4种运行模式:自动、标准(Auto、Normal);自动、运动(Auto、Sport);手动、标准(Manu、Normal);手动、运动(Manu、Sport)。当选择自动模式时,悬架系统可以根据汽车的行驶状态自动调节减振器的阻尼力,以保证汽车的乘坐舒适性的操纵稳定性。当选择手动模式时,悬架系统的阻尼力只有标准(中等)和运动(硬)两种状态的转换。

2.2.5 其他传感器及开关

1)车速传感器

汽车车身的侧倾程度取决于车速和汽车转弯半径的大小。通过对车速的检测,来调节电控悬架的阻尼力,从而改善汽车行驶的安全性。

常用的车速传感器有舌簧开关式、磁阻元件式、磁脉冲式和光电式等。通常,舌簧开关式和光电车速传感器安装在汽车仪表板上,与车速表装在一起,并用软轴与变速器的输出轴相连;磁阻元件式和磁脉冲式车速传感器装在变速器上,通过蜗杆蜗轮机构与变速器的输出轴相连。

2)节气门位置传感器

节气门位置传感器可以间接检测汽车加速信号,判断汽车是否在进行急加速,节气门位置传感器先将信号输入发动机电子控制单元,然后,发动机电子控制单元再将此信号输入悬架电子控制单元,悬架电子控制单元利用此信号作为防加速时后坐控制的一个工作状态参数。

3)车门传感器

车门传感器可防止行驶过程中车门未关闭。

4)高度控制开关

高度控制开关用来选择汽车高度,ECU检测高度控制开关的状态并相应地使汽车高度上升和下降,有的汽车还有高度控制ON/OFF开关,用于停止车高控制。

5)制动灯开关

当踩下制动踏板时,制动灯开关接通,ECU接收这个信号作为防制动点头控制的一个起始状态。

2.3 电子控制单元(ECU)

悬架电子控制单元接收各传感器、开关输入的信号,通过运算处理,控制执行机构进行适应性调节,保持车辆的平顺性和操纵稳定性。悬架电子控制单元ECU电路一般由输入电路、微处理器、输出电路和电源电路等组成,如图2-11所示。ECU具有提供稳压电源、传感器信号放大、输入信号计算、驱动执行机构和故障检测等功能。

1)提供稳压电源

控制装置内部所用电源和供各种传感器的电源均由稳压电源提供。

2)传感器信号的放大

用接口电路将输入信号(如各种传感器信号、开关信号)中的干扰信号除去,然后放大、变换极值、比较极值,变换为适合输入控制装置的信号。

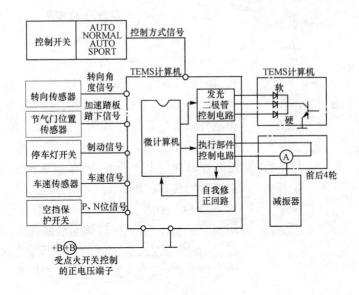

图 2-11 悬架电子控制单元(ECU)电路

3）输入信号的计算

电子控制单元根据预先写入只读存储器 ROM 中的程序对各输入信号进行计算，并将计算结果与内存的数据进行比较后，向执行机构（电动机、电磁阀、继电器等）发出控制信号。当输入 ECU 的信号除了开/关信号外还有电压信号时，还应进行 A/D 转换。

4）驱动执行机构

悬架电子控制单元用输出驱动电路将输出驱动信号放大，然后输送到各执行机构，如电动机、电磁阀、继电器等，以实现对汽车悬架参数的控制。

5）故障检测

悬架电子控制单元用故障检测电路来检测传感器、执行机构、线路等的故障，当发生故障时，将信号送入悬架 ECU，目的在于即使发生故障，也应使悬架系统安全工作，而且在修理故障时容易确定故障所在位置。

2.4 执行机构

2.4.1 空气弹簧

空气弹簧主要由主气室、副气室、弹性刚度执行机构、阻尼转换执行机构和液压减振器等组成，如图 2-12 所示。悬架上端与车身连接，下端与车轮连接。主气室的容积是可变的，在它的下部有一个可伸展的隔膜，压缩空气进入主气室可升高悬架高度，反之使悬架下降。悬架刚度执行机构在主气室与副气室之间，主、副气室之间通过一个通路有气体相互流动，改变主、副气室之间气体通路的大小，使主气室被压缩的空气量发生变化，即可改变空气弹簧的刚度。减振器活塞通过中心杆和悬架控制执行器连接，执行器带动阻尼调节杆转动可改变活塞上阻尼孔的大小，从而改变减振器的阻尼系数。由此可见，弹簧刚度是通过主气室与副气室进行调节，阻尼系数是通过减振器进行调节的。

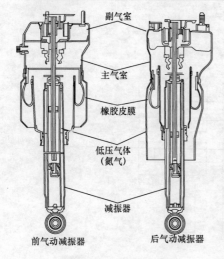

图 2-12 空气弹簧结构图

2.4.2 悬架阻尼调节装置

1) 可调阻尼式减振器

可调阻尼式减振器主要由缸筒、活塞及活塞控制杆、回转阀等组成,如图 2-13 所示。活塞杆是一空心杆,在其中心装有控制杆,控制杆的上端与执行器相连。控制杆的下端装有回转阀,回转阀上有三个油孔,活塞杆上有两个通孔。缸筒中的油液一部分经活塞上的阻尼孔在缸筒的上下两腔流动;一部分经回转阀与活塞杆上连通的孔在缸筒的上下两腔流动。

当 ECU 促使执行器工作时,通过控制杆带动回转阀相对活塞杆转动,回转阀与活塞杆上的油孔连通或切断,从而增加或减少油液的流通面积,使油液的流动阻力改变,达到调节减振器阻尼力的目的。

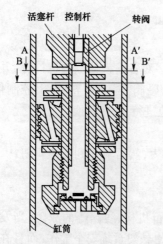
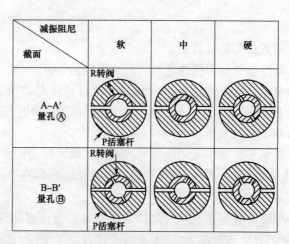

图 2-13 可调阻尼式减振器结构图

(1) 较软的阻尼力。所有活塞杆通孔全部开启,如图 2-14 所示。

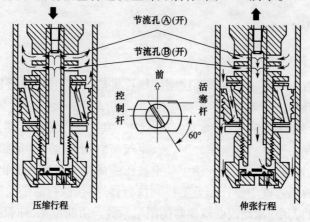

图 2-14 阻尼力较软时

(2)中等水平阻尼力。通孔 B 打开,通孔 A 关闭,如图 2-15 所示。

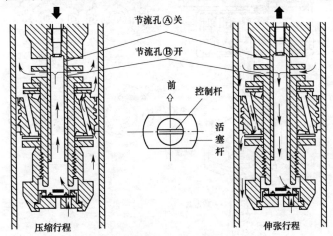

图 2-15 阻尼力中等时

(3)较强阻尼力。两对通孔全部关闭,如图 2-16 所示。

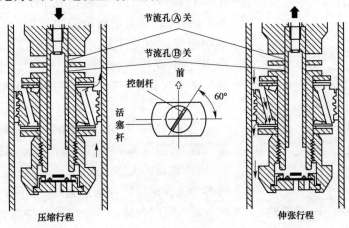

图 2-16 阻尼力较强时

2)阻尼转换执行机构

阻尼转换执行机构装在减振器的上部,由直流电动机、减速齿轮、控制杆、电磁铁和挡块等组成,如图 2-17 所示。电控悬架 ECU 根据接收到的信号,使直流电动机驱动扇形的减速齿轮左右转动,通过控制杆带动减振器中的回转阀旋转,有级地改变阻尼孔的开闭,从而改变阻尼系数即减振阻力。

2.4.3 悬架刚度调节装置

悬架刚度调节是通过悬架刚度执行机构开闭主气室与副气室的隔板,改变气室的容积而实现的,即增大容积使刚度变小,减小容积使刚度增加。ECU 根据车辆状态信号及时调节悬架刚度,高速行驶转换为大刚度,低速行驶转换为小刚度;在制动时使前悬架刚度增加,在加速时,使后悬架刚度增加;而转弯时使左右悬架刚度调节以减少侧倾。一般减小空气弹簧刚度会使汽车增大转向侧倾、加速后坐或制动点头,因此悬架刚度的控制多数情况下是和汽车高度和阻尼系数的调节相结合使用,以便于从总体上改善平顺性。

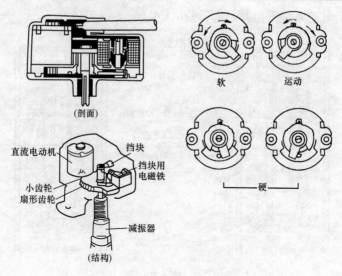

图 2-17 阻尼转换执行机构

悬架刚度执行机构由刚度控制阀和执行机构等组成,如图 2-18 所示。执行机构位于减振器的顶部,与阻尼系数控制机构组装在一起。刚度控制阀装在空气弹簧副气室的中部,如图 2-19 所示。由空气阀、阀体和空气阀控制杆组成,空气阀在截面上有一个空气孔,外部的阀体在截面上有不同大小的空气孔。

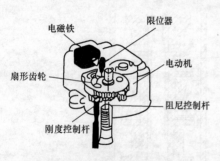

图 2-18 悬架刚度执行机构

当空气阀由电动机驱动的控制杆带动旋转到"软"的位置时,空气弹簧主气室的气体经过空气阀的中间孔,阀体侧面的大空气孔(大流通孔)与副气室相通,此时参与工作的气体容积最大,悬架刚度处于最小状态;当空气阀被旋转到"中"位置时,主气室与副气室的气体经过空气阀的中间孔与阀体侧面的小空气孔相互流通,主、副气室之间的气体流量较小,悬架刚度处于中等状态;当空气阀被旋转到"硬"位置时,主气室与副气室的空气通道被空气阀挡住,此时仅仅靠主气室中的气体承担缓冲任务,悬架刚度处于最大状态。

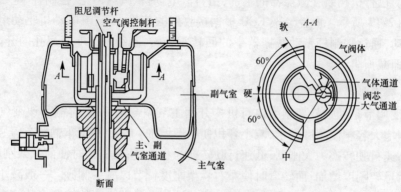

图 2-19 刚度控制阀

2.4.4 车高控制执行机构

车高控制是指根据乘员人数、装载质量和汽车的状态自动调节汽车高度。当乘员人数和装载质量增加或减少时,汽车高度自动保持一定,使汽车行驶平稳;当在高低不平的路面上行驶时,为防止发生车架与车身之间的撞击,ECU 控制悬架弹簧的行程在一定的范围内;当高速行驶时,为减少空气阻力而降低车高;而当汽车停车后,乘员下车或装载质量减少后车高会增加,ECU 会控制空气弹簧在几秒钟内将空气少量排出,降低车高。

车高控制执行机构主要由空气阀、空气压缩机和设置在悬架之上的主气室组成。

车高控制主要是利用空气弹簧中主气室空气量的多少来进行调节。当 ECU 接收到车身高度传感器、车速传感器、车门开关等信号,经过处理判断,若是增加车高,则控制执行机构向空气弹簧主气室充气,增加空气量使汽车高度增加;若是降低车高,则控制执行机构打开排气装置向外排气,使空气弹簧主气室的空气量减少而降低汽车高度。车身高度控制原理如图 2-20 所示。

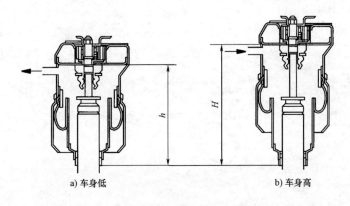

图 2-20 车身高度控制原理图

空气压缩机的结构如图 2-21 所示,由驱动电动机、排气阀、干燥器等组成。它由电动机驱动,根据悬架 ECU 的信号向干燥器输送提高车高所必需的压缩空气。干燥器可将空气中的水分过滤掉。排气阀从系统中放出压缩空气,同时排掉干燥器滤出的空气水分。

高度控制阀是一个二位二通电磁阀,如图 2-22 所示,通过向空气弹簧的主气室内进气和排气,从而控制汽车的高度。

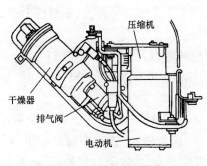

图 2-21 空气压缩机结构

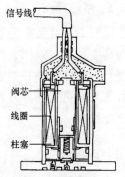

图 2-22 高度控制阀

2.5 雷克萨斯LS400型乘用车电子控制悬架系统

雷克萨斯LS400型乘用车电子控制悬架系统为主动式空气弹簧悬架。它可以对车身高度、弹簧刚度及减振器阻尼力进行综合控制，可以抑制车辆侧倾、制动时前部点头和高速行驶进后部下沉等汽车行驶状态变化，因此具有良好的乘坐舒适性和操纵稳定性。

2.5.1 系统的组成

雷克萨斯LS400型乘用车的电控悬架系统由空气压缩机、干燥器、排气阀、高度控制阀、高度控制继电器、高度传感器、转向传感器、悬架控制执行器、悬架ECU、悬架刚度调节装置和减振器阻尼力调节装置等组成。电子控制悬架系统元件在车上的位置如图2-23所示。

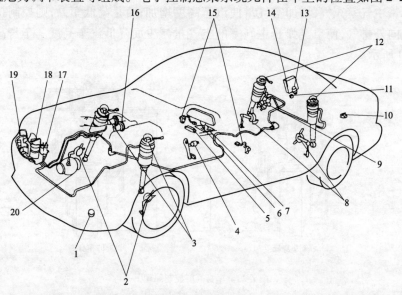

图2-23 雷克萨斯LS400型乘用车的电控悬架系统元件在车上的位置

1-1号高度控制继电器;2-前车身高度传感器;3-前悬架控制执行器;4-制动灯开关;5-转向传感器;6-高度控制开关;7-LRC开关;8-后车身高度传感器;9-2号高度控制阀和溢流阀;10-高度控制ON/OFF开关;11-高度控制连接器;12-后悬架控制执行器;13-2号高度控制继电器;14-悬架ECU;15-门控灯开关;16-主节气门位置传感器;17-1号高度控制阀;18-高度控制压缩机;19-干燥器和排气阀;20-IC调节器

2.5.2 系统操作

雷克萨斯LS400型乘用车电子控制悬架系统有3个操作选择开关:平顺性开关、高度控制开关和高度控制ON/OFF开关。

高度ON/OFF控制开关安装在汽车尾部行李舱的左边。当高度ON/OFF控制开关处于ON位置时，系统可按选择方式进行车身高度自动控制;该开关处于OFF位置时，系统不执行车身高度控制。

高度控制开关和平顺性开关安装在驾驶室内变速器换挡杆的旁边。高度控制开关用于选择控制车身高度,当高度控制开关处于HIGH(高)位置时,系统对车身高度进行"高值自动控制";当高度控制开关处于NORM时,车身高度则进入"常规值自动控制"状态。

平顺性开关用于选择控制悬架的刚度、阻尼力参数。当平顺性开关处于SPORT位置时,系统进入"高速行驶自动控制";当平顺性处于 NORM 位置时,系统对悬架刚度、阻尼力进行"常规值自动控制"。此时,悬架 ECU 根据车速传感器等信号,使悬架的刚度、阻尼力自动地处于平顺性软、平顺性中或平顺性硬 3 个位置。

2.5.3 工作原理

1) 车身高度控制

车身高度控制系统由压缩机、干燥器、排气阀、1 号高度控制继电器、2 号高度控制继电器、1 号高度控制阀、2 号高度控制阀、前后左右 4 个空气弹簧、4 个车身高度传感器及悬架 ECU 等组成。图 2-24 所示为车身高度控制系统示意图,图 2-25 所示为 1 号、2 号高度控制阀控制电路图,图 2-26 所示为空气压缩机控制电路图。

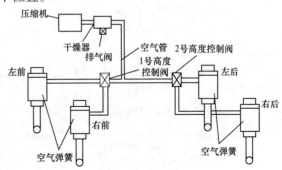

图 2-24 车身高度控制系统示意图

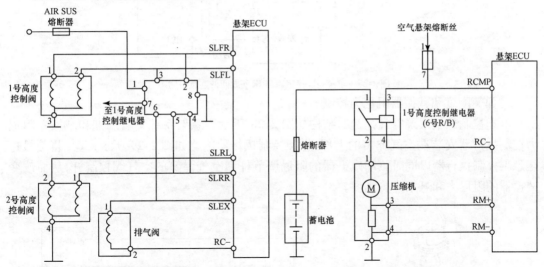

图 2-25 1 号、2 号高度控制阀控制电路图　　图 2-26 空气压缩机控制电路图

当点火开关接通时,ECU 使 2 号高度控制继电器线圈通电,2 号高度控制继电器触点闭合,使前、后、左、右 4 个高度传感器接通蓄电池电源。当车身高度需要上升时,从 ECU 的 RCMP 端子送出一个信号,使 1 号高度控制继电器接通,1 号高度控制继电器触点闭合,压缩机控制电路接通产生压缩空气。ECU 使高度控制电磁阀线圈通电后,电磁线圈将高度控制阀打开,并将压缩空气引向空气弹簧,从而使车身高度上升。

当车身高度需要下降时,ECU 不仅使高度控制阀电磁线圈通电,而且还使排气阀电磁线圈通电,排气阀电磁线圈使排气阀打开,将空气弹簧中的压缩空气排到大气中。

1 号高度控制阀用于前悬架控制,它有两个电磁阀分别控制左右两个空气弹簧。2 号高度控制阀用于后悬架控制,它与 1 号高度控制阀一样,也采用两个电磁阀。为了防止空气管路中产生不正常的压力,2 号高度控制阀中采用了一个溢流阀。

悬架系统的车身高度传感器采用光电式传感器,为了检测汽车高度和因道路不平而引起的悬架位移量,在每个悬架上都装有一只车身高度传感器,用于连续监测车身与悬架下臂之间的距离。图 2-27 所示为车身高度传感器与 ECU 之间的连接电路图。

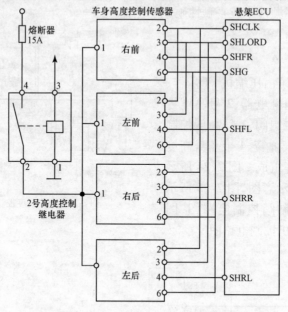

图 2-27　车身高度传感器与 ECU 之间的连接电路图

2）弹簧刚度和减振器阻尼力控制

电子控制悬架系统空气弹簧的结构如图 2-28 所示。悬架系统弹簧刚度和减振器阻尼力控制执行器安装在空气弹簧的上部,悬架控制执行器电路如图 2-29 所示,ECU 将信号送至悬架控制执行器以同时驱动减振器的阻尼调节杆和空气弹簧的空气阀控制杆,从而改变减振器的阻尼力和悬架弹簧刚度。

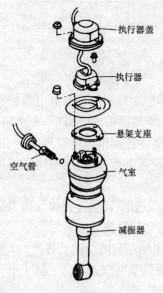

图 2-28　空气弹簧的结构

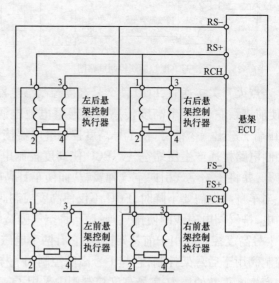

图 2-29　悬架控制执行器电路

2.5.4 系统电路图

图 2-30 所示为雷克萨斯 LS400 型乘用车电子控制空气悬架系统的线路连接图。图 2-31 所示为悬架系统 ECU 连接器。

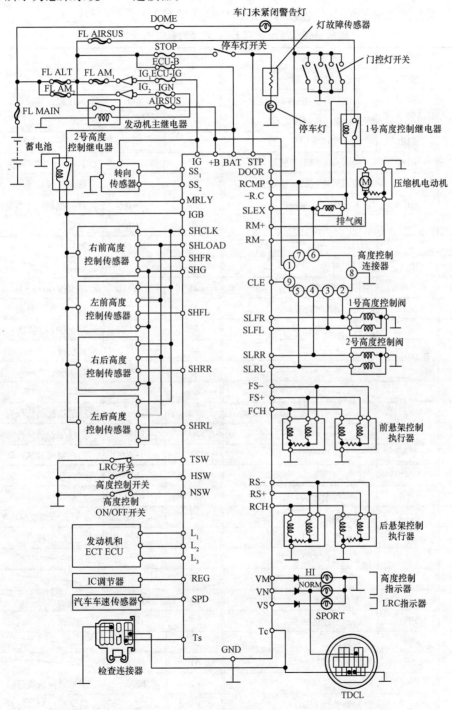

图 2-30 雷克萨斯 LS400 型乘用车电子控制空气悬架系统的线路连接图

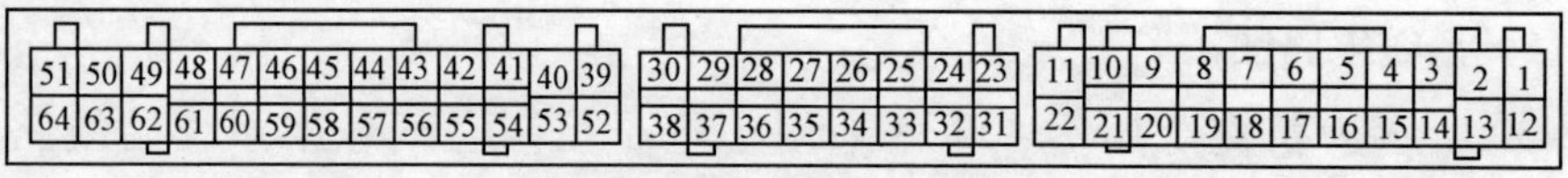

| 51 | 50 | 49 | 48 | 47 | 46 | 45 | 44 | 43 | 42 | 41 | 40 | 39 | | 30 | 29 | 28 | 27 | 26 | 25 | 24 | 23 | | 11 | 10 | 9 | 8 | 7 | 6 | 5 | 4 | 3 | | 2 | 1 |
| 64 | 63 | 62 | 61 | 60 | 59 | 58 | 57 | 56 | 55 | 54 | 53 | 52 | | 38 | 37 | 36 | 35 | 34 | 33 | 32 | 31 | | 22 | 21 | 20 | 19 | 18 | 17 | 16 | 15 | 14 | | 13 | 12 |

图 2-31 悬架系统 ECU 连接器

连接器各接线端子与 ECU 连接对象的对应关系见表 2-1。

连接器各接线端子与 ECU 连接对象的对应关系   表 2-1

序号	代号	连接对象	序号	代号	连接对象
1	SLFR	1号右高度控制阀	33		
2	SLRR	2号右高度控制阀	34	CLE	高度控制连接器
3	RCMP	1号高度控制继电器	35		
4	SHRL	左后高度控制传感器	36		
5	SHRR	右后高度控制传感器	37		
6	SHFL	左前高度控制传感器	38	RM−	压缩机电动机
7	SHFR	右前高度控制传感器	39	+B	悬架控制执行器电源
8	NSW	高度控制 ON/OFF 开关	40	IGB	高度控制电源
9			41	BATT	备用电源
10	TSW	LRC 开关	42		
11	STP	停车灯开关	43	SHLOAD	高度控制传感器
12	SLFL	1号左高度控制阀	44	SHCLK	高度控制传感器
13	SLRL	2号左高度控制阀	45	MRLY	2号高度控制继电器
14			46	VH	高度控制"High"指示灯
15			47	VN	高度控制"Normal"指示灯
16			48		
17			49	FS+	前悬架控制执行器
18			50	FS−	前悬架控制执行器
19			51	FCH	前悬架控制执行器
20	DOOR	门控灯开关	52	IG	点火开关
21	HSW	高度控制开关	53	GND	ECU 搭铁
22	SLEX	排气阀	54	−RC	1号高度控制继电器
23	L_1	发动机和 ECT ECU	55	SHG	高度控制传感器
24	L_3	发动机和 ECT ECU	56		
25	T_c	TDCL 和检查连接器	57		
26	T_s	检查连接器	58		
27	SPD	汽车车速传感器	59	VS	LRC 指示灯
28	SS_2	转向传感器	60		
29	SS_1	转向传感器	61		
30	RM_+	压缩机传感器	62	RS+	后悬架控制执行器
31	L_2	发动机和 ECT ECU	63	RS−	后悬架控制执行器
32	REG	IG 调节器	64	RCH	后悬器控制执行器

（1）请分析汽车电子控制悬架系统车身高度控制失灵的故障原因。
（2）请分析汽车电子控制悬架系统刚度和阻尼系数控制失灵的故障原因。

2.6 电子控制悬架系统的检修

本部分以雷克萨斯 LS400 型乘用车电子控制悬架系统为例进行介绍。

2.6.1 初步检查（功能检查）

1）汽车高度调整功能的检查
（1）检查轮胎气压是否正常（前后分别为 0.23MPa 和 0.25MPa）。
（2）检查汽车高度（下横臂安装螺栓中心到地面的距离）。

①高度控制开关如图 2-32 所示。起动发动机，将高度控制开关由 NORM 位置转换到 HIGH 位置，车身高度应升高 10~30mm，从操作高度开关到压缩机起动的时间应为 2s，从压缩机起动到高度调整完成，所需时间为 20~40s。

②使车辆处于 HIGH 高度调整状态，起动发动机，将高度调整开关从 HIGH 位置转换到 NORM 位置，车辆高度变化应为 10~30mm，从操作高度开关到压缩机起动的时间应为 2s，从开始排气到高度调整结束的时间应为 20~40s。

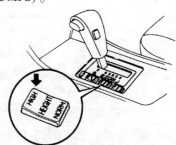

图 2-32　高度控制开关

2）溢流阀的检查
当压缩机工作时，检查溢流阀是否工作。
（1）点火开关置于 ON，将高度控制连接器的 1、7 端子跨接，如图 2-33 所示，使压缩机工作。
（2）压缩机工作一会儿后，检查溢流阀是否放气，如图 2-34 所示；如果不放气说明溢流阀堵塞、压缩机故障或有漏气的部位。

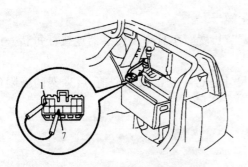

图 2-33　跨接高度控制连接器的 1、7 端子

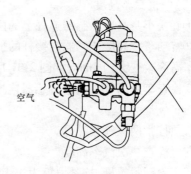

图 2-34　检查溢流阀

(3)检查结束后。将点火开关置于 OFF,清除故障码。

3)漏气检查

(1)将高度控制开关置于 HIGH 位置,使车辆高度升高。

(2)使发动机熄火。

(3)在管子的接头处涂抹肥皂水,如图 2-35 所示,检查是否有漏气部位。

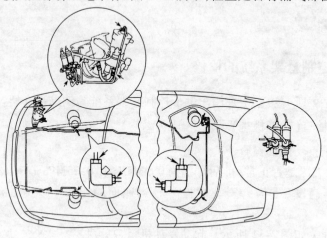

图 2-35　检查漏气

4)汽车高度调整

在进行汽车高度调整时,必须将高度控制开关处于 NORM 位置。应在水平面上进行高度调整,务必将汽车的高度调整到标准范围以内。

(1)检查汽车高度。在相应的测量点检查车身高度是否合适,如图 2-36 所示。

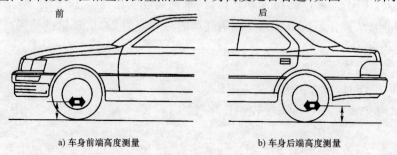

a) 车身前端高度测量　　　　b) 车身后端高度测量

图 2-36　车身高度测量点

(2)调整汽车高度。

①旋松车身高度传感器连杆上的两只锁紧螺母。

②转动车身高度传感器连接杆的螺栓以调节长度。车身高度传感器连接杆每转一圈能使汽车高度改变大约 4mm,如图 2-37 所示。

③检查车身高度。检查传感器连接杆的尺寸是否小于极限值。前、后悬架的极限值均为 13mm。

④预拧紧两只锁紧螺母。

⑤再检查一次汽车高度。

⑥旋紧锁紧螺母,拧紧力矩为 4.4N·m。

注意：在拧紧锁紧螺母时应确保球节与托架平行。

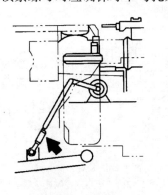
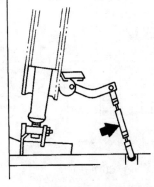

a) 前连接杆的调整位置　　b) 后连接杆的调整位置

图 2-37　高度传感器连接杆的调整位置

(3) 检查车轮定位。

2.6.2　故障自诊断

1) 指示灯检查

(1) 点火开关置于 ON 位置。

(2) LRC 指示灯（SPORT 指示灯）和 HEIGHT 指示灯（NORM 和 HI 指示灯）应点亮 2s，指示灯的位置如图 2-38 所示。

(3) 如果 NORM 指示灯以每 1s 的间隔闪亮时，表明 ECU 中存有故障码；如果出现故障，应检查相应电路。

2) 读取故障码

(1) 点火开关置于 ON 位置。

(2) 跨接 TDCL 或检查连接器的 T_C 与 E_1 端子，如图 2-39 所示。

(3) 从 NORM 指示灯的闪烁读取故障码，NORM 指示灯的位置如图 2-40 所示。

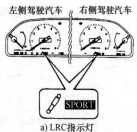

a) LRC 指示灯

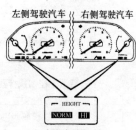

b) 高度控制指示灯

图 2-38　指示灯的位置

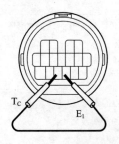
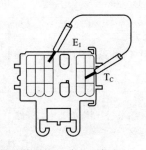

图 2-39　跨接 TDCL 或检查连接器的 T_C 与 E_1 端子

图 2-40　NORM 指示灯的位置

如果高度控制 ON/OFF 开关置于 OFF 位置，会输出代码 71，这是正常的。

3) 清除故障码

点火开关置于 OFF，拆下 1 号接线盒中的 ECU-B 熔断丝 10s 以上，如图 2-41 所示；或点火开关置于 OFF,跨接高度控制连接器的端子 9 与端子 8 10s 以上,如图 2-42 所示。

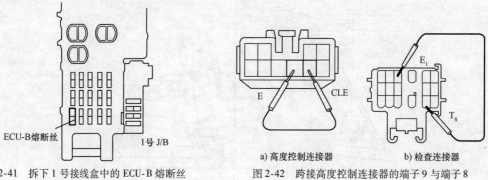

图 2-41 拆下 1 号接线盒中的 ECU-B 熔断丝

图 2-42 跨接高度控制连接器的端子 9 与端子 8

4) 故障代码表

电子控制悬架系统故障代码见表 2-2。

电子控制悬架系统故障代码表　　　　　表 2-2

故障码	系　　统	故障部位	故障原因
11	右前车身高度传感器电路	车身高度传感器电路开路或短路	①ECU 与车身高度控制传感器之间的配线或插接器; ②车身高度控制传感器; ③ECU
12	左前车身高度传感器电路		
13	右后车身高度传感器电路		
14	左后车身高度传感器电路		
21	前悬架控制执行器电路	悬架控制执行器电路开路或短路	①ECU 与悬架控制执行器之间的配线或插接器; ②悬架控制执行器; ③ECU
22	后悬架控制执行器电路		
31	1 号高度控制阀电路	高度控制阀电路开路或短路	①ECU 与高度控制阀之间的配线或插接器; ②高度控制阀; ③ECU
33	2 号高度控制阀电路(用于右悬架)		
34	2 号高度控制阀电路(用于左悬架)		
35	排气阀电路	排气阀电路开路或短路	①ECU 与排气阀之间的配线或插接器; ②排气阀; ③ECU
41	1 号高度控制继电器	1 号高度控制继电器电路开路或短路	①ECU 与 1 号高度控制继电器之间的配线或插接器; ②ECU
42	压缩机电动机电路	压缩机电动机电路短路; 压缩机电动机被卡住	①ECU 与压缩机电动机之间的配线或插接器; ②压缩机电动机; ③ECU

续上表

故障码	系统	故障部位	故障原因
51	至1号高度控制继电器的持续电流	向1号高度控制继电器的供电时间约8.5min以上	①压缩机电动机； ②压缩机； ③空气管； ④1号、2号控制阀； ⑤排气阀； ⑥车身高度传感器连接杆； ⑦车身高度传感器； ⑧溢流阀； ⑨ECU
52	排气阀的持续电流	向排气阀的供电时间约6min以上	①高度控制阀； ②排气阀； ③空气管； ④车身高度传感器连接杆； ⑤车身高度传感器； ⑥ECU
61	悬架控制信号	ECU故障	—
71	高度控制ON/OFF开关电路	高度控制ON/OFF开关位于OFF位置或高度控制ON/OFF开关电路短路	①ECU与高度控制开关之间的配线或插接器； ②高度控制ON/OFF开关； ③ECU
72	悬架控制执行器供电电路	悬架控制执行器供电电路开路或悬架熔断丝烧断	①AIR SUS熔断丝； ②ECU与发动机主继电器之间的配线或插接器； ③ECU

2.6.3 常见故障分析

1) 悬架刚度和阻尼系数控制失灵

悬架刚度和阻尼系数控制失灵故障分析见表2-3。

悬架刚度和阻尼系数控制失灵故障分析 表2-3

序号	故障现象	可能的故障部件
1	操作LRC开关时，LRC指示灯的状态不变	①LRC开关电路； ②悬架控制系统ECU
2	悬架的刚度和阻尼控制不起作用	①悬架控制执行器及电路； ②TC端子电路； ③TS端子电路； ④LRC开关电路； ⑤悬架控制执行器电源电路； ⑥悬架控制系统ECU

续上表

序号	故障现象	可能的故障部件
3	只有防俯仰加速后坐控制不起作用	①气压缸或减振器； ②悬架控制系统ECU； ③节气门位置传感器及其电路
4	只有防侧倾控制不起作用	①悬架控制系统ECU； ②转角传感器及其电路
5	只有在高速时不起作用	①悬架控制系统ECU； ②车速传感器及电路

2）汽车车身高度控制失灵

汽车车身高度控制失灵故障分析见表2-4。

汽车车身高度控制失灵故障分析　　　　　　表2-4

序号	故障现象	可能的故障部件
1	汽车高度控制不起作用	①汽车高度控制电源电路； ②汽车高度控制开关及其电路； ③汽车高度控制ON/OFF开关及其电路； ④发电机调节器电路； ⑤悬架控制系统ECU
2	对车身高度控制指示灯不随高度控制开关的动作变化	①车身高度传感器； ②发电机调节器电路； ③车身高度控制开关及其电路； ④汽车高度控制电源电路； ⑤悬架控制系统ECU
3	汽车车身高度出现不规则变化	①车身高度传感器； ②有空气泄漏； ③悬架控制系统ECU
4	只有高速时不起作用	①车身高度传感器； ②悬架控制系统ECU
5	汽车高度控制功能作用，但汽车高度变化不均匀	①车速传感器及其电路； ②车身高度传感器调节杆； ③高度控制阀、排气阀及其电路； ④悬架控制系统ECU
6	汽车高度控制ON/OFF开关在"OFF"位置时，汽车高度控制仍起作用	①高度控制ON/OFF开关及其电路； ②悬架控制系统ECU
7	点火开关关断控制不起作用	①门控开关及其电路； ②汽车高度控制电源电路； ③悬架控制单元ECU
8	车门打开时，点火开关关断控制仍起作用	门控开关及其电路
9	汽车停车时车身高度很低	①有空气泄漏； ②气压缸或减振器

(1)每8名学生组成1个工作小组,确定小组长,接受工作任务,做好工作准备。

(2)阅读工作单,查阅维修手册(或实训指导书)观察待拆装电子控制悬架系统,讨论拆卸方法和步骤,确定小组人员工作分工。向实训指导教师汇报讨论结果,经指导教师同意后,开始下一步的工作。

(3)按照工作单的引导,完成待拆装电子控制悬架系统拆卸、分解和检查工作。

(4)在完成工作任务的过程中,根据工作单的要求,完成电子控制悬架系统零部件认识、作用和工作原理描述等学习任务。

(5)完成工作单要求的电子控制悬架系统主要零部件的检测,将检测结果记录在工作单的相应栏目,并对检测结果作出分析。

(6)回答指导教师的现场提问,接受指导教师的技能考核。

(7)完成工作任务后,对工作过程进行自我评价和小组互评,听取指导教师的点评。

(8)清洁工作场所,清点维护工具设备,完成任务交接。回答指导教师的现场提问,接受指导教师的技能考核。

(1)电子控制悬架包括哪些种类,各有什么特点?

(2)电子控制悬架有哪些控制功能?

(3)电子控制悬架系统常用的传感器有哪些,各有什么功用?

(4)电子控制悬架系统电子控制单元的功能有哪些?

(5)试述可调阻尼式减振器的工作原理。

(6)悬架刚度调节装置有哪些部件组成,是如何工作的?

(7)说明雷克萨斯LS400型乘用车电子控制悬架系统车身高度控制的工作原理。

单元三　电子控制动力转向系统的检修

学习情境

　　一辆一汽大众速腾乘用车进厂修理,客户反映该车在行驶中转向沉重、助力失效。经维修技师检查,汽车轮胎、前桥、车架及悬架装置等技术状况良好,故障可能出现在电子控制动力转向系统,需对汽车电子控制动力转向系统进行检修及调整。

电子控制动力转向系统助力不足或失效故障检修

1)工作对象

待检修装备电子控制动力转向系统的车辆1台。

2)工作内容

(1)领取所需的工具,做好工作准备。

(2)检查电子控制动力转向系统的工作。

(3)拆卸、检查电子控制动力转向系统主要零部件并进行检测,分析检测结果,制订修复方案。

(4)安装电子控制动力转向系统零部件,确定系统工作正常。

(5)检查、评价工作质量。

(6)整理工具,清洁工作场地。

3)工作目标与要求

(1)学生应以小组工作的方式,完成本项工作任务。

(2)学生应当能在小组成员的配合下,利用汽车维修手册(或实训指导书)制订工作计划,实施工作计划。

(3)能通过阅读资料和现场观察,辨别所检修电子控制动力转向系统的结构类型。

(4)能认识所检修电子控制动力转向系统的零部件,口述电子控制动力转向系统的工作原理和各零部件的作用。

(5)能向客户解释所修车辆电子控制动力转向系统故障原因和修复方案。

(6) 能按规范的步骤,完成电子控制动力转向系统主要零部件的拆卸和安装。

(7) 在工作过程中,注意工作安全,做好废料的处理,保持工作环境整洁。

普通动力转向系统的助力特性是不变的,且与车速无关,这会导致停车及低速时,转向盘操纵沉重,中速时较轻快,当车速增高时更加轻快。如果考虑停车及低速时的轻便性,则使高速时操纵力过小,路感下降,易出现转向过度。反之会使停车及低速时操纵力过大,转向沉重,效率下降。为了实现在各种行驶条件下转向盘上所需要的力都是最佳值,必须采用更先进的电子控制动力转向系统(Electronic Control Power Steering,EPS)。电子控制动力转向系统可分为液压式电子控制动力转向系统和电动式电子控制动力转向系统两类。

3.1 液压式电子控制动力转向系统

液压式电子控制动力转向系统是在传统的液压动力转向系统的基础上增设了电子控制装置而构成的,根据控制方式的不同,可分为流量控制式、反力控制式和阀灵敏控制式三种形式。

3.1.1 流量控制式 EPS

这是一种根据车速传感器信号调解动力转向装置供应的压力油液,改变油液的输入输出流量,以控制转向力的方法。

1) LS400 乘用车的流量控制式 EPS

如图 3-1 所示,流量控制式 EPS 主要由车速传感器、电磁阀、整体式动力转向控制阀、转向油泵和电子控制单元等组成。

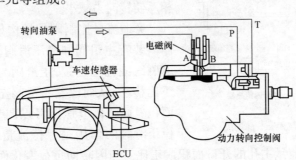

图 3-1 LS400 乘用车流量控制式 EPS

电磁阀安装在通向转向动力缸活塞两侧油室的油道之间,当电磁阀的阀针完全开启时,两油道就被电磁阀旁路,使动力缸活塞两侧压力差减小,助力减小;相反则助力增大。流量控制式 EPS 就是根据车速传感器的信号,控制电磁阀阀针的开启程度,从而控制转向动力缸活塞两侧油室的旁路液压油流量,来改变转向盘上的转向力。车速越高,流过电磁阀电磁线圈的平均电流越大,电磁阀阀针的开启程度越大,旁路液压油流量越大,液压助力作用越小,使转动转向盘的力也随之增加;相反,则车速较低时,助力作用加大,使转向轻便。

2) 蓝鸟乘用车的流量控制式 EPS

图 3-2 所示为蓝鸟乘用车的流量控制式 EPS,它是在一般液压动力转向系统上再增加了

旁通流量控制阀、车速传感器、转向角速度传感器、电子控制单元和控制开关等部件。在转向油泵与转向器之间设有旁通管路，在旁通管路中又设有旁通流量控制阀。

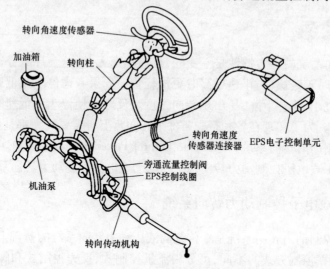

图 3-2 蓝鸟乘用车流量控制式 EPS

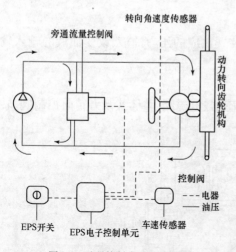

图 3-3 流量控制式 EPS 的构成

图 3-3 所示为流量控制式 EPS 的构成。根据车速传感器、转向角速度传感器和控制开关的信号，电子控制单元向旁通流量控制阀发出控制信号，控制旁通流量，从而调整向转向器供油的流量。当向转向器供油流量减少时，动力转向控制阀灵敏度下降，转向助力作用降低，转向力增加；相反使转向力减小。

旁通流量控制阀的结构如图 3-4 所示。在阀体内装有主滑阀和稳压滑阀，在主滑阀的右端与电磁线圈柱塞连接，主滑阀与电磁线圈的推力成正比移动，从而改变主滑阀左端流量主孔的开口面积。调整调节螺钉可以调节旁通流量的大小。稳压滑阀的作用是保持流量主孔前后压差的稳定，以使旁通流量与流量主孔的开口面积成正比。当因转向负荷变化而使流量主孔前后压差偏离设定值时，稳压滑阀阀芯将在其左侧弹簧张力和右侧高压油压力的作用下发生位移。如果压差大于设定值，则阀芯左移，使节流孔开口面积减小，流入到阀内的流量减少，前后压差减小；如果压差小于设定值，则阀芯右移，使节流孔开口面积增大，流入到阀内的油量增大，前后压差增大。流量主孔前后压差的稳定保证了旁通流量的大小只与主滑阀控制的流量主孔的开口面积有关。

3.1.2 反力控制式 EPS

1）基本组成

如图 3-5 所示为反力控制式 EPS 的组成，主要由转向控制阀、电磁阀、分流阀、转向动力缸、转向油泵、储油罐、车速传感器和电子控制单元组成。

图 3-4　旁通流量控制阀的结构

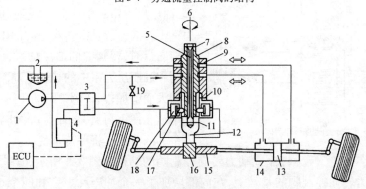

图 3-5　反力控制式 EPS 的组成

1-转向油泵；2-储油罐；3-分流阀；4-电磁阀；5-扭杆；6-转向盘；7、10、11-销；8-转阀阀杆；9-控制阀阀体；12-转向齿轮轴；13-活塞；14-转向动力缸；15-转向齿条；16-转向齿轮；17-柱塞；18-油压反力室；19-阻尼孔

反力控制式动力转向系统是按照车速的变化，由电子控制单元控制油压反力，调整动力转向器，从而使汽车在各种条件下转向盘上所需的转向操纵力都达到最佳状态。有时也把这种动力转向系统称为渐进型动力转向系统 PPS(Progressive Power Steering)。

电子控制渐进型动力转向系统结构如图 3-6 所示，除了旧式动力转向装置中用来控制加力的主控制阀之外，又增设了反力油压控制阀和油压反力室。

经反力油压控制阀调整后的油压加到油压反力室内，扭杆与转向轴相连，当 PPS 根据油压反力的大小改变转向扭杆的扭曲量时，就可以控制转向时所要加的力。动力转向用的微机安装在电子控制单元 ECU 内，微机根据车速传感器的信号控制电磁阀的输入电流。

(1) 车速传感器。车速传感器的主要功用是检测汽车行驶速度，通常安装在变速器输出轴上。PPS 所用的车速传感器多为磁阻元件传感器，主要由磁阻元件和磁性转子等组成。

(2) 电磁阀。电磁阀一般安装在转向齿轮箱体上，主要由电磁线圈、铁芯及电磁阀等组成。电磁阀的开度由 ECU 的输出电流控制，而该输出电流又取决于车速的高低。电磁阀油路的阻尼面积，可随电磁线圈通电电流占空比(通断比)变化。车速低时，通电电流大，滑阀被吸引，流向油箱的回流量增加。随着车速的升高，电流减小，油液回流量也减少。

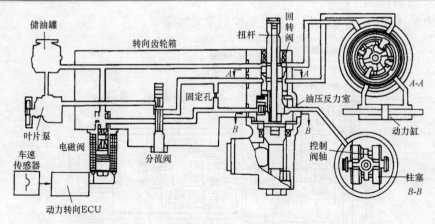

图 3-6 电子控制渐进型动力转向系统结构

（3）分流阀。分流阀的基本结构如图 3-7 所示，主要由阀门、弹簧及进出油口等构成。分流阀的主要功用是将来自转向油泵的液流送到转阀、油压反力室和电磁阀。送到电磁阀和油压反力室中的液流量是由转阀中的油压来调整的。转动转向盘时，转阀中的油压增大，此时，分配到电磁阀和油压反力室中的液流量随着转阀中的油压的增大而增加；当转阀中的油压达到一定值后，转阀中油压便不再升高，而分配给电磁阀和油压反力室的液流量也将保持不变。

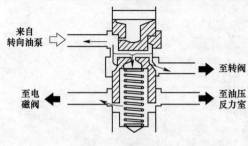

图 3-7 分流阀的基本结构

（4）转向控制阀。反力控制式动力转向控制阀的结构如图 3-8 所示，其基本结构是在传统的整体式动力转向控制阀的基础上，在内部增加了一个油压反力室和四个小柱塞，四个小柱塞位于控制阀阀体下端的油压反力室内。输入轴部分有两个小凸起顶在柱塞上。当油压反力室受到高压作用时，柱塞将推动控制阀阀杆。此时，扭杆即使受到转矩作用，由于柱塞推力的影响，也会抑制控制阀阀杆与阀体的相对回转。

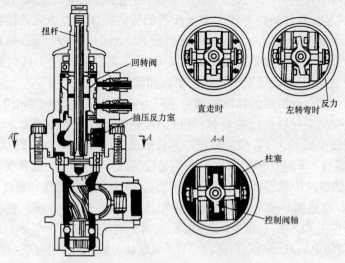

图 3-8 反力控制式动力转向控制阀结构

2)工作原理

(1)汽车静止或低速行驶时。如图3-9所示,汽车在低速范围内运行时,ECU输出一个大的电流,使电磁阀的开度增加,由分流分出的液体流过电磁阀回到储油罐中的流量增加。油压反力室的压力减小,柱塞推动控制阀杆的力减小,因此只需要较小的转向力就可使扭杆扭转变形,使阀体与阀杆发生相对转动而使控制阀打开,油泵输出油压作用到动力缸右室(或左室),使动力缸活塞左移(或右移),产生转向助力。

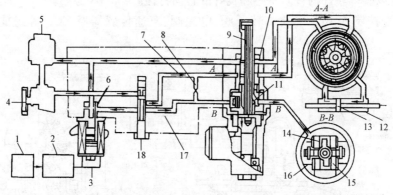

图3-9 停车或低速行驶时的工作情况

1-车速传感器;2-ECU;3-电磁阀;4-叶片泵;5-储油罐;6-电磁阀开度(大);7-压力增加;8-量孔;9-扭杆;10-转阀;11-油压反力室;12-动力缸;13-活塞;14-阀杆;15-柱塞;16-压力减小;17-至反力室;18-分流阀

(2)汽车中、高速行驶时。如图3-10所示,此时转向盘微量转动时,控制阀杆根据扭转角度而转动,转阀的开度减小,转阀里面的压力增加,流向电磁阀和油压反力室中的液流量增加。当车速增加时,ECU输出电流减小,电磁阀开度减小,流入油压反力室中的液流量增加,反力增大,使得柱塞推动控制阀杆的力变大。液流还从量孔流进油压反力室中,这也增大了油压反力室中的液体压力,故转向盘的转动角度增加时,将要求一个更大的转向操纵力,使得在中高速时驾驶人可获得良好的转向手感和转向特性。

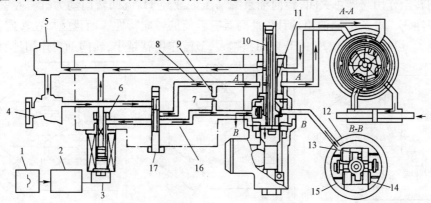

图3-10 中、高速行驶时的工作情况

1-车速传感器;2-ECU;3-电磁阀;4-叶片泵;5-储油罐;6-电磁阀开度(小);7、9-量孔;8-压力增加;10-扭杆;11-转阀;12-油压反力室;13-控制阀杆;14-柱塞;15-压力增加;16-流量增加;17-分流阀

(3)中高速直行状态。车辆直行时,转向偏摆角小,扭杆相对转矩小,控制阀油孔开度减小,控制阀侧油压升高。由于分流阀的作用,使电磁阀侧油量增加。同时,随着车速的升高,

通电电流减小,通过电磁阀流回储油罐的阻尼增大,油压反力室的反力增大,使柱塞推动控制阀阀杆的力矩增大,转向盘手感增强。

3.1.3 阀灵敏度控制式 EPS

阀灵敏度控制式 EPS 根据车速控制电磁阀,直接改变动力转向控制阀的油压增益(阀灵敏度)来控制油压的方法。这种转向系统结构简单、价格便宜,而且具有较大的选择转向力的自由度,可以获得较好的转向手感和良好的转向特性。

阀灵敏度控制式 EPS 主要由转子阀、电磁阀、车速传感器及 ECU 等组成,如图 3-11 所示。

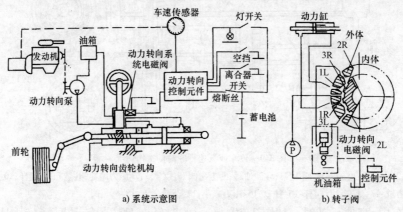

图 3-11 阀灵敏度控制式 EPS

转子阀的圆周上有 6 或 8 条沟槽,各沟槽利用阀外体与泵、动力缸、电磁阀及油箱连接。图 3-12 所示为阀部的等效液压回路。转子阀的可变小孔分为低速专用小孔(1R、1L、2R、2L)和调整专用小孔(3L、3R)两种,在高速专用可变小孔的下方设有旁通电磁阀回路。当车辆静止时,电磁阀完全关闭,如果此时向右转动转向盘,则高灵敏度低速专用小孔 1R 和 2R 在较小的转矩作用与即可关闭,转向油泵的高压油液经 1L 流回转向动力缸右腔室,其左腔室的油液经 3L、2L 流回储油箱,所以,此时具有轻便的转向特性。而且施加在转向盘上的转向力矩越大,可变小孔 1L、2L 的开口面积越大,节流作用就越小,转向助力作用越明显。

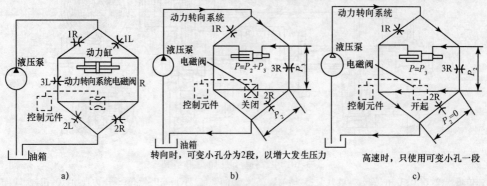

图 3-12 阀部的等效液压回路

随着车辆行驶速度的提高,在 ECU 的作用下,电磁阀的开度也线性增加,如果右转动转向盘,则转向油泵的高压油液经 1L、3R 旁通电磁阀流回储油箱。此时,转向动力缸右腔室的转向助力油压就取决于旁通电磁阀和灵敏度低的高速专用孔 3R 的开度。车速越高,在 ECU 的控制下,电磁阀的开度越大,旁路流量越大,转向助力作用越小,调整专用小孔 3R 的开度逐渐减小,转向助力作用也随之增大。由此可见,阀灵敏度控制式 EPS 可使驾驶人获得非常自然的转向手感和良好的速度转向特性。

3.2 电动式电子控制动力转向系统

电动式电子控制动力转向系统是一种直接依靠电动机提供辅助转矩的电动助力式转向系统。该系统仅需要控制电动机电流的方向和幅值,不需要复杂的控制机构。另外该系统由于利用微机控制,为转向系统提供了较高的自由度,同时还降低了成本和质量。

3.2.1 基本结构和工作原理

电动式电子控制动力转向系统的基本组成如图 3-13 所示,主要由转矩传感器、转角传感器、车速传感器、电动机、电磁离合器、减速机构、电子控制单元等组成。

电动式电子控制动力转向系统的基本原理是根据汽车行驶速度(车速传感器输出信号)、转矩及转向角信号,由 ECU 控制电动机及减速机构产生助力转矩,使汽车在低、中和高速下都能获得最佳的转向效果。

电动机连同电磁离合器和减速齿轮一起,通过一个橡胶底座安装在左车架上。电动机的输出转矩由减速齿轮增大,并通过万向节、转向器中的助力小齿轮把输出转矩送至齿条,向转向轮提供转矩。

电子控制单元(ECU)根据各传感器的信号确定助力转矩的幅值和方向,并且直接控制驱动电路去驱动电动机。

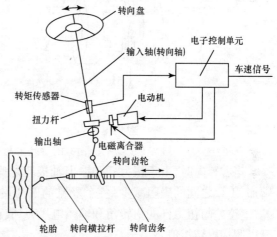

图 3-13 电动式电子控制动力转向系统的组成

转矩传感器、转角传感器和汽车速度传感器为助力转矩的信号源。

根据电动机布置位置的不同,电动式电子控制动力转向系统可以分为转向轴助力式、齿轮助力式和齿条助力式三种类型,如图 3-14 所示。

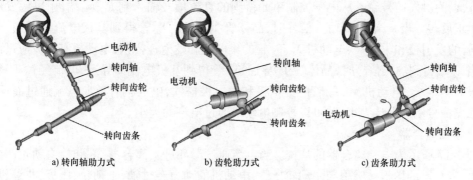

图 3-14 电动式电子控制动力转向系统的类型

3.2.2 主要部件的结构及工作原理

1) 转矩传感器

转矩传感器的作用是检测驾驶人作用在转向盘上的转向力矩、转向方向等参数,并将其转变为电信号输送给 ECU,以作为电动助力的依据之一。

转矩传感器的结构及原理如图 3-15 所示。在输出轴的极靴上分别绕有 A、B、C、D 四个线圈,转向盘处于中间位置(直驶)时,扭力杆的纵向对称面正好处于图示输出轴极靴 AC、BD 的对称面上。当 U、T 两端加上连续的输入脉冲电压信号 U_i 时,由于通过每个极靴的磁通量相等,所以在 V、W 两端检测到的输出电压信号 $U_0 = 0V$。

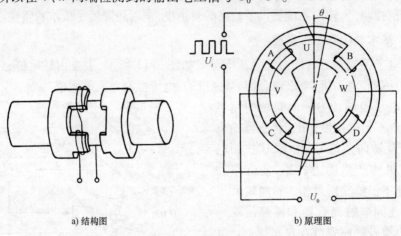

a) 结构图 b) 原理图

图 3-15 转矩传感器的结构及原理

当右转向时,由于扭力杆和输出轴极靴之间发生相对扭转变形,极靴 A、D 之间的磁阻增加,B、C 之间的磁阻减少,各个极靴的磁通量发生变化,于是在 V、W 之间就出现了电位差,电位差与扭力杆的扭转角和输入电压 U_i 成正比。所以,通过测量 V、W 两端的电位差就可以测量出转矩值。

2) 电动机

转向助力电动机就是一般的永磁电动机,电动机的输出转矩控制是通过控制其输入电流来实现,而电动机的正转和反转则是由电子控制单元输出的正反转触发脉冲控制。图 3-16 所示为一种比较简单实用的正反转控制电路。

a_1、a_2 为触发信号端。从电子控制单元得到的直流信号输入到 a_1、a_2 端,用以触发电动机产生正反转。当 a_1 端得到输入信号时,晶体管 T_3 导通,T_2 管得到基极电流而导通,电流经 T_2 管的发射极和集电极、电动机 M、T_3 管的集电极和发射极搭铁,电动机有电流通过而正转。当 a_2 端得到输入信号时,晶体管 T_4 导通,T_1 管得到基极电流而导通,电流经过 T_1 管的发射极和集电极、电动机 M、T_4 管的集电极和发射极搭铁,电动机有反向电流通过而反转。控制触发信号端的电流大小,就可以控制电动机通过电流的大小。

3) 电磁离合器

图 3-17 所示为电磁离合器的结构。当电流通过滑环进入离合器线圈时,主动轮产生电磁吸力,带花键的压板被吸引与主动轮压紧,电动机的动力经过轴、主动轮、压板、花键、从动轴传给执行机构。

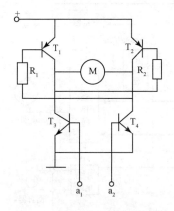

图 3-16 电动机正反转控制电路

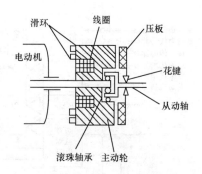

图 3-17 电磁离合器的结构

由于转向助力的工作范围限定在一定速度区域内,所以电磁离合器一般设定一个速度范围,如当车速超过 30km/h 时,电磁离合器便分离,电动机也停止工作,这时就没有转向助力的作用。当电动机停止工作时,为了不使电动机及电磁离合器的惯性影响转向系统的工作,电磁离合器也应及时分离,以切断辅助动力。当系统中电动机等发生故障时,电磁离合器会自动分离,这时仍可恢复手动控制转向。

4)减速机构

目前使用的减速机构有多种组合方式,一般采用蜗轮蜗杆与转向轴驱动组合式;也有的采用两级行星齿轮与传动齿轮组合式,如图 3-18 所示。为了抑制噪声和提高耐久性,减速机构中的齿轮有的采用特殊齿形,有的采用树脂材料制成。

5)电子控制单元(ECU)

ECU 的基本组成如图 3-19 所示。该系统的核心是一个有 4K ROM 和 256RAM 的 8 位微机。外围电路还有 10 位 A/D(模拟/数字)转换器、8 位 D/A(数字/模拟)转换器、I/F(电流/频率)转换器、放大电路、动力监测电路、驱动电路等。

工作时,转向转矩和转向角信号经过 A/D 转换器输入到中央处理器(CPU),中央处理器根据这些信号和车速计算出最优化的助力转矩。ECU 把已计算出来的参数值作为电流命令送到 D/A 转换器并转换为模拟量,再将其输入到电流控制电路;电流控制电路把来自微处理器的电流命令值同电动机的实际值进行比较,产生一个有效值信号。该差值信号被送到驱动电路,该电路可驱动动力装置并向电动机提供控制电流。也即当转矩传感器和转角传感器的信号经 A/D 转换器处理后,微处理器就在其内存中寻找与该信号相匹配的电动机电流值,然后将此值输送给 D/A 转换器进行数字模拟转换,处理后的模拟信号再送给限流器,由限流器决定电动机驱动电路电流值的大小。微处理器同时给电动机驱动电路输出另一个信号,即决定电动机(左转或右转)的转动方向。

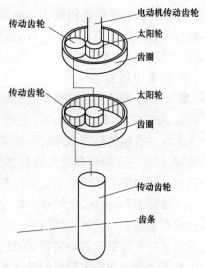

图 3-18 双级行星齿轮减速机构

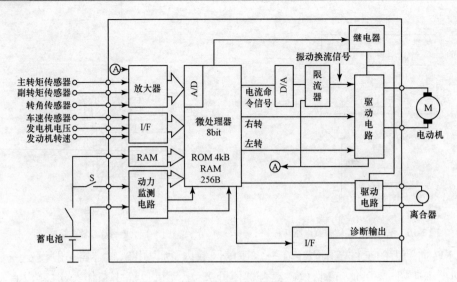

图 3-19 电动式电子控制动力转向系统 ECU 的基本组成

3.2.3 大众车系电动式电子控制动力转向系统

装备在一汽大众宝来、高尔夫、速腾及上海大众途安等车型中的电动式电子控制动力转向系统又被称为电动机械式转向助力系统，其具有许多优点：它可以协助驾驶人行车，并减轻身体和心理负担；同时，它仅在需要时进行工作，也就是说，只有当驾驶人需要转向助力时，它便会自动提供帮助。此系统的转向助力与车速、转向力矩和转向角等有关。

1）系统组成

带双小齿轮的电动机械式转向助力系统的结构如图 3-20 所示，它的部件主要包括：转向盘、带转向角度传感器 G85 的组合开关、转向柱 G527、转向器、警告灯 K161 等。转向器由一个转向力矩传感器 G269、一根扭转棒、一个转向小齿轮和一个驱动小齿轮、一个蜗轮传动装置，以及一个带转向辅助控制单元 J500 的电动机械转向助力器电动机 V187 组成。电动机械式转向助力系统的核心部件是一根齿条，它通过两个花键啮合在转向器中。

如图 3-21 所示，在带双小齿轮的电动机械转向助力器上，需要的转向力是通过转向小齿轮和驱动小齿轮传送到齿条上。转向小齿轮负责传送驾驶人施加的转向力矩，驱动小齿轮则通过一只蜗轮传动装置，传送由电动机械转向助力器电动机提供的助力力矩。该电动机具有用于转向助力的控制单元和传感装置，并安装在第二个小齿轮上。这种结构可以使转向盘和齿条之间形成机械连接，所以，当电动机失灵时，可以确保车辆仍能够进行机械转向，但此时不具备转向助力的功能，转向时会感到很沉重。

2）控制原理

转向助力是通过一个控制单元永久程序存储器中的特性曲线组来进行控制的。该存储器统计了最大 16 条不同的特性曲线组。例如：高尔夫 2004 从提供的特性曲线组中，选择了 8 条特性曲线组使用，并根据要求（比如车辆质量）在出厂前激活一条特性曲线组。也可以在售后服务特约维修站，通过 VAS505X 利用"匹配功能"和"通道 1"指令，激活此特性曲线组。图 3-22 所示为高尔夫 2004 中 8 种特性图中的一种，根据车辆荷载不同，又分为轻、重两部分特性曲线。

特性曲线组中含有五条不同特性曲线,用于不同的车速,如 0km/h、15km/h、50km/h、100km/h 和 250km/h。每条特性曲线说明了在相应车速下不同转向盘力矩所对应的电动机所提供转向助力转矩。

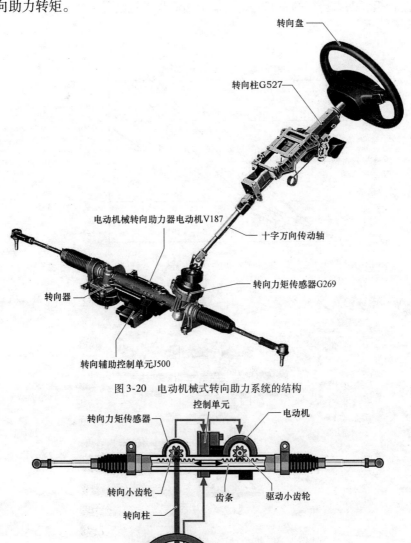

图 3-20 电动机械式转向助力系统的结构

图 3-21 电动机械式转向助力系统各零部件的布置

电动机械式转向助力系统转向过程的控制原理如图 3-23 所示。工作过程如下:①驾驶人转动转向盘;②转向盘上的转矩转动转向器上的扭转棒,转向力矩传感器 G269 探测到转动,并将测得的转向力矩发送给转向辅助控制单元 J500;③转向角度传感器 G85 发送当前的转向角信号,转子转速传感器发送当前的转向速度信号;④转向辅助控制单元 J500 根据转向力矩、车速、发动机转速、转向角和转向速度,以及在转向辅助控制单元 J500 中设置的特性曲线,确定需要的助力转矩,并控制电动机转动;⑤转向助力是通过驱动齿轮来完成的,驱动齿轮由电动机驱动,电动机通过蜗轮传动并驱动小齿轮作用到齿条上,从而传送助力转向力;⑥转向盘转矩和助力转矩的总和是转向器上引起齿条运动的有效转矩,该转矩驱动齿条实现转向。

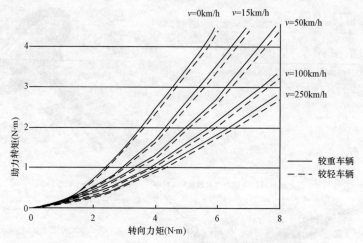

图 3-22　高尔夫 2004 转向助力特性曲线

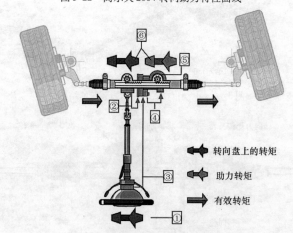

图 3-23　电动机械式转向助力系统控制原理

(1) 停车时的转向过程。停车时转向控制过程如图 3-24 所示。其工作过程如下:①停车时,驾驶人用力转动转向盘,扭转棒被扭转;②转向力矩传感器 G269 探测到扭转,并通知转向辅助控制单元 J500(此时在转向盘上已经施加了大的转向力矩);③转向角度传感器 G85 发送大的转向角信号,转子转速传感器发送当前的转向速度信号;④转向辅助控制单元 J500 根据大的转向力矩、车速(0km/h)、发动机转速、大的转向角、转向速度和在转向辅助控制单元 J500 中设置的 $v=0$km/h 时的特性曲线,测定需要较大的助力转矩,并对电动机进行控制;⑤这样就可以在停车时,通过驱动齿轮提供最大的转向助力;⑥转向盘转矩和最大助力转矩总和是停车时在转向器上引起齿条运动的有效转矩。

(2) 市区行驶时的转向过程。市区行驶时转向控制过程如图 3-25 所示。其工作过程如下:①在市区中转弯行驶时,驾驶人转动转向盘,扭转棒被扭转;②转向力矩传感器 G269 探测到扭转,并通知转向辅助控制单元 J500(此时在转向盘上已经施加了中等力度的转向转矩);③转向角度传感器 G85 发送中等转向角信号,转子转速传感器发送当前的转速信号;④转向辅助控制单元 J500 根据中等力度的转向转矩、车速(50km/h)、发动机转速、中等的转向角、转向速度和转向辅助控制单元 J500 中设置的 $v=50$km/h 时的特性曲线,测定需要中等幅度的助力转矩,并对电动机进行控制;⑤这样就可以在转弯时,通过驱动齿轮,提供中等力度的转向转矩;⑥转向盘转矩和中等助力转矩的总和是市区内转弯行驶时在转向器上引起齿条运动的有效转矩。

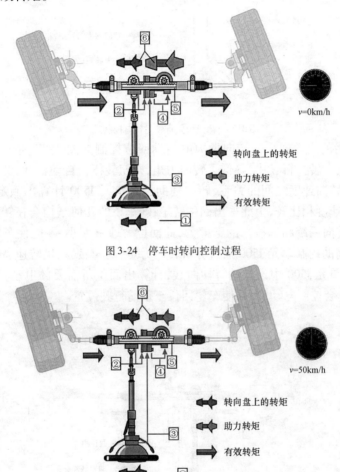

图 3-24　停车时转向控制过程

图 3-25　市区行驶时转向控制过程

(3)高速公路行驶时的转向过程。高速公路行驶时转向控制过程如图 3-26 所示。其工作过程如下:①变换车道时,驾驶人轻微转动转向盘,扭转棒被扭转;②转向力矩传感器 G269 探测到扭转,并通知转向辅助控制单元 J500(此时在转向盘上已经施加了少量的转向转矩);③转向角度传感器 G85 发送小的转向角信号,转子转速传感器发送当前转向速度信号;④转向辅助控制单元 J500 根据小的转向转矩、车速(100km/h)、发动机转速、小的转向角、转向速度和转向辅助控制单元 J500 中设置的 $v=100$km/h 时的特性曲线,测定需要较小的助力转矩,或无需助力转矩,并对电动机进行控制;⑤这样就可以在高速公路转向过程中,通过驱动齿轮,提供少量的转向助力,或不提供转向助力;⑥转向盘转矩和最小的助力转矩的总和是变换车道时在转向器上引起齿条运动的有效转矩。

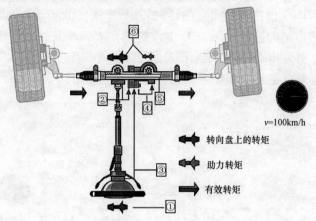

图3-26　高速公路行驶时转向控制过程

（4）转向助力的主动回位。转向助力的主动回位控制如图3-27所示。其工作过程如下:①如果驾驶人在转弯行驶中,降低了转向力矩,则扭转棒会自动松开;②根据下降的转向力矩和转向角与转向速度之间的关系,转向辅助控制单元J500计算出额定的快退速度,将此速度与转向角速度相比较,由此得出回位转矩;③车桥的几何结构会在转向的车轮上产生回位力,但由于转向系统和车桥内的摩擦力,此回位力通常太小,不能使车轮回位至正前行驶位置;④转向辅助控制单元J500通过分析转向力矩、车速、发动机转速、转向角、转向速度和转向辅助控制单元J500中设定的特性曲线,计算出回位所需要的电动机转矩;⑤转向辅助控制单元J500会控制电动机,并使车轮回位至正前行驶位置。

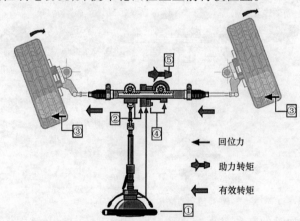

图3-27　转向助力的主动回位控制

（5）正前行驶修正。正前行驶修正是由主动回位形成的一种功能,这时将产生一个助力转矩,可使车辆回到无转矩的正前行驶位置。它可以分为暂时算法和长时算法。

①长时算法:其任务是补偿长期存在的正前行驶误差。例如:从夏季轮胎更换到新使用的(旧的)冬季轮胎时出现的误差。

②暂时算法:利用暂时算法可以修正短时的误差。这样可以减轻驾驶人的负担。例如:

当遇到持续侧风而必须进行持续的"补偿转向"时。

正直行驶修正控制如图 3-28 所示。其工作过程如下：①持续侧面作用力，如侧风等施加在车辆上；②驾驶人转动转向盘，使车辆保持在正前行驶方向上；③转向辅助控制单元 J500 通过分析转向力矩、车速、发动机转速、转向角、转向速度和转向辅助控制单元 J500 中设定的特性曲线，计算出正前行驶修正所需要的电动机转矩，控制电动机动作；④汽车回位至正前行驶位置，驾驶人不再需要"补偿转向"。

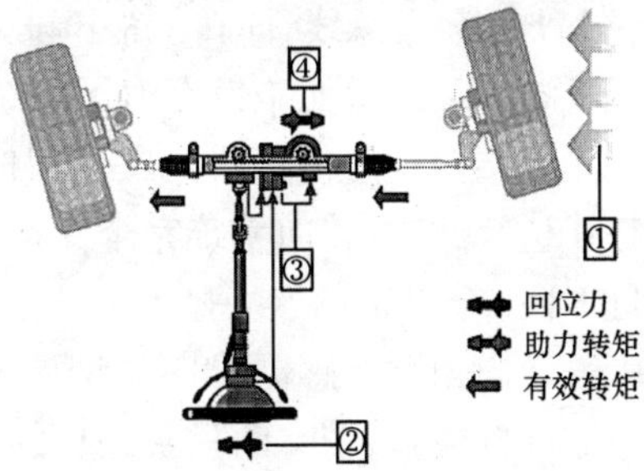

图 3-28 正前行驶修正控制

3）主要部件

电动机械式转向助力系统的主要部件如图 3-29 所示。

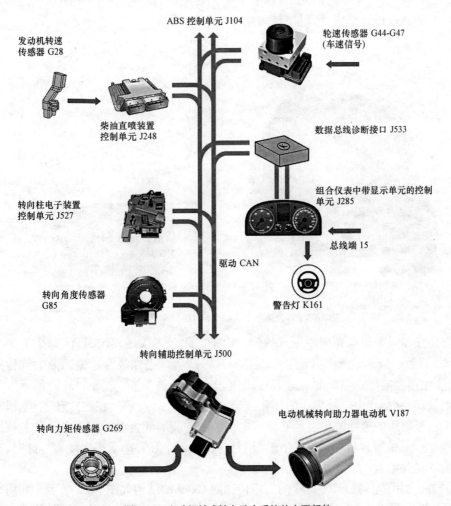

图 3-29 电动机械式转向助力系统的主要部件

(1) 转向角度传感器 G85。转向角度传感器 G85 安装在复位环的后面，与安全气囊的集电环安装在一起。它位于组合开关和转向盘之间的转向柱上。转向角度传感器 G85 通过

CAN bus 数据总线,向转向柱电子装置控制单元 J527 提供信号,以便测算转向角。在转向柱电子装置控制单元中设有电子系统,用于分析转向角度传感器 G85 输送的信号。

当转向角度传感器 G85 失灵时,紧急运行程序立即被启动。缺损的信号被设置成一个替代值。此时,转向系统完全保持转向助力,但设置在组合仪表中的带有转向盘符号的警告灯 K161 会以黄色点亮显示。

转向角度传感器 G85 的结构和工作原理如图 3-30 所示。转向角度传感器 G85 的基本组成元件包括:带有两只密码环的密码盘、各有一个光源和一个光学传感器的光栅对。

密码盘由两个环组成,外面的一个叫做绝对环,里面的一个叫做增量环。增量环被分为 5 个扇区,每个扇区均为 72°,它由一对光栅对读取。该环在扇区内设有开口。同一扇区内的开口顺序是相同的,但不同的扇区之间的开口顺序则不同,从而实现了各扇区之间的设码。绝对环用来确定角度,它被 6 个光栅对读取。转向角度传感器 G85 可以识别出 1044°的转向角,它对角度进行累加。由此,当超出 360°的标记时,能够识别出转向盘完全转动了一圈。转向器的这种设计结构,可以使转向盘转动 2.76 圈。

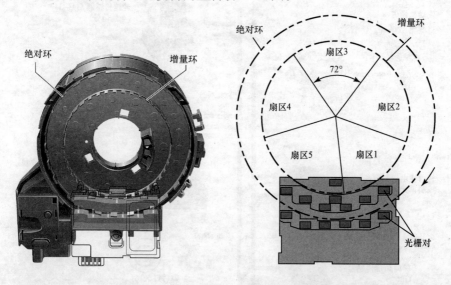

图 3-30　转向角度传感器 G85 的结构和工作原理

转向角度测量是根据光栅原理进行的。出于简化考虑仅观察增量环,每个扇区环的一侧是光源,而另一侧则是光学传感器,如图 3-31a)所示。当光线穿过缝隙照射到传感器上时,便会产生信号电压。当光源被遮盖时,则电压又重新被切断,如图 3-31b)所示。如果现在移动增量环,则会产生信号电压的脉冲波形,如图 3-31c)所示。在绝对环上,光栅对子也同样产生信号电压的脉冲波形。所有信号电压的脉冲波形都会在转向柱电子装置控制单元 J527 中处理。对信号进行比较后,系统可以计算出这两个环移动了多少距离。此时,将确定绝对环的移动起始点。

(2)转向力矩传感器 G269。转向力矩传感器 G269 的结构如图 3-32 所示。利用转向力矩传感器 G269,可以直接在转向小齿轮上计算转向盘转矩。该传感器以磁阻的功能原理工作。它被设计成双保险(备用),以保证获得最高的安全性。

转向力矩传感器的工作原理如图 3-33 所示。在转向力矩传感器上,转向柱和转向器通过一根扭转棒相互连接。在连接转向柱的连接件外径上,装有一只磁性极性轮,在其上面被交替划分出 24 个不同的极性区。每次分析转矩时,使用两根磁极。辅助配合件是一只磁阻传感元件,它被固定在连接转向器的连接件上。当操作转向盘时,两只连接件会根据施加的转矩做相对转动。由于此时磁性极性轮也相对于传感器元件旋转,因此可以测量施加的转向力矩,并将其信号发送给控制单元。

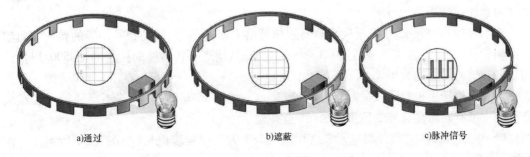

图 3-31 转向角度测量原理

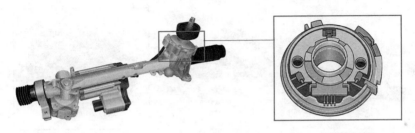

图 3-32 转向力矩传感器 G269 的结构

当转向力矩传感器 G269 发生故障时,必须更换转向器总成。当控制单元识别到故障时,将关闭转向助力。关闭的过程不是突然进行的,而是"缓慢地"进行。为了实现"缓慢"关闭,控制单元将根据转向角和电动机的转子角度,计算出转向力矩的替代信号。故障将通过设置在组合仪表中带有转向盘符号的警告灯 K161 以红色点亮显示。

(3) 转子转速传感器。转子转速传感器是电动机械转向助力器电动机 V187 的一个组成元件。从外部无法接触到它。

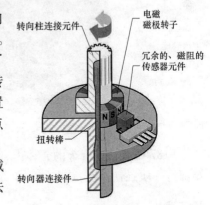

图 3-33 转向扭矩传感器的工作原理

转子转速传感器是根据磁阻功能原理工作的,在结构上与转向力矩传感器 G269 相同。它探测到电动机械转向助力器电动机 V187 的转子转速,并将转速信号反馈给转向辅助控制单元 J500,以便其精确控制电动机械转向助力器电动机 V187 的动作。

当该传感器失灵时,会将转向角速度用作替代信号,转向助力将安全地缓慢降低,从而避免由于传感器的失灵,而造成突然关闭转向助力。故障将通过设置在组合仪表中带有转向盘符号的警告灯 K161 以红色点亮显示。

（4）车速传感器。转向系统的车速信号由 ABS 电子控制单元提供。

当车速信号失灵时，紧急运行程序被启动。驾驶人能够使用转向系统，但是没有电子控制转向助力功能。故障将通过设置在组合仪表中带有转向盘符号的警告灯 K161 以黄色点亮显示。

（5）发动机转速传感器 G28。发动机转速传感器 G28 是一只霍尔传感器。它用螺栓拧紧在曲轴密封凸缘外壳内。

发动机控制单元 J220 根据发动机转速传感器 G28 的信号，探测到发动机的转速和曲轴的准确位置。然后，将该信号通过 CAN bus 数据总线输送给转向辅助控制单元 J500，以便其用于调节转向助力的力矩大小。

当发动机转速传感器失灵时，转向系统通过总线端 15 运行，故障将不会通过设置在组合仪表中带有转向盘符号的警告灯 K161 点亮显示。

（6）电动机械转向助力器电动机 V187。V187 为无刷异步电机，如图 3-34 所示。工作时，它能够产生最大 4.1N·m 转矩的转向助力。

图 3-34　电动机械转向助力器电动机 V187 的结构

V187 安装在铝合金的壳体内，通过蜗轮传动与驱动小齿轮作用在齿条上。控制侧的轴端部有一块磁铁，转向辅助控制单元 J500 用它来探测转子的转速，并利用该信号计算出转向速度。

异步电机的优点在于，它可以在无电压状态下，通过转向器运转。这说明，即使当电动机出现故障，并因此而引起的转向助力失灵时，也只需要少量用力就可以运转转向系统。甚至当短路时，电动机也不会被锁止。故障将通过设置在组合仪表中带有转向盘符号的警告灯 K161 以红色点亮显示。

（7）转向辅助控制单元 J500。如图 3-35 所示，转向辅助控制单元 J500 直接固定在电动机上，因此无需铺设连接转向助力器部件的管路。转向辅助控制单元 J500 根据输入的信号，如转向角信号、发动机转速信号、转向力矩和转子的转速信号、车速信号、点火钥匙的信号等，探测到当前的转向助力需要。计算出激励电流的电磁强度，并控制驱动电动机 V187。

当转向辅助控制单元 J500 损坏时,应整套更换。转向辅助控制单元 J500 永久存储器中相关的特性曲线组必须用汽车诊断、测量和信息系统 VAS505X 进行激活。在转向辅助控制单元 J500 中,集成了一个温度传感器,用来探测转向装置的温度。当温度上升到 100℃ 以上时,将持续降低转向助力。当转向助力低于 60% 以下时,故障将通过设置在组合仪表中带有转向盘符号的警告灯 K161 以红色点亮显示,并且在故障存储器中储存相应的故障码。

图 3-35　转向辅助控制单元 J500 的结构

(8) 警告灯 K161。警告灯 K161 被设置在组合仪表内的显示单元内,如图 3-36 所示。它用于显示电动机械转向助力器的功能失灵或故障。警告灯在功能失灵时,可以亮起两种颜色:黄色灯亮起表示是一种初级警告;当红色灯亮起时,必须立刻将车开到维修站查询故障。在警告灯亮起红色灯的同时,还会发出 3 声报警音作为声音警告信号。在接通点火开关时,警告灯亮起红灯属于正常情况,因为电动机械转向助力器系统正在进行自检。只有当转向辅助控制单元 J500 收到系统工作正常的信号时,警告灯才会自动熄灭。这种自检过程大约为 2s。发动机起动时,警告灯会立刻熄灭。

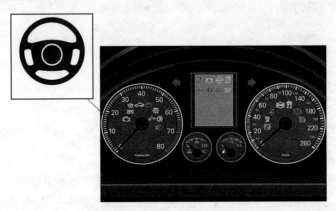

图 3-36　故障警告灯 K161 的位置

另外,转向系统会识别过低的电压,并对此作出反应。当蓄电池的电压低于 9V 时,会降低转向助力,直至关闭,同时设置在组合仪表中的警告灯 K161 会亮起红色灯。当蓄电池的电压暂时低于 9V,或者在更换蓄电池之后,设置在组合仪表中的警告灯 K161 会亮起黄色灯。

4) 系统电路图

电动机械式转向助力系统电路图如图 3-37 所示。

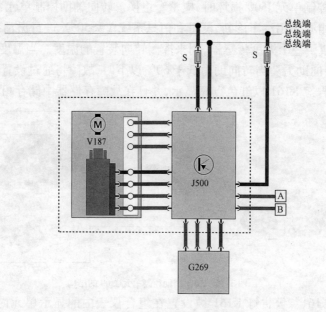

图 3-37 电动机械式转向助力系统电路图
A-低速 CAN；B-高速 CAN；G269-转向力矩传感器；J500-转向辅助控制单元；S-熔断丝；V187-电动机械转向助力器电动机

请分析电子控制动力转向系统助力不足或失效的故障原因。

3.3 电子控制动力转向系统的检修

本部分以大众车系电动式电子控制动力转向系统的检修为例进行说明。

3.3.1 自诊断

大众电动机械式转向助力系统具有自诊断的功能。系统地址码为44，可选择的功能码包括：02——查询故障存储器、03——对执行元件进行诊断、04——基本设定、05——清除故障存储器、06——退出诊断程序、07——控制单元编码、08——读取测量数据流、10——匹配、11——登录。

转向辅助控制单元 J500 可以记住转向极限位置。

（1）为了避免剧烈打到转向极限位置，生产厂家用软件对转向角进行了限制。当转向角到达机械极限位置之前5°时，会激活"软件极限位置"和减振器。此时，将根据转向角和转向力矩降低助力转矩。

（2）必须在"基础设定"功能中，使用 VAS505X 删除极限位置的角度位置。

(3) 当记住极限位置时,无需使用测试仪。为此,需要使用最新的维修手册和"引导型故障查询"中的详细信息。

电动机械式转向助力系统故障代码见表3-1。

电动机械式转向助力系统故障代码表　　　　　　　　表3-1

故 障 代 码	故障代码内容提示
00778	转向角度传感器 G85 未设定/匹配或执行不正确
01288	端子 30,转向助力信号太大
01314	发动机控制单元 J220 无信息
01317	仪表板中控制单元 J285-检查 DTC 存储器
01656	碰撞信号(polo 仪表板黄色警告灯亮/方向锁死)
02546	转向限制挡块未进行基础设定/匹配或执行不正确
02614	转向器有故障
65535	转向辅助控制单元 J500 不良

3.3.2 设定程序

电动机械式转向助力电控系统的设定程序如下:

1) 零位置的设定程序

如果更换了转向角度传感器 G85、转向器总成(含转向辅助控制单元 J500)、转向柱开关总成(含控制单元 J527),做过一次车轮定位的调整,或者出现故障代码 00778,需要做转向零(中间)位置设定。

零位置的设定方法:使前轮保持直线行驶状态,通过 VAS505X 输入地址码 44,将转向盘向左转动 4°～5°(一般在 10°之内),然后回正;再将转向盘向右转动 4°～5°(一般在 10°之内),然后回正,双手离开转向盘。通过 VAS5051 输入功能码 11,再输入编码 31857,此后按下返回键"◀",并输入 04-60,按下激活键,退出 VAS505X。关闭点火开关,6s 后即可。

注意:在做转向零位设定时,发动机不能运转;在转向盘左右转动后,再回正时,双手必须离开转向盘,使转向盘静止不动,以便让转向辅助控制单元 J500 对零位进行确认。

2) 极限位置的设定程序

如果更换了转向角度传感器 G85、转向器总成(含转向辅助控制单元 J500)、转向柱开关总成(含控制单元 J527),做过一次车轮定位的调整,做过转向零(中间)位置设定后,或者出现故障代码 02546,需要做转向极限位置的设定。

极限位置的设定方法:使车辆前轮处于直线行驶状态,起动发动机,并在怠速下运转。先将转向盘向左转动 10°左右,停顿 1～2s,将转向盘回正;再向右转动 10°左右,停顿 1～2s,将转向盘回正,双手离开转向盘,停顿 1～2s,然后将转向盘向左打到底,停顿 1～2s,再将其向右打到底,停顿 1～2s,将转向盘再回正,关闭点火开关,6s 后生效。

注意:在做完转向零(中间)位置设定和转向极限位置的设定后,必须用 VAS505X 进入 44-02 查询转向电控系统故障存储器无故障时,设定工作才能结束。

3) 转向助力大小的设定程序

转向助力大小的设定方法:使用 VAS505X 进入 44—10—01,在 VAS505X 屏幕内的条形块上,选择某个合适的助力数值(1~16挡,出厂时,一般在3~4或7~8,通常选择第5挡),再按下"保存键",然后再按下"接受键"。此时,屏幕上就会显示出新设定的助力大小的名称,然后再按下"◀"键,退出设定即可。

注意:当环境温度大于100℃时,驱动电动机V187所产生的助力将下降,当转向助力值≤60%时,设置在组合仪表中的警告灯K161黄色灯点亮,并在故障存储器中将储存故障代码。此外,转向角度传感器G85的极限位置为±40°,当接近极限位置还有5°时,它会降低转向助力的转矩。

4) 故障警告灯

电动机械式转向助力系统故障警告灯的指示方式见表3-2。

表3-2 电动机械式转向助力系统故障警告灯的指示方式

故障元件	组合仪表中的故障警告灯		说 明
	显示红色点亮	显示黄色点亮	
转向角度传感器G85不良		〇	当G85不良时,紧急运行程序启动,缺损的信号被设置成一个替代值
转向力矩传感器G269不良	〇		当G269发生故障时,必须更换转向器。同时ECU储存02614故障代码
转向助力器电动机V187的转子转速传感器不良	〇		当传感器不良时,会将转向角速度用作替代信号,转向助力将安全缓慢降低
由ABS提供的车速信号不良时		〇	当车速信号不良时,紧急运行程序被启动,但没有电控转向助力系统功能
转向助力器电动机V187不良	〇		即使当电动机故障引起转向助力失灵,甚至当短路时,电动机也不会锁止转向盘
转向辅助控制单元J500内部温度过高时		〇	当ECU内部温度上升到100℃以上时,将持续降低转向助力,当转向助力低于60%以下时,亮起黄灯,并储存故障代码
转向辅助控制单元J500不良	〇		当J500不良时,应整套更换转向器总成
当蓄电池A的电压低于9V时	〇		会降低转向助力直至关闭,并储存故障代码,需要做零位或极限位置设定
当蓄电池A的电压暂时低于9V或临时更换蓄电池后		〇	储存故障代码,根据具体情况,需要做零位或极限位置设定

(1) 每8名学生组成1个工作小组,确定小组长,接受工作任务,做好工作准备。

(2) 阅读工作单,查阅维修手册(或实训指导书)观察待拆装电子控制动力转向系统,讨论拆卸方法和步骤,确定小组人员工作分工。向实训指导教师汇报讨论结果,经指导教师同意后,开始下一步的工作。

(3) 按照工作单的引导,完成待拆装电子控制动力转向系统的拆卸、分解和检查工作。

(4) 在完成工作任务的过程中,根据工作单的要求,完成电子控制动力转向系统零部件认识、作用和工作原理描述等学习任务。

(5) 完成工作单要求的电子控制动力转向系统主要零部件的检测,将检测结果记录在工作单的相应栏目,并对检测结果作出分析。

(6) 回答指导教师的现场提问,接受指导教师的技能考核。

(7) 完成工作任务后,对工作过程进行自我评价和小组互评,听取指导教师的点评。

(8) 清洁工作场所,清点维护工具设备,完成任务交接。回答指导教师的现场提问,接受指导教师的技能考核。

(1) 简述 LS400 乘用车流量控制式 EPS 的工作原理。

(2) 反力控制式 EPS 是如何提高高速行车时的转向路感的?

(3) 按图说明阀灵敏控制式 EPS 的工作原理。

(4) 简述电动式电子控制动力转向系统的组成及工作原理。

(5) 简述力矩传感器的工作原理。

(6) 转向助力电动机是如何实现转向时正反转控制的?

单元四 防滑控制系统的检修

学习情境

一位客户抱怨他所驾驶的丰田卡罗拉乘用车防滑控制系统功能失效,制动过程中车轮发生抱死,严重时发生甩尾现象,加速时驱动轮严重打滑。经维修技师检查,判断为防滑控制系统功能失效故障,需对防滑控制系统进行检修。

汽车防滑控制系统失效故障检修

1)工作对象

待检修装备 ABS/ASR 车辆。

2)工作内容

(1)领取所需的工具,做好工作准备。

(2)检查汽车防滑控制系统的工作。

(3)拆卸、检查汽车防滑控制系统主要零部件并进行检测,分析检测结果,制订修复方案。

(4)安装防滑控制系统零部件,确定系统工作正常。

(5)检查、评价工作质量。

(6)整理工具,清洁工作场地。

3)工作目标与要求

(1)学生应以小组工作的方式,完成本项工作任务。

(2)学生应当能在小组成员的配合下,利用汽车维修手册(或实训指导书)制订工作计划,实施工作计划。

(3)能通过阅读资料和现场观察,辨别所检修汽车防滑控制系统的结构类型。

(4)能认识所检修汽车防滑控制系统零部件,口述防滑控制系统的工作原理和各零部件的作用。

(5)能向客户解释所修防滑控制系统故障原因和修复方案。

(6)能按规范的步骤,完成汽车防滑控制系统主要零部件的拆卸和安装。

(7)在工作过程中,注意工作安全,做好废料的处理,保持工作环境整洁。

汽车防滑控制系统主要包括防抱死制动系统(ABS)、驱动防滑控制系统(ASR)和电子稳定程序控制系统(ESP)等。

4.1 防抱死制动系统(ABS)

防抱死制动系统(Anti-locked Braking System,ABS)是一种安全控制制动系统,目前已经成为乘用车及客车的标准配置。ABS既有普通制动系统的制动功能,又能防止车轮制动抱死,保证汽车的制动方向稳定性,防止产生侧滑和跑偏。

4.1.1 ABS的理论基础

1)制动时车轮的受力

汽车只有受到与行驶方向相反的外力时,才能受到制动而从一定的速度变化到较小的车速,直至停车。这个外力只能由地面和空气提供。但由于空气阻力相对较小,所以实际上外力是由地面提供的,我们称之为地面制动力。地面制动力愈大,制动减速度愈大,制动距离也愈短,所以地面制动力对汽车制动性能具有决定性影响。

(1)地面制动力(F_B)。图4-1所示为汽车在良好的路面上制动时,车轮的受力情况。图中忽略了滚动阻力矩和减速时的惯性力矩。

汽车制动时,由于制动鼓(盘)与制动摩擦片之间的摩擦作用,形成了摩擦力T_μ,此力矩与车轮转动方向相反。车轮在T_μ的作用下给地面一个向前的作用力,与此同时地面给车轮一个与行驶方向相反的切向反作用力F_B,这个力就是地面制动力,它是迫使汽车减速或停车的外力。

(2)制动器制动力(F_μ)。当汽车制动时,阻止车轮转动的是制动器摩擦力矩T_μ。将制动器的摩擦力矩T_μ转化为车轮周缘的一个切向力,称其为制动器制动力F_μ。它相当于把汽车架离地面,并踩住制动踏板,在轮胎周缘沿切线方向推动车轮直至它能转动所需的力。

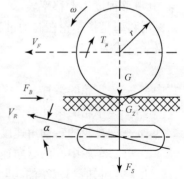

图4-1 制动时车轮受力分析
T_μ-制动中的摩擦力矩;V_F-汽车瞬时速度;F_B-地面制动力;G-车轮垂直荷载;G_Z-地面对车轮的反作用力;r-车轮的滚动半径;V_R-车轮的圆周速度;F_S-侧向力;ω-车轮的角速度;α-侧偏角

制动器制动力由制动器结构参数所决定,即取决于制动器的类型、结构尺寸、制动器摩擦副的摩擦系数以及车轮半径,并与制动踏板力,即制动时的液压或空气压力成正比。

(3)地面制动力、制动器制动力和附着力的关系。图4-2所示为不考虑制动过程中附着系数变化的地面制动力、制动器制动力以及附着力三者的关系。在制动过程中,车轮的运动只有减速滚动和抱死滑移两种状态。当驾驶人踩制动踏板的力较小,制动摩擦力矩较小时,车轮只作减速滚动,并且随着摩擦力矩的增加,制动器制动力和地面制动力也随之增长,且

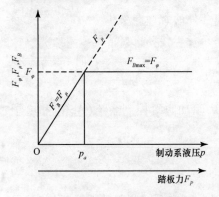

图4-2 地面制动力、制动器制动力和附着力的关系

在车轮未抱死前地面制动力始终等于制动器的制动力。此时,制动器的制动力可全部转化为地面制动力。但地面制动力不可能超过附着力。

当制动系液压力(制动踏板力)增大到某一值,地面制动力达到附着力,即地面制动力达到最大值。此时,车轮即开始抱死不转而出现拖滑的现象。当再加大制动系液压力时,制动器制动力随着制动器摩擦力矩的增长仍按直线关系继续上升,但是,地面制动力已不再随制动器制动力的增加而增加。

要想获得好的制动效果,必须同时具备两个条件,即汽车具有足够的制动器制动力,同时又要有附着系数较高的路面提供足够的地面制动力。

2) 滑移率

(1) 滑移率的定义。汽车匀速行驶时,汽车的实际车速与车轮滚动的圆周速度(车轮速度)是相同的。在驾驶人踩制动踏板使车轮的轮速降低时,车轮滚动的圆周速度(轮胎胎面在路面上移动的速度)也随之降低了,但由于汽车自身的惯性,汽车的实际车速与车轮的速度不再相等,使车速与轮速之间产生一个速度差。此时,轮胎与路面之间产生相对滑移现象,其滑移程度用滑移率表示。

滑移率是指车轮在制动过程中滑移成分在车轮纵向运动中所占的比例,用 S_b 表示。其定义表达式为:

$$S_b = (v - \omega r)/v \times 100\%$$

式中:S_b——车轮的滑移率;
r——车轮的滚动半径;
ω——车轮的转动角速度;
v——车轮中心的纵向速度。

由上式可知:当汽车的实际车速等于车轮滚动时的圆周速度时,滑移率为零,车轮为纯滚动;当汽车制动时,逐渐踩下制动踏板,车轮边滚动边滑动,滑移率在0~100%之间;当制动踏板完全踩到底,车轮处于抱死状态,而车身又具有一定的速度时,车轮滚动圆周的速度为零,则滑移率为100%。

(2) 附着系数与滑移率的关系。大量的实验证明,在汽车的制动过程中,附着系数的大小随着滑移率的变化而变化。图4-3所示为车辆在干路面上时附着系数与滑移率的关系。对于纵向附着系数,随着滑移率增大而迅速增加,并在 $S=20\%$ 左右时,纵向附着系数最大;然后随着滑移率的进一步增加,纵向附着系数有所下降,制动距离会增加,制动效能下降。对于横向附着系数,$S=0$ 时,横向附着

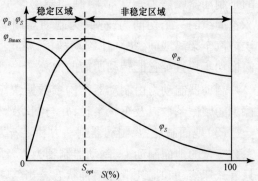

图4-3 附着系数与滑移率的关系曲线

系数最大；然后随着滑移率的增加，横向附着系数逐渐下降，并在 $S=100\%$，即车轮抱死时横向附着系数下降为零左右。此时车轮将完全丧失抵抗外界侧向力作用的能力。稍有侧向力干扰（如路面不平产生的侧向力、汽车重力的侧向分力、侧向风力等），汽车就会产生侧滑而失去稳定性。转向轮抱死后将失去转向能力，因此，车轮抱死将导致制动时汽车的方向稳定性变差。

从以上分析可知，制动时车轮抱死，制动效能和制动方向稳定性都将变坏。如果制动时将车轮的滑移率 S 控制在 15%～30%，即如图 4-3 所示的 S_{opt} 处，此时纵向附着系数最大，可得到最好的制动效能；同时横向附着系数也保持较大值，使汽车也具有较好的制动方向稳定性。

在汽车的制动过程中，若能将滑移率控制在最大附着系数所对应的滑移率范围，汽车将处于最佳制动状态。要控制滑移率就要对作用于车轮上的力矩进行瞬时的自适应调节。防抱死制动系统就是通过电子控制单元、轮速传感器和制动压力调节器，对作用于制动轮缸内的制动液压力进行瞬时的自动控制（约 10 次/s），从而控制制动车轮上的制动器压力，使制动车轮尽可能保持在最佳的滑移率范围内运动，从而使汽车的实际制动过程接近于最佳制动状态成为可能。

3）ABS 的优点及其局限性

（1）ABS 的优点。

①缩短制动距离。ABS 可以将滑移率控制在最大附着系数范围内，从而可获得最大的纵向制动力。

②改善了轮胎的磨损状况。ABS 可以防止车轮抱死，从而避免了因制动车轮抱死造成的轮胎局部异常磨损，延长了轮胎的使用寿命。

③提高了汽车制动时的稳定性。ABS 可防止车轮在制动时完全抱死，能将车轮侧向附着系数控制在较大的范围内，使车轮具有较强的承受侧向力的能力，以保证汽车制动时的稳定性。

④使用方便、工作可靠。ABS 的使用与常规制动系统几乎没有区别，制动时驾驶人踩下制动踏板，ABS 就根据车轮的实际转速自动进入工作状态，使车轮保持在最佳工作状态。

（2）ABS 的局限性。

在两种情况下，ABS 不能提供最短的制动距离。

在平滑的干路面上，由有经验的驾驶人直接进行制动。在这些路况上，驾驶人的熟练技术比 ABS 更能使轮胎在逐步接近理想的滑移率范围内进行制动（图 4-4）。但对于一般的驾驶人或在不太理想的路况下，ABS 总是能使汽车在较短的距离内进行制动。

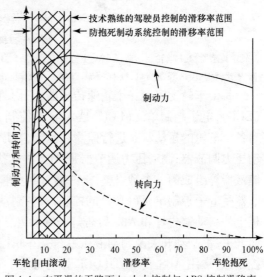

图 4-4 在平滑的干路面上，人力控制与 ABS 控制滑移率范围的比较

在松散的砾石路面、松土路面或积雪很深的路面上制动。在这些路况时,车轮抱死将更有利于汽车制动,因为松散的砾石等在汽车轮胎前形成楔形物,有助于汽车的制动(图4-5),而ABS则会阻止这种楔形物的形成。因此,一些装备ABS的汽车都在仪表盘上装有一个开关,以便在这种路况下关闭ABS,使其不起作用。

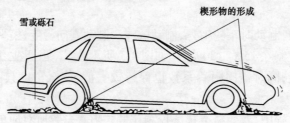

图4-5 轮胎前楔形物的形成

4.1.2 ABS的结构与工作原理

1) ABS的基本组成及工作原理

如图4-6所示,ABS通常由轮速传感器、制动压力调节器、电子控制单元(ECU)和ABS警示装置等组成。

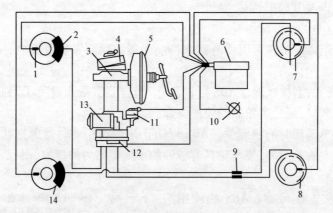

图4-6 ABS的基本组成

1-轮速传感器;2-右前轮制动器;3-制动主缸;4-储液罐;5-真空助力器;6-电子控制单元;7-右后轮制动器;8-左后轮制动器;9-比例阀;10-ABS警告灯;11-储液器;12-调压电磁阀总成;13-电动泵总成;14-左前轮制动器

每个车轮上安置一个轮速传感器,它们将各车轮的转速信号及时地输入电子控制单元(ECU);电子控制单元(ECU)是ABS的控制中心,它根据各个车轮轮速传感器输入的信号对各个车轮的运动状态进行监测和判定,并形成响应的控制指令,再适时发出控制指令给制动压力调节器;制动压力调节器是ABS中的执行器,它是由调压电磁阀总成、电动泵总成和储液器等组成的一个独立整体,并通过制动管路与制动主缸和各制动轮缸相连,制动压力调节器受电子控制单元(ECU)的控制,对各制动轮缸的制动压力进行调节;警示装置包括仪表板上的制动警告灯和ABS警告灯。制动警告灯为红色,通常用BRAKE作为标志,由制动液面开关、手制动开关及制动液压力开关并联控制;ABS警告灯为黄色,由ABS电子控制单元控制,通常用ABS或ANTILOCK作为标志。ABS具有失效保护和自诊断功能,当电子控制单元(ECU)监测到系统出现故障时,将自动关闭ABS,仅保留常规制动系;同时存储故障信息,并将 ABS 警告灯点亮,提示驾驶人尽快进行修理。

2)ABS 的控制方式

汽车防抱死制动系统根据控制通道数可分为四通道、三通道、二通道和一通道四种;根据传感器数量可分为四传感器和三传感器等。控制通道是指能够独立进行制动压力调节的制动管路。如果一个车轮的制动压力占用一个控制通道,可以进行单独调节,称为独立控制;如果两个车轮的制动压力是一同调节的,称为一同控制。两个车轮一同控制时有两种方式:如果以保证附着系数较小车轮不发生抱死为原则进行制动压力调节,则称这两个车轮按低选原则一同控制;如果以保证附着系数较大车轮不发生抱死为原则进行制动压力调节,则称这两个车轮按高选原则一同控制。按低选原则一同控制较常见。

(1)四传感器四通道/四轮独立控制。如图 4-7a)所示,该控制系统是通过各轮速传感器的信号分别对各车轮制动压力进行单独控制。该控制系统的制动距离和操纵性最好,但在附着系数不对称路面上制动时的方向稳定性较差,其原因是由于此时同一轴上左右车轮的制动力不同,使汽车产生较大偏转力矩而产生制动跑偏。

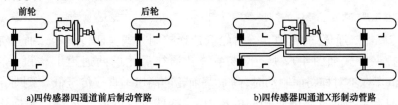

a)四传感器四通道前后制动管路　　b)四传感器四通道X形制动管路

图 4-7　四传感器四通道/四轮独立控制系统

(2)四传感器四通道/前轮独立—后轮选择控制方式。四传感器四通道/前轮独立—后轮选择控制方式如图 4-7b)所示,该系统前轮独立控制,而后轮选择方式控制,一般采用低选择控制,即以易抱死车轮为标准,给两后轮施加相等的制动压力控制车轮转动。此种控制方式用于 X 形制动管路汽车的 ABS,因为左右后轮不是同一制动管路,因此需要采用四个通道。此种形式的操纵性、稳定性较好,制动效能稍差。

(3)四传感器三通道/前轮独立—后轮低选择控制方式。四传感器三通道/前轮独立—后轮低选择控制方式如图 4-8 所示,该系统用于制动管路前后布置形式的后轮驱动汽车。由于采用四个轮速传感器,检测左右后驱动轮的轮速,实现低选择控制方式,其性能与控制方式2)相同,操纵性、稳定性较好,制动性能稍差。

(4)三传感器三通道/前轮独立—后轮低选择控制方式。三传感器三通道/前轮独立—后轮低选择控制方式如图 4-9 所示。该系统用于制动管路前后布置后轮驱动的汽车,前轮各有一个轮速传感器,独立控制。而后轮轮速则由装于差速器上的一个测速传感器检测,按低选择的控制方式用一条制动管路对后轮进行制动控制,其性能与第(3)种方式相近。

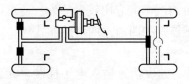　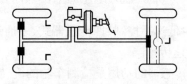

图 4-8　四传感器三通道/前轮独立—后轮低选择控制系统　　图 4-9　三传感器三通道/前轮独立—后轮低选择控制系统

(5) 四传感器二通道/前轮独立控制方式。四传感器二通道/前轮独立控制方式如图 4-10 所示,该控制方式多用于 X 形制动管路汽车的简易控制系统。前轮独立控制,制动液通过比例阀(PV)按一定比例减压后传至对角后轮。此种控制方式的汽车在不对称的路面上制动时,如图 4-11 所示,高附着系数 φ 路面一侧前轮产生高制动压力,通过管路传至低附着系数 φ 路面一侧的后轮,该侧后轮则抱死。而低附着系数 φ 路面一侧前轮制动压力较低,经管路传至高附着系数 φ 路面一侧的后轮,高 φ 侧后轮则不抱死。这样能提高汽车制动时的方向稳定性。但与三通道、四通道的控制系统相比,其后轮制动力稍有降低,制动效能稍有下降,但后轮侧滑较小。

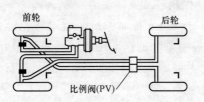
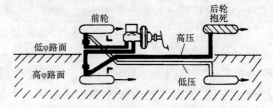

图 4-10　四传感器二通道/前轮独立控制系统　　图 4-11　四传感器二通道/前轮独立控制系统的制动情况

(6) 四传感器二通道/前轮独立—后轮低选择控制方式。四传感器二通道/前轮独立—后轮低选择控制方式如图 4-12 所示,该系统在通往后轮的两通道上增设一个低选择阀(SLV)。当汽车在不对称路面制动时,高 φ 侧前轮的高压不直接传至低 φ 侧对角后轮,而通过低选择阀只升至与低 φ 侧前轮相同的压力,这样就可以避免低 φ 侧后轮抱死,如图 4-13 所示。此种控制方式更接近三通道或四通道的控制效果。

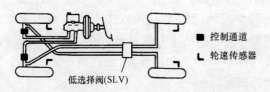
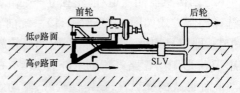

图 4-12　四传感器二通道/前轮独立—后轮低选择控制系统　　图 4-13　四传感器二通道/前轮独立—后轮低选择控制系统制动情况

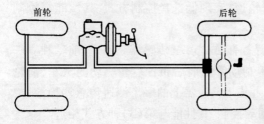

图 4-14　一传感器一通道/后轮近似低选择控制方式

(7) 一传感器一通道/后轮近似低选择系统制动方式。如图 4-14 所示,该控制方式用于制动管路前后布置的汽车,只对后轮进行控制。一个传感器装于后桥差速器上,对后轮采用近似低选择的控制方式。由于前轮无控制,故易抱死,转向操纵性差,制动距离较长。

目前汽车上应用较多的为三通道(前轮独立控制、后轮低选择控制)四传感器式、三通道三传感器式和四通道四传感器式。

3) 轮速传感器

轮速传感器的功用是检测车轮的旋转速度,并将速度信号输入电子控制单元。目前,常用的轮速传感器主要有电磁式和霍尔式两种。

（1）电磁式轮速传感器。电磁式轮速传感器主要由传感器头和齿圈两部分组成,如图4-15所示。

齿圈一般安装在轮毂或轴座上,如图4-16所示。对于后轮驱动且后轮采用一同控制的汽车,齿圈也可安装在差速器或传动轴上,如图4-17所示。

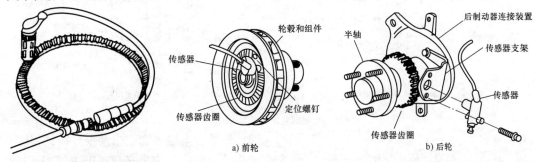

图4-15 电磁式轮速传感器外形　　图4-16 轮速传感器在车轮处的安装位置

齿圈随车轮或传动轴一起转动,通常用磁阻很小的铁磁材料制成。传感头通常由永久磁铁、电磁线圈和磁极等组成,如图4-18所示。它对应安装在靠近齿圈而又不随齿圈转动的部件上,如转向节、制动底板、驱动轴套管或差速器、变速器壳体等固定件上。传感头与齿圈的端面有一空气间隙,此间隙一般为1mm,通常可移动传感头的位置来调整间隙。

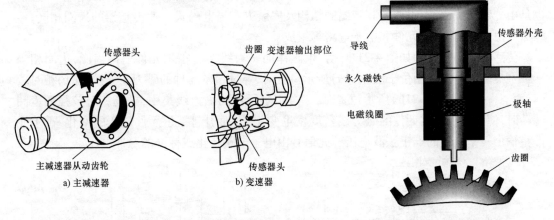

图4-17 轮速传感器在传动系中的安装位置　　图4-18 电磁式轮速传感器的结构

电磁式轮速传感器的工作原理如图4-19所示。传感器齿圈随车轮旋转的同时,即与传感器头极轴作相对运动。当传感器头的极轴与齿圈的齿隙相对时,极轴距齿圈之间的空气间隙最大,即磁阻最大。传感器头的磁极磁力线只有少量通过齿圈而构成回路,在电磁线圈周围的磁场较弱,如图4-19a)所示;当传感器头的极轴与齿圈的齿顶相对时,两者之间的空隙较小,即磁阻最小。传感器头的磁极磁力线通过齿圈的数量增多,在电磁线圈周围的磁场较强,如图4-19b)所示。齿圈随车轮不停地旋转,就使传感器头电磁线圈周围的磁场以强—弱—强—弱……周期性地变化,因此电磁线圈就感应出交变电压信号,即车轮转速信号,如图4-20所示。

交变电压信号的频率与齿圈的齿数和转速成正比,因齿圈的齿数一定,因而轮速传感器输出的交流电压信号频率只与相应的车轮转速成正比。

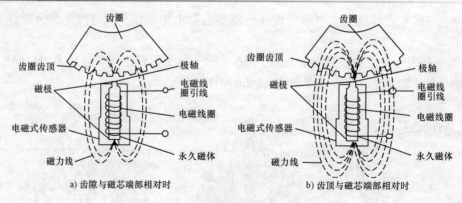

a) 齿隙与磁芯端部相对时　　　b) 齿顶与磁芯端部相对时

图 4-19　电磁式轮速传感器的工作原理

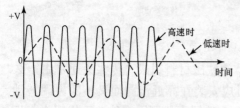

图 4-20　电磁式轮速传感器输出电压信号

轮速传感器由电磁线圈引出两根导线,将其速度变化产生的交变电压信号送至 ABS 的电子控制单元(ECU)。为防止外部电磁波对速度信号的干扰,传感器的引出线采用屏蔽线,以保证反映车轮速度变化的交变电压信号准确地送至 ABS 的电子控制单元(ECU)。

（2）霍尔式轮速传感器。霍尔式轮速传感器也是由传感器头、齿圈组成。其齿圈的结构及安装方式与电磁式轮速传感器的齿圈相同,传感器头由永磁体、霍尔元件和电子电路等组成。

传感器的工作原理如图 4-21 所示,永磁体的磁力线穿过霍尔元件通向齿圈,齿圈相当于一个集磁器。当齿圈位于图 4-21a)所示位置时,穿过霍尔元件的磁力线分散,磁场相对较弱;而当齿圈位于图 4-21b)所示位置时,穿过霍尔元件的磁力线集中,磁场相对较强。齿圈转动时,使得穿过霍尔元件的磁力线密度发生变化,因而引起霍尔元件电压的变化,霍尔元件将输出一毫伏级的准正弦波电压。此信号由电子电路转化成标准的脉冲电压。

a) 霍尔元件磁场较弱　　　b) 霍尔元件磁场较强

图 4-21　霍尔式轮速传感器工作原理

霍尔式轮速传感器克服了电磁式轮速传感器的缺点,其输出信号电压幅值不受转速的影响,频率响应高,抗电磁波干扰能力强。因而,霍尔式轮速传感器在 ABS 中应用越来越广泛。

4）电子控制单元

电子控制单元(ECU)是 ABS 的控制中枢,其功用是接收轮速传感器及其他传感器输入的信号,对这些输入信号进行测量、比较、分析、放大和判别处理,通过精确计算,得出制动时车轮的滑移率、车轮的加速度和减速度,以判断车轮是否有抱死趋势。再由其输出级发出控制指令,控制制动压力调节器去执行压力调节任务。

电子控制单元还具有监控和保护功能,当系统出现故障时,能及时转换成常规制动,并以故障灯点亮的形式警告驾驶人。

电子控制单元内部电路通常包括输入级电路、运算电路、电磁阀控制电路和安全保护电路。常见的四传感器四通道 ABS 的 ECU 电路连接方式如图 4-22 所示。

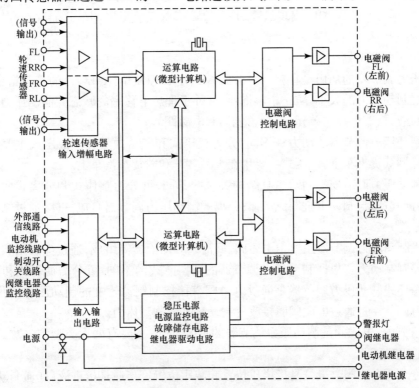

图 4-22　电子控制单元内部电路连接方式

(1)输入级电路。输入级电路的功用是将轮速传感器输入的正弦波信号转换成脉冲方波信号,经整形放大后输入运算电路。不同的 ABS 轮速传感器的数量不同,输入级放大电路的个数也不同。

(2)运算电路。运算电路的功用主要是进行车轮线速度、初始速度、滑移率、加速度和减速度的运算,调节电磁阀控制参数的运算和监控运算。

经转换放大后的轮速传感器信号输入车轮线速度运算电路,由电路计算出车轮的瞬时速度。初始速度、滑移率及加减速度运算电路根据车轮瞬时线速度加以积分,计算出初速度,再把初速度和车轮瞬时线速度进行比较运算,最后得到滑移率和加速度、减速度。电磁阀控制参数运算电路根据计算出的滑移率、加减速度信号,计算出电磁阀控制参数输入到输出级。

电子控制单元中一般设有两套运算电路,同时进行运算和传递数据,利用各自的运算结果相互比较、相互监视,确保可靠性。

(3)电磁阀控制电路。电磁阀控制电路的功用是接受运算电路输入的电磁阀控制参数信号,控制大功率三极管向电磁阀提供控制电流。

(4)安全保护电路。安全保护电路具有如下功用:

①将汽车电源(蓄电池、发电机)提供的12V或14V的电压变为ECU内部所需的5V标准稳定电压,同时对电源电路的电压是否稳定在规定的范围进行监控。

②对轮速传感器输入放大电路、运算电路和输出级电路的故障信号进行监视。当出现故障信号时,关闭继动阀门,停止ABS的工作,转入常规制动状态。同时点亮仪表盘上的ABS警告灯,提示驾驶人ABS出现故障,并将故障信息以故障码的形式储存在存储器中,以便诊断时调取。

5)制动压力调节器

制动压力调节器的功用是在制动时根据ABS电子控制单元(ECU)的控制指令,自动调节制动轮缸制动压力的大小,防止车轮抱死,并处于理想滑移率的状态。制动压力调节器主要由电动回液泵、液压控制单元(包括蓄能器和电磁阀)等构成。

根据制动压力调节器的动力源不同:分为液压式和气压式两种。液压式主要用于乘用车和一些轻型载货汽车上;气压式主要用在大型客车和载货车汽车上。

根据制动压力调节器与制动主缸结构关系的不同,可分为整体式和分离式两种。整体式制动压力调节器与制动主缸制成一体;分离式制动压力调节器自成一体,通过制动管路与制动主缸相连。

液压式制动压力调节器主要由电磁阀、回液泵和储液器等组成,通过电磁阀和油泵产生的液压力控制制动力。根据制动压力调节器的调压方式的不同,可分为循环式和可变容积式两种。循环式制动压力调节器是通过电磁阀直接控制制动轮缸的制动压力;而可变容积式制动压力调节器是通过电磁阀间接改变制动轮缸的制动压力。

(1)电磁阀。电磁阀是制动压力调节器的重要部件,主要有两大类型:二位二通电磁阀和三位三通电磁阀。

①二位二通电磁阀。二位是指增压位置和减压位置。二通是指进液口(通制动主缸)和出液口(通制动轮缸)两个通路。

二位二通电磁阀有两种类型,即常开电磁阀和常闭电磁阀。在电磁阀的电磁线圈未通电时,球阀处于开启状态,即为二位二通常开电磁阀。在电磁阀的电磁线圈未通电时,球阀处于关闭状态,即为二位二通常闭电磁阀。

二位二通电磁阀主要由电磁铁机构、球阀、复位弹簧、顶杆、限压阀和阀体等组成,如图4-23a)所示。其符号如图4-23b)所示。

在常开电磁阀中设有一根顶杆,顶杆和限位杆与活动铁芯固定在一起,复位弹簧一端压在活动铁芯上,另一端压在与阀体相连的弹簧座上。限压阀的功用是限制电磁阀的最高压力。当制动液压力过高时,限压阀打开泄压,以免压力过高损坏电磁阀。在二位二通常闭电磁阀中,一般不设置限压阀。

下面以常开电磁阀为例介绍其工作过程。

当电磁阀线圈未通电时,在复位弹簧弹力作用下,活动铁芯带动顶杆和限位杆下移复位,直到限位杆与缓冲垫圈相抵为止。顶杆下移时,球阀随之下移,使电磁阀阀门处于开启状态,制动液从进液口经球阀阀门和出液口流出。

电磁线圈通电时,电流流过电磁线圈,活动铁芯产生电磁吸力,压缩复位弹簧并带动顶杆一起上移,顶杆将球阀压在阀座上,电磁阀阀门处于关闭状态,进液口与出液口之间的制动液通道关闭。

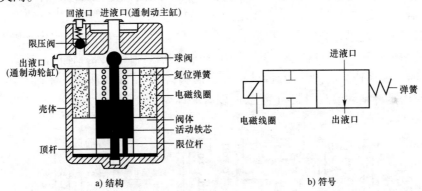

图4-23　二位二通电磁阀的结构及符号

②三位三通电磁阀。三位是指常规制动或增压位置、保压位置和减压位置。三通是指进液口（通制动主缸）、出液口（通制动轮缸）和回液口（通储液器）三个通路。

常用的三位三通电磁阀结构如图4-24a）所示，其符号如图4-24b）所示。电磁阀线圈受ECU控制，通过改变电磁线圈通电电流的大小来改变磁场力，从而控制（改变）固定铁芯与可动铁芯（柱塞）之间的吸引力。

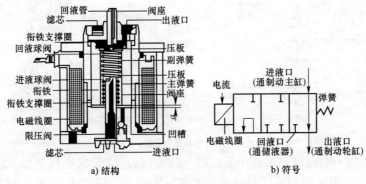

图4-24　三位三通电磁阀的结构及符号

三位三通电磁阀的工作原理如图4-25所示，当电磁线圈中无电流通过时，柱塞在弹簧力的作用下处于最低位置，制动主缸与制动轮缸油路相通，电磁阀使制动压力调节器处于常规制动（增压）状态。当向电磁线圈通入较小电流时（保持电流），电磁力使柱塞向上移动一定距离。此时，电磁力不足以克服弹簧的弹力，柱塞便保持在中间位置，所有通道均被截断，制动轮缸压力保持一定值，电磁阀使制动压力调节器处于保压状态。当电子控制单元向电磁线圈通入较大工作电流时，电磁力足以克服弹簧的弹力使柱塞继续上移到最高位置，此时制动主缸和制动轮缸的通道被截断，而制动轮缸与储液器之间的通道接通，制动轮缸内的制动液流回储液器，制动压力降低，电磁阀使制动压力调节器处于减压状态。

（2）蓄能器与电动泵。蓄能器有两种，根据其压力范围的不同，可分为低压蓄能器和高压蓄能器。它们分别配置在不同类型的制动压力调节器中。

①低压蓄能器与电动油泵。低压蓄能器一般称为储液器，主要用来接纳ABS减压过程中从制动轮缸流回的制动液，同时还对回流制动液的压力波动具有一定的衰减作用。储液器内有一个活塞和一个弹簧，如图4-26所示。

当制动液从制动轮缸流入储液器时,具有一定压力的制动液就会压缩弹簧并推动活塞下移,储液器容积变大,可以暂时储存制动液,然后由电动泵将制动液泵入制动主缸。

电动泵多为柱塞泵,由电动机带动凸轮驱动,泵内有两个止回阀,上阀为进油阀,下阀为出油阀。柱塞上行时,制动轮缸及储液器的压力油推开进油阀进入泵体内。柱塞下行时,首先封闭进油孔,继而使泵腔内压力升高,推开出油阀,将制动液压回制动主缸。由于该电动泵的主要作用是将制动液泵回制动主缸,所以有的称为回液泵。

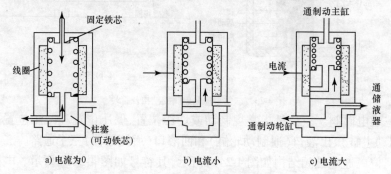

图 4-25 三位三通电磁阀的工作原理

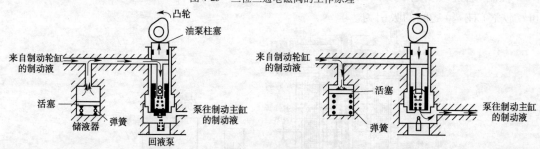

图 4-26 回油泵与储液器

② 高压蓄能器与电动油泵。高压蓄能器一般常称为蓄能器(也称为蓄压器),用于储存制动中或 ABS 工作时所需的高压制动液。蓄能器是制动系统的能源,在常规制动和防抱死制动系统工作时,它均可提供较大压力的制动液。高压蓄能器与电动油泵的结构如图 4-27 所示。

蓄能器内部由一个膜片将蓄能器分成上下两个腔室。上腔为气室,充满氮气并具有一定压力。下腔为油室,与电动泵油道相通,用来填充来自电动泵泵入的制动液。在电动泵工作时,向蓄能器下腔泵入制动液,使膜片向上移,进一步压缩氮气,此时氮气和制动液压力都会升高,直到蓄能器下腔室内制动液压力升高到规定值为止。

与蓄能器相配合的电动回液泵由直流电动机和回转球阀活塞式油泵组成。由于该电动回液泵的主要作用是增压,所以有的称为增压泵。

在靠近蓄能器的进液口处有止回阀,使制动液只能进不能出。在靠近出液口附近设有限压阀,当蓄能器内压力超过规定值时,限压阀打开,使蓄能器中制动液流回电动回液泵的进液端,以降低蓄能器中制动液压力。

(3) 制动压力调节器的工作过程。

① 循环式制动压力调节器。循环式制动压力调节器如图 4-28 所示,它主要由制动踏板

机构、制动主缸、回液泵、储液器、电磁阀、制动轮缸组成，在制动主缸与制动轮缸之间串联一电磁阀，直接控制制动轮缸的制动压力。

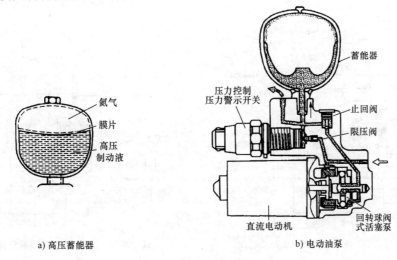

图 4-27 高压蓄能器与电动油泵

循环式制动压力调节器的工作原理如下：

a. 常规制动过程。如图 4-29 所示，在常规制动过程中，ABS 不工作，电磁线圈中无电流通过，电磁阀柱塞在复位弹簧的作用下处于"下端"位置。此时制动主缸与制动轮缸相通，由制动主缸来的制动液直接进入制动轮缸，制动轮缸压力随制动主缸压力的升高而升高。

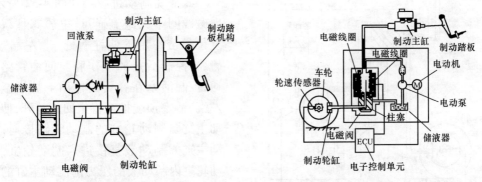

图 4-28 循环式制动压力调节器的组成　　图 4-29 循环式制动压力调节器常规制动过程

b. 保压制动过程。如图 4-30 所示，当电子控制单元向电磁线圈输入一个较小的电流时（约为最大电流的 1/2），电磁线圈产生较小的电磁力，使柱塞处于"中间"位置。此时制动主缸、制动轮缸和回油孔相互隔离，制动轮缸中的制动压力保持一定。

c. 减压制动过程。如图 4-31 所示，当电子控制单元向电磁线圈输入一个最大电流时，电磁线圈产生更大的电磁力，使柱塞处于"上端"位置。此时电磁阀柱塞将制动轮缸与回油通道或储液器接通，制动轮缸中的制动液经电磁阀流入储液器，制动轮缸压力下降。与此同时，电动机起动，带动回液泵工作，将流回储液器的制动液输送回制动主缸，为下一个制动周期做好准备。

d. 增压制动过程。当制动压力下降后，车轮的转速增加，当电控制单元检测到轮速增加太快时，便切断通往电磁阀的电流，使制动主缸与制动轮缸再次相通，制动主缸的高压制动液再次进入制动轮缸，制动力增加。

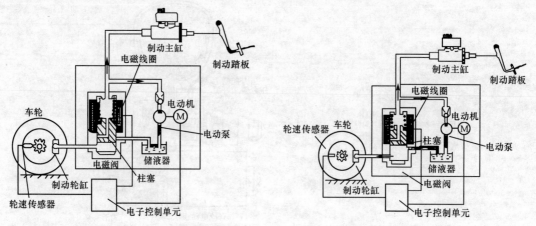

图 4-30　循环式制动压力调节器保压制动过程　　图 4-31　循环式制动压力调节器减压制动过程

②可变容积式制动压力调节器。所谓可变容积式制动压力调节器是在汽车原有制动管路上增加一套液压控制装置，用它控制制动管路中制动液容积的增减，从而控制制动压力的变化。它主要由电磁阀、控制活塞、油泵、蓄能器等组成，如图 4-32 所示。

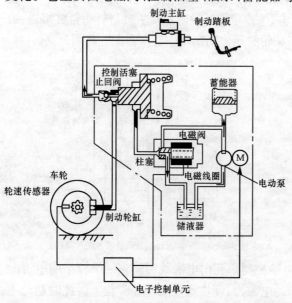

图 4-32　可变容积式制动压力调节器的组成

可变容积式制动压力调节器工作原理如下：

a. 常规制动过程。如图 4-32 所示，电磁线圈中无电流通过，电磁阀柱塞在复位弹簧作用下使柱塞处于"左端"位置，将控制活塞的工作腔与回油管路接通，控制活塞在弹簧的作用下被推至最左端，活塞顶端推杆将止回阀打开，使制动主缸与制动轮缸的制动管路接通，制动主缸的制动液直接进入制动轮缸，制动轮缸内制动液的压力随制动主缸的压力升高而升高。

b. 减压制动过程。如图 4-33 所示，当电子控制单元向电磁线圈输入一大电流时，电磁阀内的柱塞在电磁力作用下克服弹簧弹力移到右边，将蓄能器与控制活塞的工作腔管路接通，制动液进入控制活塞工作腔推动活塞右移，止回阀关闭，制动主缸与制动轮缸之间的通路被切断。同时，由于控制活塞右移使制动轮缸的容积增大，制动压力减小。

c. 保压制动过程。如图 4-34 所示，当电子控制单元向电磁线圈输入一小电流时，由于电磁线圈的电磁力减小，柱塞在弹簧力的作用下左移，将蓄能器、回油管及控制活塞工作腔管路相互关闭。此时,控制活塞左侧的油压保持一定,控制活塞在油压和弹簧的共同作用下保持在一定的位置,而此时止回阀仍处于关闭状态,制动轮缸的容积也不发生变化,制动压力保持一定。

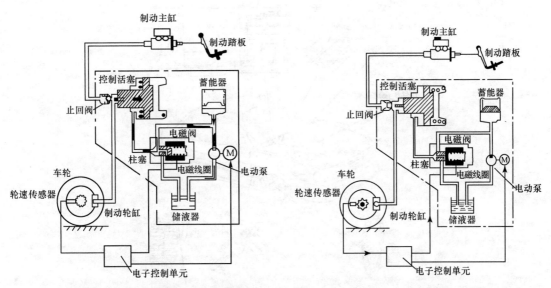

图 4-33　可变容积式制动压力调节器的减压制动过程　　图 4-34　可变容积式制动压力调节器的保压制动过程

d. 增压状态。需要增压时,电子控制单元切断电磁线圈中的电流,柱塞回到左端的初始位置,控制活塞工作腔与回油管路接通,控制活塞左侧控制油压解除,控制活塞左移至最左端时,止回阀被打开,制动轮缸内的制动液压力将随制动主缸的压力增大而增大。

4.1.3　典型 ABS

1) 大众车系循环式 ABS

上海大众桑塔纳 2000GSi、一汽大众的捷达王/都市先锋等车型装备的是由德国戴维斯公司(TEVES)研制的 MK20-I 型 ABS。该系统在赛欧以及奇瑞等汽车上也安装应用。

桑塔纳 2000GSi 型乘用车采用的 MK20-I 型 ABS 是三通道四传感器系统,前轮单独调节,后轮则以两轮中地面附着系数低的一侧为依据统一调节,其主要由 ABS 控制器(包括电子控制单元、液压单元、电动回液泵等)、四个轮速传感器、ABS 故障警告灯、制动警告灯等组成。ABS 组件在车上的安装位置如图 4-35 所示。

桑塔纳 2000 乘用车 ABS 制动压力调节器采用整体式结构、循环式调压。它与 ABS 的电子控制单元(ECU)组合为一体后安装于制动主缸与制动轮缸之间,其外形如图 4-36 所示。

制动压力调节器的基本组成包括电磁阀、电动回液泵及低压储液器。低压储液器与电动回液泵合为一体装于液控单元上,液控单元内包括 8 个电磁阀,每个回路一对,其中一个是常开进油阀,另一个是常闭出油阀。

(1) 常规制动过程。如图 4-37 所示,踩下制动踏板,ABS 尚未工作时,两电磁阀均不通电,进油电磁阀处于开启状态,出油电磁阀处于关闭状态,制动轮缸与低压储液器隔离,与制动主缸相通。制动主缸里的制动液被推入制动轮缸产生制动。

(2) 保压制动过程。如图 4-38 所示,当 ABS 的电子控制单元(ECU)通过轮速传感器检测到车轮的减速度达到设定值时,使进油电磁阀通电关闭,出油电磁阀仍处于断电关闭状态,制动轮缸里的制动液处于不流通状态,制动压力保持。

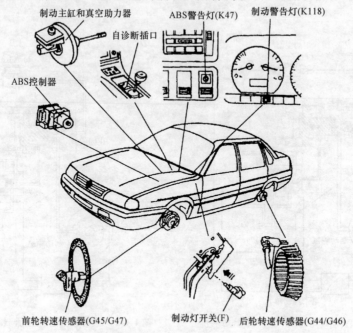

图 4-35 ABS 组件在车上的安装位置

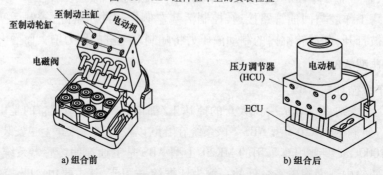

图 4-36 桑塔纳 2000 乘用车 ABS 制动压力调节器

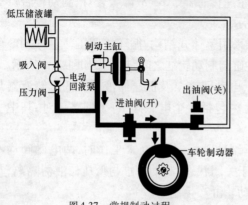

图 4-37 常规制动过程

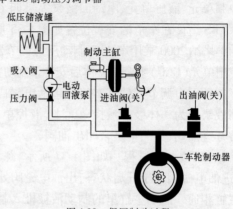

图 4-38 保压制动过程

(3)减压制动过程。如图4-39所示,当ABS的电子控制单元(ECU)通过轮速传感器检测到车轮趋于抱死时,进、出油电磁阀均通电,制动轮缸与低压储液罐相通,轮缸里的制动液在制动器复位装置的作用下流到低压储液罐,制动压力减小。同时电动回液泵通电运转及时将制动液泵回制动主缸,制动踏板有回弹感。当制动压力减小到使车轮的滑移率在设定范围内时,进油阀通电,出油阀断电,压力保持。

(4)增压制动过程。如图4-40所示,当ABS的电子控制单元(ECU)通过轮速传感器检测到车轮的加速度达到设定值时,进、出油电磁阀均断电,进油阀开启,出油阀关闭,同时回液泵通电,将低压储液器里的制动液泵到制动轮缸,制动压力增高。

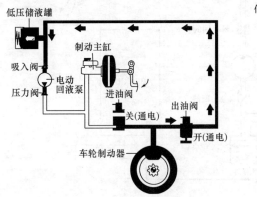
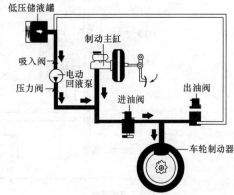

图4-39 减压制动过程　　　　　　图4-40 增压制动过程

ABS制动压力调节器以5～6次/s的频率按上述"增压制动—保压制动—减压制动—保压制动—增压制动"的循环对制动压力进行调节,直到停车。

2)丰田车系循环式ABS

丰田汽车公司生产的乘用车多采用德国博世公司的ABS。下面以雷克萨斯LS400型乘用车的ABS为例进行介绍。

ABS采用四传感器三通道/前轮独立控制—后轮选择控制方式,其系统布置如图4-41所示。

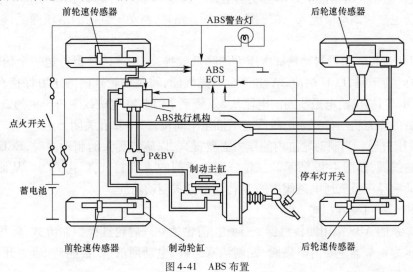

图4-41 ABS布置

(1)常规制动。如图4-42所示,在正常制动中,ABS不工作,ABS ECU没有电流送至电磁线圈。此时,复位弹簧将三位三通电磁阀推下,A孔保持打开,C孔保持关闭。当踩下制动踏板时,制动主缸液压上升,制动液从三位电磁阀内的A孔流至B孔,送至制动轮缸。位于泵油路中的1号止回阀阻止制动液流进泵内。当松开制动踏板时,制动液从制动轮缸,经三位三通电磁阀内的B孔流至A孔和3号止回阀,流回制动主缸。

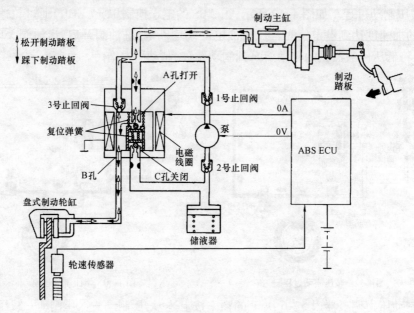

图4-42 常规制动

(2)减压过程。如图4-43所示,当车轮将要抱死时,ECU将5A电流送至电磁线圈,产生一强磁力。三位三通电磁阀向上移动,A孔随C孔的打开而关闭。制动液从制动轮缸经三位三通电磁阀内的B孔至C孔,从而流入储液室。同时,执行器泵的电动机由来自ECU的信号接通,制动液从储液室送回至制动主缸。由于A孔(关闭)以及1号和3号止回阀阻止来自制动主缸的制动液流入三位三通电磁阀。结果,制动轮缸内的液压降低,阻止车轮被抱死。

(3)保压过程。随着制动轮缸内压力的降低或提高,轮速传感器传送一个信号,表示转速达到目标值,于是,ECU供应2A电流至电磁线圈,将制动轮缸内的压力保持在该值。如图4-44所示,当提供给电磁线圈的电流从5A降至2A时,在电磁线圈内产生的磁力减小,于是复位弹簧的弹力将三位三通电磁阀向下推至中间位置,将C孔关闭。

(4)增压过程。当制动轮缸内的压力需要提高,以施加更大的制动力时,ECU停止传送电流至电磁线圈,如图4-45所示。三位三通电磁阀的A孔打开,C孔关闭。从而使制动主缸内的制动液经三位三通电磁阀内的B孔流至盘式制动轮缸。

3)本田车系可变容积式ABS

本田车系的ABS采用四传感器、三通道、前轮独立—后轮选择控制方式,装用的可变容积式制动压力调节器主要由电磁阀、控制活塞组件、电动回液泵、蓄能器、压力开关等组成。其工作过程如下:

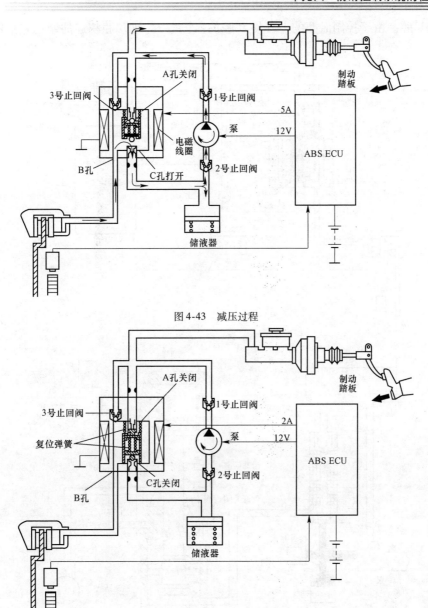

图 4-43 减压过程

图 4-44 保压过程

(1)常规制动(制动压力上升)。如图 4-46 所示,ECU 关断输入阀和输出阀电磁线圈的电路,此时输出阀打开,输入阀关闭,制动压力调节器下端 C 腔与储液器连通,控制活塞在上端主弹簧弹力的作用下下移。当控制活塞下移至将开关阀顶开位置时,将 B 腔与 A 腔连通,由制动主缸来的制动液由 A 腔经开关阀到 B 腔而进入制动轮缸,制动轮缸的压力将随制动主缸的压力变化而变化,即常规制动和升压状态。

(2)减压。如图 4-47 所示,减压时,ECU 分别向输出阀和输入阀通入电流,此时输出阀关闭而输入阀打开,从油泵和蓄能器来的控制压力油由输入阀流入制动压力调节器下端的C 腔,推动控制活塞上移,从而使开关阀关闭,将 A 腔与 B 腔隔离,从而制动主缸来的制动液不再进入 B 腔。由于控制活塞的上移使 B 腔的容积增大,与 B 腔相连的制动轮缸制动压力下降。

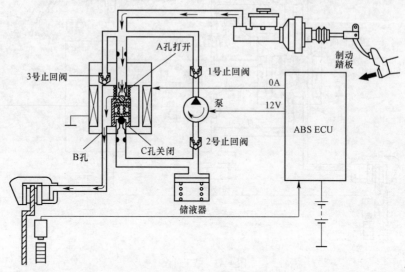

图 4-45 增压过程

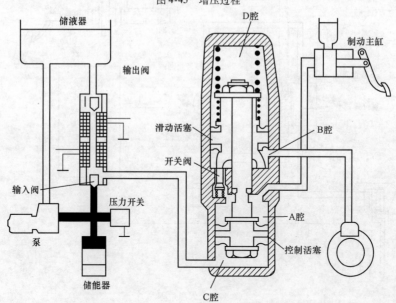

图 4-46 本田 ABS 的常规制动工作状态

(3)保压。需要保持制动轮缸制动压力时,ECU 将输入阀电磁线圈的电流切断,而输出阀电磁线圈仍保持通电。此时输入阀关闭,输出阀仍保持关闭,控制液压油不再流入 C 腔,也不再流出 C 腔,控制活塞保持在一定位置上,B 腔容积不再发生变化,制动轮缸制动压力保持一定。

(4)踏板反应。在 ABS 工作时的减压过程,由于控制活塞上移使 A 腔容积变小,将 A 腔中的制动液压回制动主缸。制动踏板有一个回弹过程,即踏板反应,使驾驶人能感觉到 ABS 工作,如图 4-48 所示。

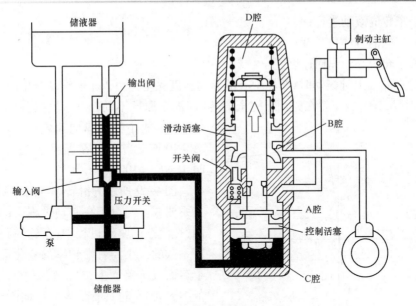

图 4-47 本田 ABS 的减压工作状态

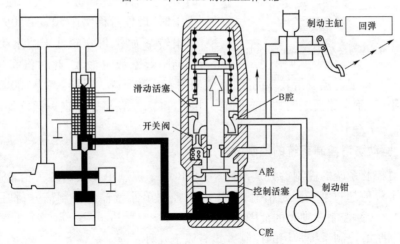

图 4-48 本田 ABS 的踏板反应工作状态

4.2 驱动防滑控制系统(ASR)

驱动防滑控制系统(Acceleration Slip Regulation, ASR),有的车辆称为牵引力控制系统(Traction Control System, TCS 或 TRC)。驱动防滑控制系统的功用是防止汽车在加速过程中打滑,特别是防止汽车在非对称路面或在转向时驱动轮滑转,以保持汽车行驶方向的稳定性、操纵性和维持汽车的最佳驱动力以及提高汽车的平顺性。

4.2.1 驱动防滑控制系统概述

汽车在驱动过程中,驱动车轮可能相对于路面发生滑转。滑转成分在车轮纵向运动中所占的比例称为驱动车轮的滑转率,通常用 S_d 表示。

$$S_d = (\omega_r - v)/\omega_r \times 100\%$$

式中:r——车轮的滚动半径;

ω——车轮的转动角速度;

v——车轮中心的纵向速度。

当车轮在路面上纯滚动时,车轮中心的纵向速度完全是由于车轮滚动产生的。此时 $v = \omega r$,其滑转率 $S_d = 0$;当车轮在路面上完全滑转(即汽车原地不动,而驱动轮的圆周速度不为0)时,车轮中心的纵向速度 $v = 0$,其滑动率 $S_d = 100\%$;当车轮在路面上边滚动边滑转时,$0 < S_d < 100\%$。

图4-49所示为滑转率与附着系数之间的关系曲线。与汽车在制动过程中的滑移率相同,在汽车的驱动过程中,车轮与路面间的附着系数的大小随着滑转率的变化而变化。在干路面或湿路面上,当滑转率在15%~30%范围内时,车轮具有最大的纵向附着系数,此时可产生的地面驱动力最大。在雪路或冰路面上时,最佳滑移率在20%~50%的范围内;当滑转率为零,即车轮处于纯滚动状态时,其侧向附着系数也最大,此时汽车保持转向和

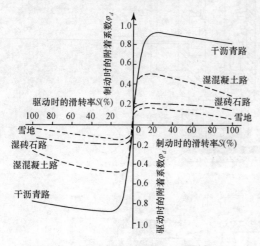

图4-49 滑转率与附着系数之间的关系曲线

防止侧滑的能力最强。随着滑转率的增加,侧向附着系数下降,当滑转率为100%,侧向附着系数变得极小,轮胎与路面之间的侧向附着力接近零,车轮将完全丧失抵抗外界侧向力作用的能力。

4.2.2 驱动防滑控制系统的控制方式

驱动防滑控制系统的控制参数是滑转率,ASR电子控制单元根据各车轮轮速传感器信号计算 S_d,当 S_d 值超过某一限定值时,ASR电子控制单元就输出控制信号,抑制车轮的滑转,将车轮的滑转率控制在理想的范围内。

汽车驱动防滑控制系统常用的控制方式有以下几种:

1)发动机输出功率/转矩控制

在汽车起步或加速时,若加速踏板踩得过猛,会因为驱动力过大而出现两边驱动车轮都滑转的情况,这时,ASR电子控制单元输出控制信号,控制发动机的输出功率,以抑制驱动车轮的滑转,如图4-50所示。

发动机输出功率/转矩控制通常有以下几种方法:

(1)调整供油量:减少或中断供油。

(2)调整点火时间:减小点火提前角或停止点火。

(3)调整进气量:减小节气门的开度。

2)驱动轮制动控制

当汽车在附着系数不均匀的路面上行

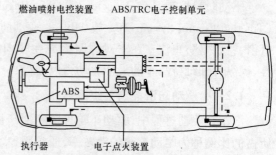

图4-50 控制发动机输出功率/转矩的ASR

驶时，处于低附着系数路面的驱动车轮可能会滑转，此时 ASR 电子控制单元将使滑转车轮的制动压力上升，对该轮作用一定的制动力，使两驱动车轮向前运动速度趋于一致。

采用制动控制方式的 ASR 的液压系统可分为两大类：一类是 ASR 与 ABS 的组合结构，在 ABS 中增加电磁阀和调节器，从而增加了驱动防滑控制功能；另一类是在 ABS 的液压装置和制动轮缸之间增加一个单独的 ASR 液压装置。

3）同时控制发动机输出功率和驱动车轮的制动力

同时起动 ASR 制动压力调节器和辅助节气门调节器，在对驱动车轮施以制动力的同时，减小发动机的输出功率，以达到理想的控制效果。

4）防滑差速锁控制

带防滑差速器的 ASR 如图 4-51 所示。防滑差速锁能对差速器锁止装置进行控制，使锁止范围从 0～100%，并通过 ASR 有效控制驱动车轮的驱动力，从而提高汽车在滑溜路面起步和加速能力及行驶方向稳定性。

5）差速锁与发动机输出功率综合控制

如图 4-52 所示，汽车在行驶过程中，路面滑溜的情况千差万别，驱动力的状态也是不断变化，综合控制系统根据发动机的状况和车轮滑转率的实际情况采取相应的控制，使汽车在各种路面行驶和起步时具有更高的稳定性和可操纵性。

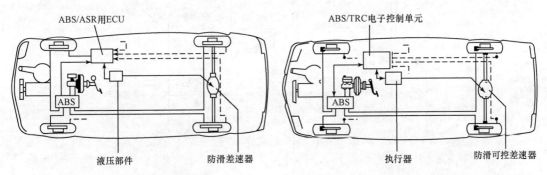

图 4-51 带防滑差速器的 ASR　　图 4-52 控制发动机输出功率和差速锁的 ASR

4.2.3 驱动防滑控制系统的结构和工作原理

1）ASR 的基本组成及工作原理

ASR 的基本组成如图 4-53 所示。

轮速传感器将行驶汽车驱动车轮转速及非驱动车轮转速转变为电信号，输送给电子控制单元（ECU）。ECU 根据轮速传感器的信号计算驱动车轮滑转率，如果滑转率超出了目标范围，ECU 再综合参考节气门开度信号、发动机转速信号、转向信号等因素确定控制方式，输出控制信号，使相应的执行器动作，将驱动轮的滑转率控制在目标范围之内。

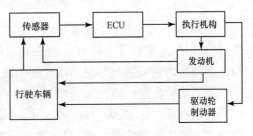

图 4-53 ASR 的基本组成

ASR 的传感器主要是轮速传感器和节气门位置传感器。轮速传感器与 ABS 共享，而节气门位置传感器则与发动机电子控制系统共享。ASR 专用的信号输入装置是 ASR 选择开关,将 ASR 选择开关关闭,ASR 就不起作用。由于 ASR 和 ABS 的一些信号输入和处理都是相同的,因此 ASR 与 ABS 电子控制单元通常组合在一起。

2) ASR 制动压力调节器

ASR 制动压力调节器执行 ASR ECU 的指令,对滑转车轮施加制动力和控制制动力的大小,以使滑转车轮的滑转率在目标范围内。ASR 制动压力源是蓄能器,通过电磁阀来调节驱动车轮制动压力的大小。ASR 制动压力调节器的结构形式有单独方式和组合方式两种。

(1) 单独方式 ASR 制动压力调节器。所谓单独方式是指 ASR 制动压力调节器和 ABS 制动压力调节器在结构上各自分开,如图 4-54 所示。

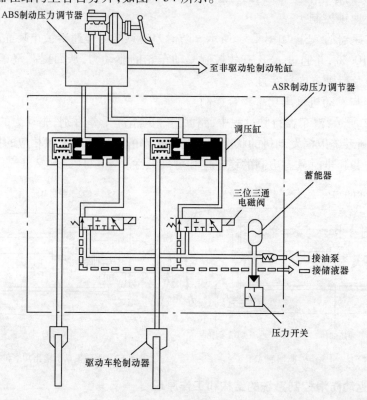

图 4-54 单独方式 ASR 制动压力调节器

在 ASR 不起作用,电磁阀不通电时,电磁阀在左位,调压缸的右腔与储液器相通而压力低,调压缸的活塞被复位弹簧推至右边极限位置。这时,调压缸活塞左端中央的通液孔将 ABS 制动压力调节器与车轮制动轮缸相通,因此,在 ASR 不起作用时,对 ABS 无影响。

当驱动轮出现滑转而需要驱动车轮实施制动时,ASR ECU 输出控制信号,使电磁阀通电而移至右位。这时,调压缸右腔与储液器隔断而与蓄能器接通,蓄能器具有一定压力的制动液推动调压缸的活塞左移,ABS 制动压力调节器与车轮制动轮缸的通道被封闭,调压缸左腔的压力随活塞的左移而增大,驱动车轮制动轮缸的制动压力上升。

当需要保持驱动轮的制动压力时,ASR ECU 使电磁阀半通电,阀处于中位,使调压缸与储液器和蓄能器都隔断,于是,调压缸活塞保持原位不动,使驱动车轮制动轮缸的制动压力不变。

当需要减小驱动车轮制动压力时,ASR ECU 使电磁阀断电,阀在其复位弹簧力的作用下回到左位,使调压缸右腔与蓄能器隔断而与储液器接通。于是,调压缸右腔压力下降,其活塞右移,使驱动车轮制动轮缸的制动压力下降。在驱动车轮出现滑转时,ASR ECU 就是通过对电磁阀的上述控制,实现对驱动车轮制动力的控制,将车轮的滑转率控制在目标范围内。

(2)组合方式 ASR 制动压力调节器。组合方式 ASR 制动压力调节器如图 4-55 所示。

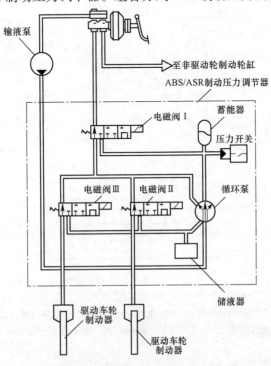

图 4-55　ABS/ASR 组合制动压力调节器原理

在 ASR 不起作用时,电磁阀Ⅰ不通电。汽车在制动过程中如果车轮出现抱死,ABS 起作用,通过控制电磁阀Ⅱ和电磁阀Ⅲ来调节制动压力。

当驱动车轮出现滑转时,ASR ECU 使电磁阀Ⅰ通电,阀移至右位,电磁阀Ⅱ和电磁阀Ⅲ不通电,阀仍在左位,于是蓄能器的制动液通入驱动车轮制动轮缸,制动压力增大。

当需要保持驱动车轮的制动压力时,ASR 控制器使电磁阀Ⅰ半通电,阀移至中位,隔断了蓄能器及制动主缸的通路,驱动车轮制动轮缸的制动压力即被保持不变。

当需要减小驱动车轮的制动压力时,ASR ECU 使电磁阀Ⅱ和电磁阀Ⅲ通电,阀Ⅱ和阀Ⅲ移至右位,将驱动车轮制动轮缸与储液器接通,于是,制动压力下降。

如果需要对左右驱动车轮的制动压力实施不同的控制,ASR ECU 则分别对电磁阀Ⅱ和电磁阀Ⅲ实行不同的控制。

4.2.4　LS400 乘用车的 ABS/TRC

LS400 乘用车的 ABS/TRC 如图 4-56 所示,主要由轮速传感器、ABS/TRC ECU、制动压力调节器、TRC 隔离电磁阀总成、TRC 制动供能总成、主节气门位置传感器、副节气门位置传感器、副节气门步进电动机等组成,其中 ABS/TRC 与 ABS 共用轮速传感器和电子控制单元ECU。

1）轮速传感器

在4个车轮上各装一个电磁感应式轮速传感器，向ABS/TRC ECU输入各车轮的轮速信号。

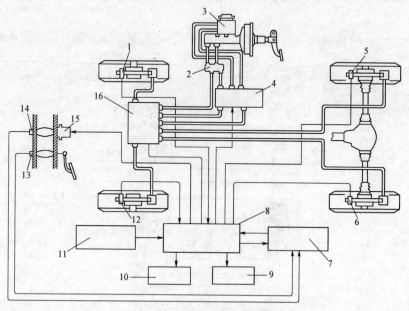

图4-56 LS400轿车的ABS/TRC

1-右前轮速传感器；2-比例阀和差压阀；3-制动主缸；4-TRC制动压力调节器；5-左后轮速传感器；6-右后轮速传感器；7-发动机ECU；8-ABS/TRC ECU；9-TRC关闭指示灯；10-TRC工作指示灯；11-TRC选择开关；12-左前轮速传感器；13-主节气门位置传感器；14-副节气门位置传感器；15-副节气门步进电动机；16-ABS制动压力调节器

2）ABS/TRC ECU

ABS/TRC ECU根据驱动车轮轮速传感器输送的速度信号计算判断出车轮与路面间的滑转状态，并适时地向其执行器发出指令，以降低发动机的输出转矩和车轮的转速，从而实现防止驱动轮滑转的目的。此外，电子控制单元（ECU）还具有初始检测功能、故障自诊断功能和失效保护功能。

3）TRC制动执行器

TRC制动执行器主要由TRC隔离电磁阀总成和TRC制动供能总成组成，如图4-57所示。

（1）TRC隔离电磁阀总成。TRC隔离电磁阀通过管路与制动主缸、制动压力调节器和TRC制动供能总成相连，主要由制动主缸隔离电磁阀、蓄能器隔离电磁阀和储液罐隔离电磁阀组成。

在未介入制动时，3个隔离电磁阀不通电，制动主缸隔离电磁阀处于接通状态，将制动主缸至制动压力调节器中调压电磁阀的制动液通路接通；蓄能器隔离电磁阀处于截止状态，将TRC制动供能总成至制动压力调节器中调压电磁阀的制动液通路封闭；储液罐隔离电磁阀处于截止状态，将制动压力调节器中调压电磁阀至储液罐的制动液路封闭。

在TRC工作过程中，3个隔离电磁阀在ABS/TRC ECU的控制下全部通电，此时制动主缸隔离电磁阀处于关闭状态,以防止制动液流回制动主缸;蓄能器隔离电磁阀处于接通状态,将蓄能器升压后的制动液通过电磁阀送到后轮制动轮缸;储液罐隔离电磁阀也处于接通状态,以便能将储液器及制动轮缸的制动液送回制动主缸。

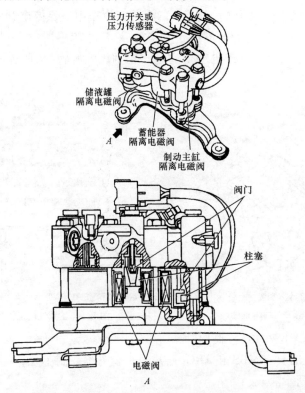

图 4-57 TRC 制动执行器总成

(2)TRC 制动供能总成。如图 4-58 所示,该装置通过管路与制动主缸储液罐和 TRC 隔离电磁阀总成相连,主要由电动供液泵的蓄能器组成。电动供液泵将制动液自储液罐以一定压力泵入蓄能器,作为驱动防滑转制动介入的制动能源。

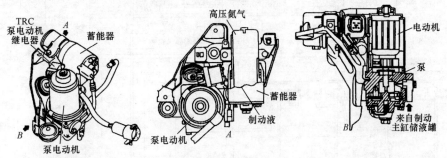

图 4-58 TRC 制动供能总成

4)副节气门执行器

副节气门执行器的功用是根据电子控制单元传送的指令来控制副节气门的开启角度,从而控制进入发动机汽缸的空气量,达到控制发动机输出转矩的目的。

副节气门执行器安装在节气门壳体上,如图 4-59 所示。它是一个由电子控制单元控制转动的步进电动机，由永磁体、传感线圈和旋转轴等组成。在旋转轴的末端安装一个小齿轮（主动齿轮），由它带动安装在副节气门轴末端的凸轮轴齿轮旋转，以此控制副节气门的开启角度。

当驱动防滑控制系统不工作时，副节气门在弹簧力作用下保持全开状态，进入发动机的空气量由驾驶人控制主节气门的开度决定。当前、后轮速传感器检测到车轮滑转需进行防滑控制时，电子控制单元驱动步进电动机通过凸轮轴齿轮旋转，从而控制副节气门的开度，如图 4-60 所示。

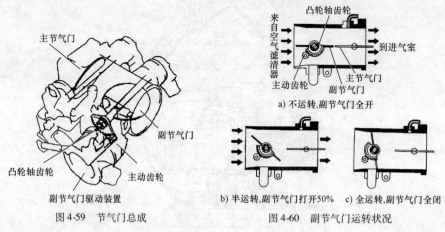

图 4-59 节气门总成　　图 4-60 副节气门运转状况

5) LS400 乘用车 ABS/TRC 控制原理

LS400 乘用车同时具有 ABS 和 TRC，且共用一个电子控制单元，其 TRC 和 ABS 的控制原理简图如图 4-61 所示。

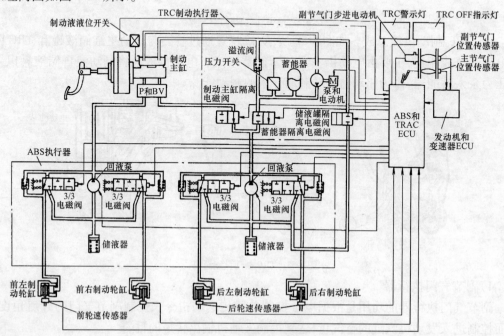

图 4-61 ABS/TRC 控制原理简图

(1) 正常制动过程(TRC 不起作用)。正常制动时,TRC 制动执行器的所有电磁阀都断开。在这种情况下,踩下制动踏板时,制动主缸产生的制动液压通过制动主缸切断电磁阀以及 ABS 执行器中的三位三通电磁阀,对车轮制动轮缸起作用。当放松制动踏板时,制动液从车轮制动轮缸中流回制动主缸。

(2) 汽车加速过程(TRC 起作用)。如果汽车后轮在加速过程中滑转,ABS/TRC ECU 会控制发动机输出功率以及对后轮进行制动,以避免发生滑转的情况。

左右后轮制动器中的液压被分别控制为三种状态:压力升高、压力保持和压力降低。

① 压力升高:当踩下加速踏板而后轮滑转时,TRC 执行器中所有电磁阀都在 ABS/ASR ECU 传来的信号的控制下全部接通。同时,ABS 执行器的三位三通电磁阀也被置于"压力升高"状态。在这种情况下,制动主缸切断电磁阀被接通(关状态),蓄能器切断电磁阀也被接通(开状态)。这就使得蓄能器中被加压的制动液通过蓄能器切断电磁阀和 ABS 执行器的三位三通电磁阀,对车轮制动轮缸产生作用。当压力开关检测到蓄能器中压力下降(不管 TRC 运转与否)时,ECU 就控制并打开 TRC 泵来升高压力。

② 压力保持:当后轮制动轮缸中的液压升高或降低到规定值时,系统就进入"压力保持"状态。这种状态的变换是由 ABS 执行器的三位三通电磁阀来完成的。这样就防止蓄能器中的压力逸出,保持了车轮制动轮缸中的液压。

③ 压力降低:当需要降低后制动轮缸中的液压时,ABS/TRC ECU 就将 ABS 执行器的三位三通电磁阀置于"压力降低"状态。使车轮制动轮缸中液压通过 ABS 执行器的三位三通电磁阀和储液罐隔离电磁阀流回到制动主缸的储液罐中,制动压力降低。

4.3　电子稳定程序控制系统(ESP)

汽车电子稳定程序控制系统 ESP(Electronic Stability Program)是改善汽车行驶性能的一种控制系统,是 ABS 和 ASR 两种系统在功能上的延伸。利用与 ABS 一起的综合控制可防止汽车在制动时车轮抱死;利用 ASR 可阻止汽车在起步时驱动轮滑转(空转)。ESP 可以通过有选择性地控制各车轮上的制动力,防止车辆滑移,因此,ESP 是一个主动安全系统。

ESP 在不同的车型中有不同的名称,如奔驰、奥迪称为 ESP,宝马称其为 DSC(Dynamic Stability Control,即动态稳定性控制),丰田、雷克萨斯称其为 VSC(Vehicle Stability Control,即汽车稳定性控制系统),三菱称为 ASC/AYC(Active Stability Control/Active Yaw Control,即主动稳定控制/主动横摆控制系统),本田称为 VSA(Vehicle Stability Assist,即车身稳定性辅助系统),而 VOLVO 汽车称其为 DSTC(Dynamic Stability and Traction Control,即动态循迹防滑控制系统)。

4.3.1　ESP 的理论基础

转向时汽车的操纵稳定性至关重要,图 4-62 表示了汽车的侧向运动(用浮角表示)和绕汽车垂直轴的转动(横摆速度)。图 4-63 表示了转向角一定时的汽车横向动力学模型(圆周行驶模型)。位置 1 是汽车突然转向,即转向盘偏转时刻。曲线 2 是汽车在坚实的硬路面上行驶的车道,该车道与转向角是一致的。因为在车轮与路面间的附着系数足够大时,横向加速度力能传递到路面。当车轮与路面间的附着系数较小时,如在光滑路面,则浮角相当大,如曲线3。控制横摆速度将使汽车进一步绕其垂直轴转动,如曲线2那样,但由于浮角过大而威胁到汽车的稳定性。因此,非常有必要控制汽车横摆速度并限制浮角β,从而来保证车辆的行驶稳定(图4-63中曲线4)。

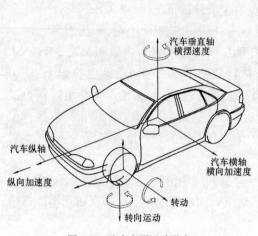

图4-62 汽车主要运动形式

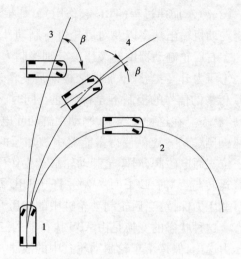

图4-63 汽车横向动力学模型
1-转向角一定时的突然转向;2-在坚实硬路面上行驶车道;3-在光滑路面控制横摆速度时的行驶车道;4-在光滑路面控制横摆速度和浮角β时的行驶车道

4.3.2　ESP的基本原理

ESP工作的基本原理是利用汽车上的制动系统使汽车能够完成"转向"。车轮制动器原本任务是使汽车减速或停车。在允许的物理极限范围内,ESP通过控制车轮制动器的工作,使汽车在各种行驶状况下都能在车道内保持稳定行驶。

ESP通过横摆角速度传感器识别车辆绕垂直于地面轴线方向的旋转角度及通过侧向加速度传感器识别车辆实际运动方向。例如:ESP判定为出现不足转向时,将制动内侧后轮,使车辆进一步沿驾驶人转弯方向偏转,从而稳定车辆,如图4-64所示;ESP判定为出现过度转向时,ESP将制动外侧前轮,防止出现甩尾,并减弱过度转向趋势,从而稳定车辆,如图4-65所示。

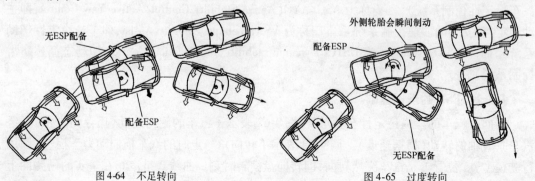

图4-64　不足转向　　　　　　　　图4-65　过度转向

4.3.3 ITT MK60 ESP

1) MK60 ESP 的组成及工作原理

(1) MK60 ESP 的基本组成。MK60 ESP 主要由传感器信号部件、电子控制单元和执行部件三部分组成,如图 4-66 所示。

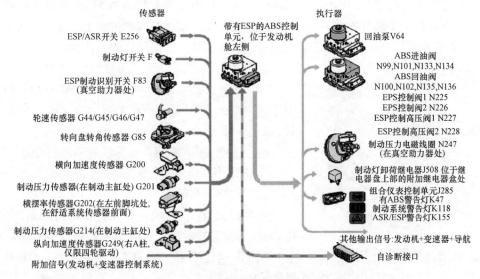

图 4-66 MK60 ESP 组成

(2) MK60 ESP 的工作原理。MK60 ESP 的工作原理如图 4-67 所示。轮速传感器不断提供每只车轮的转速数据,转向盘转角传感器将它得到的数据直接通过 CAN 总线传给电子控制单元。由这两种信息电子控制单元计算出车辆的所需转向和所需行驶状态。

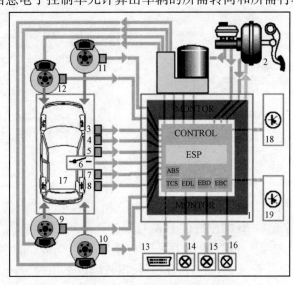

图 4-67 MK60 ESP 的工作原理

1-ABS 控制单元(带有 EDL/ASR/ESP);2-主动式真空助力器(带有制动压力传感器以及压力释放开关);3-纵向加速度传感器(仅限于四驱);4-横向加速度传感器;5-偏转率传感器;6-ESP/ASR 开关;7-转向盘转角传感器;8-制动灯开关;9~12-轮速传感器;13-自诊断接口;14-制动系统警告灯;15-ABS 警告灯;16-ASR/ESP 警告灯;17-驾驶人意图与车辆的行驶状态;18-进行发动机控制系统开预;19-进行变速器控制系统干预(仅限于自动变速器)

横向加速度传感器向电子控制单元传送侧向的偏转信息,偏转率传感器传送车辆的离心趋势,由这两种信息电子控制单元计算出车辆实际状态。如计算出所需值和实际有偏差,控制系统进行调节。

ESP 决定以下内容:哪个轮子应制动或加速;发动机转矩是否该减小;在自动变速器车辆上是否需要使用自动变速器电子控制单元,然后根据传感器传输的数据,系统检查调节器作用是否有成效。如果有成效,则 ESP 停止工作,并继续观察车辆的运行状态;如果没有成效,则调节系统重新工作。调节系统工作时,ESP 指示灯亮,提示驾驶人注意。

2)主要部件的构造及工作原理

(1)电子控制单元 J104。带 EBD/ASR/ESP 的 ABS 电子控制单元 J104 和液压调节单元合并成一个标准组件,如图 4-68 所示。

电子控制单元具有如下功能:进行 ABS/EBD/ASR/ESP 以及 EBC 的功能控制,连续监控所有的电器部件,进行故障自诊断。

打开点火开关后,控制单元将执行自诊断,所有的电器连接都将被连续监控,并周期性检查电磁阀功能。

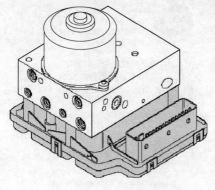

图 4-68　电子控制单元 J104

(2)轮速传感器 G44、G45、G46、G47。MK60 ESP 采用的是霍尔主动式轮速传感器,其测量元件是带有 3 个霍尔元件的霍尔传感器,如图 4-69 所示。

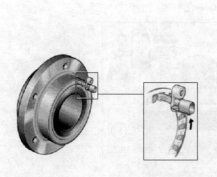
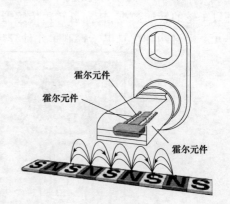

图 4-69　轮速传感器

霍尔主动式轮速传感器原理如图 4-70 所示。三组霍尔元件装配位置符合一定的关系,A 和 C 的间距只差一个磁极,B 的位置位于 A 与 C 的正中间。A 与 C 的霍尔电压的波形相位差为 180°,B 的相位与 A、C 相差 90°。图 4-70a)采集的是 A 和 C 的信号,以及它们的差分信号。图 4-70b)是信号 B 与 A 和 C 的差分信号,用来确定车轮的旋转方向,当 A 和 C 的差分信号通过零点时,如果信号 B 这时位于负位的最大值,这就表明车轮逆时针旋转。反之,车轮顺时针旋转。

(3)转向盘转角传感器 G85。转向盘转角传感器 G85 安装在转向柱上,在转向开关与转向盘之间,与安全气囊弹簧线圈集成为一体,如图 4-71 所示。

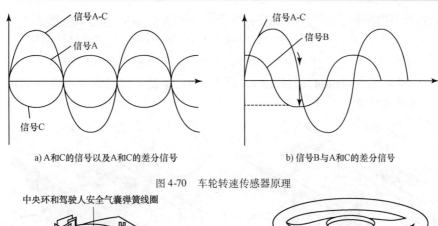

a) A和C的信号以及A和C的差分信号　　　b) 信号B与A和C的差分信号

图4-70　车轮转速传感器原理

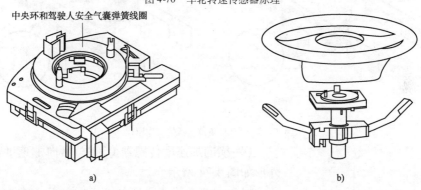

图4-71　转向盘转角传感器外形

转向盘转角传感器的功能:将驾驶人转动转向盘的转角(顺时针/逆时针)向带有EDL/TCS/ESP的ABS电子控制单元传递。测量范围为±720°,共计4圈;测量精度,1.5°;分辨速度,(1~2000)°/s。

转向盘转角传感器G85是ESP中唯一一个直接连接CAN总线并向ESP电子控制单元传递信号的传感器。打开点火开关后,转向盘被转动4.5°(相当于1.5cm),传感器进行初始化。

转向盘转角传感器失效后,系统将不能识别车辆的预期行驶方向(驾驶人意愿),导致ESP不起作用。

转向盘转角传感器的基本组成包括发光元件、编码盘、光学传感器1、光学传感器2和整圈计数器等,如图4-72a)所示。其中,编码盘由内侧的等距孔环和外侧的非等距孔环组成。为方便解释,对图4-72a)进行简化,得到简化结构图4-72b):等距孔环由等距孔板1代替、非等距孔环由非等距孔板2代替、中间发光元件由光源3代替、4和5为光学传感器。

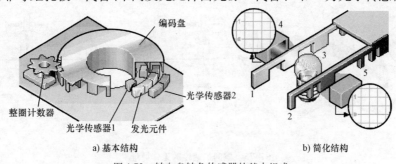

a) 基本结构　　　　　　　　　b) 简化结构

图4-72　转向盘转角传感器的基本组成

转向盘转角传感器的工作原理如图4-73所示。当光线照射到光学传感器上时,产生电压信号;而光线被模板遮挡照射不到光学传感器上时,不会产生电压信号。由于模板1是等距的,所以光学传感器4上产生的电压信号是规则的;而模板2是非等距的,所以光学传感器5上产生的信号不是规则的,通过比较这两个信号,系统可以得知模板移动的距离,从而获知转向盘转动的角度。

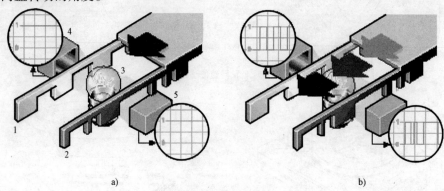

图4-73 转向盘转角传感器的工作原理

（4）横向加速度传感器G200。横向加速度传感器的外形如图4-74所示。

横向加速度传感器具有如下功能:用来确定车辆偏离预定方向的侧向力及其大小,从而使ESP能估算出在实际道路情况下,车辆应做怎样的运动才能保持车辆稳定。

横向加速度传感器的工作原理如图4-75所示。横向加速度传感器是根据电容的工作原理来设计的,这个传感器可以看做是两个电容的串联,中间的极板在外力的作用下可以移动。两个电容都有各自的容量,都能够存储一定量的电荷。如果没有侧向力作用在中间极板上,则两电容间隙保持恒定,电容相等。如果中间的极板在侧向力作用下移动时,两侧极板的间距会发生变化,则两侧的电容量值也要发生变化(其中一个电容间隙增加,另一个减小),根据电容量值的变化计算侧向加速度的大小和方向。

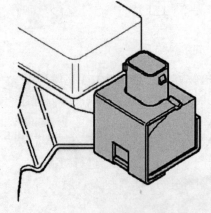

图4-74 横向加速度传感器外形

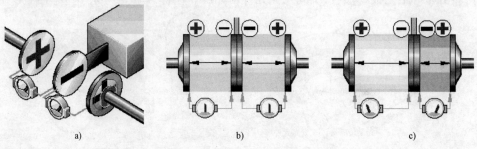

图4-75 横向加速度的工作原理

（5）偏转率传感器G202。偏转率传感器的外形如图4-76所示。偏转率传感器的功能:

用来确定车辆是否受到旋转力矩；根据它的安装位置，可以检测物体绕空间某个轴的旋转；在 ESP 中，它是用来确定车辆是否绕着垂直轴旋转，即偏转率。

偏转率传感器的工作原理如图 4-77 所示。将一个振荡交流电施加到谐振叉上，上下谐振叉的谐振频率已预先设好，上谐振叉（激励叉）的谐振频率为 11kHz，下谐振叉（测量叉）的谐振频率为 11.33kHz，调节交流振荡频率为 11kHz，使上叉产生共振，而下叉不发生共振。在施加外力的情况下，共振的上叉对外力的反应要远比不共振的下叉的反应慢得多。这样，角加速度（惯性转矩）会使下谐振叉随汽车的转动而发生扭转，而产生共振的上谐振叉将迟滞于这种运动。这种扭转改变了电量的分布，并通过电极进行测量变化量，经过传感器转化并以信号的形式送给控制单元。

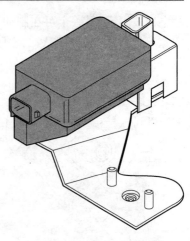

图 4-76 偏转率传感器的外形

图 4-77 偏转率传感器的工作原理

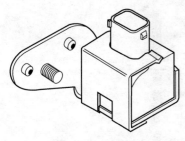

图 4-78 纵向加速度传感器

（6）纵向加速度传感器 G249。纵向加速度传感器（图 4-78）位于右侧 A 柱处，并且仅应用于四轮驱动的车上。

在单轴（前轴）驱动的车上，纵向加速度通过制动油压传感器，以及轮速传感器发动机管理系统来确定。在四轮驱动的车上，由于前后轴通过 HALDEX 液压离合器来结合的，所以，单纯以各自的车轮轮速来衡量车速会出现很不准确的现象，尤其是在摩擦系数低的路段。因此，车辆需要纵向加速度传感器来确定准确的车速。

（7）制动压力传感器 G201/G214。制动压力传感器的外形如图 4-79 所示。两个压力传感器都与制动串列主缸相连。为确保最大的安全性，该传感器系统采用了冗余设计，即一个传感器失效后，另外一个可以取代其进行信号传递。

传感器的功用：实时监控制动压力，以用来计算施加到整车上的制动力和附加纵向力。当 ESP 进行工作时，又通过纵向力计算出横向力。

制动压力传感器原理如图 4-80 所示，两个传感器都是电容型传感器。为便于说明，用传感器 a 内部的一个平板电容器来进行说明，制动液的压力就作用在这个传感器上。由于两块板之间存在一定距离 s，电容器拥有一定电容 C，即它可容纳一定量的电荷。电容器一个电极被固定,另一个可在制动液压力作用下移动。当压力作用在可移动电极上时,两极间间隙 s 变小,电容 C 增大。压力降低时,电极间隙 s 增大,电容 C 减小。因此,通过电容变化,可以指示出压力的变化。

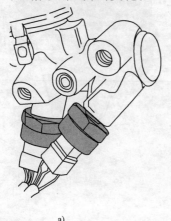

图 4-79 制动压力传感器的外形

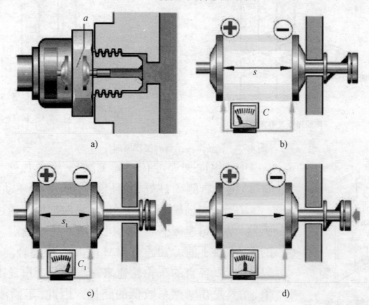

图 4-80 制动压力传感器的工作原理

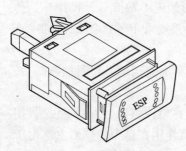

图 4-81 ESP/ASR 开关

(8) ESP/ASR 开关 E256。如果驾驶人想要关闭 ESP/ASR 开关(图 4-81),按动该按钮,同时 ESP 警告灯亮起。如果再想激活 ESP/ASR 功能,再次按动该按钮。如果驾驶人在停车之前忘记再次激活 ESP/ASR 功能,那么在再次起车后,ESP 电子控制单元将自动激活该功能。

下列情况下,有必要关闭 ESP:

①在积雪路面或松软路面上,让车轮自由转动,前后移动车辆。

② 安装了防滑链的车辆。

③ 在测功机上检测车辆。

（9）串联主缸式制动助力装置。串联主缸式制动助力装置如图 4-82 所示。真空助力器由经过改进的制动串列主缸和制动助力部分组成。制动助力部分又细分为真空单元和压力部分，这两部分通过一个膜片隔开，此外，还有一个活塞阀和电磁单元。活塞阀和电磁单元包括 ESP 制动识别开关 F83、制动压力电磁线圈 N247 及多种气道阀。

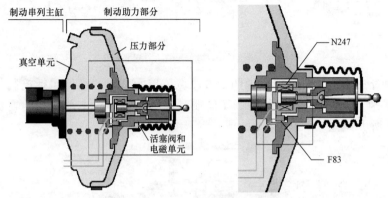

图 4-82　串联主缸式制动助力装置结构

ESP 制动识别开关是一种断开式开关，同时它也是一种双向开关，如图 4-83 所示。如果制动踏板未被踏下，中部活塞触点同信号触点 1 相连；如果制动踏板被踏下，内部信号触点 2 被接通。由于开关是断开式开关，触点处于结合状态，因此，开关产生的信号可以被清楚的识别。基于这种特性，这种开关的可靠性也是很高的。

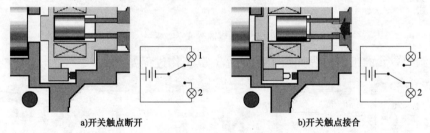

图 4-83　ESP 制动识别开关

阀活塞和电磁单元的结构及工作原理如图 4-84 所示。即使驾驶人没有踏下制动踏板，阀活塞和电磁单元也会产生 1MPa 的预压力以满足回油泵进油管的压力需要。如果系统识别出 ESP 要开始工作，而驾驶人还没有踏下制动踏板，那么电子控制单元将激活电磁单元以获取制动压力。

电磁线圈通电后产生磁场，在磁力的作用下，金属芯产生移动并开启活塞阀，这样 1MPa 的预压力由于有足够的空气流入而被建立起来，这些空气然后流入到真空助力器中。如果超出了规定预压力的设定值，那么电磁线圈的电流将要被降低，金属芯被拉回，预压力降低。在 ESP 工作循环完成后，或者驾驶人踏下制动踏板后，电子控制单元将电磁单元切断。

（10）液压调节单元。液压单元有两条对角线分布的制动回路。与先前的 ABS 液压单元不同，现在的液压单元在每条回路中又增加了高压阀和控制阀，回油泵也变为了自吸式的回油泵。

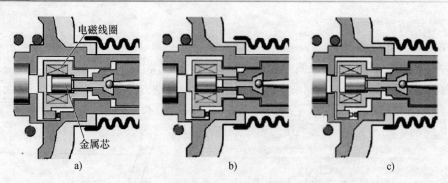

图 4-84 阀活塞和电磁单元的结构及工作原理

以制动回路中的一个车轮加以说明。液压调节单元基本的部件包括控制阀 N225、ESP 动态控制高压阀 N227、进油阀、回油阀、车轮制动轮缸、回油泵、主动制动助力、低压蓄能器等，如图 4-85 所示。

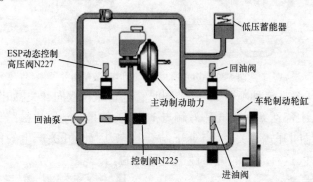

图 4-85 液压调节单元构造

液压调节单元的工作过程如图 4-86 所示。其工作过程如下：

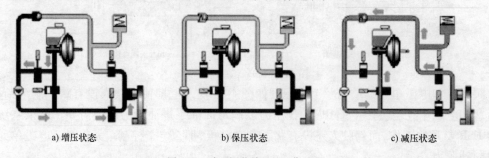

图 4-86 液压调节单元的工作过程

①增压。真空助力器建立起的预压力使回油泵带动油流，这时 N225（控制阀）关闭，N227（高压阀）打开。进油阀保持开启状态，直到制动压力达到一定的程度。

②保压。所有的控制阀都将处于关闭状态。

③减压。回油阀开启，N225（控制阀）开启关闭通过油压来确定，N227（高压阀）和进油阀关闭。制动油通过 N225 和串列制动主缸流回到储液罐。

（11）系统电路图。ESP 电路图如图 4-87 所示。

单元四 防滑控制系统的检修

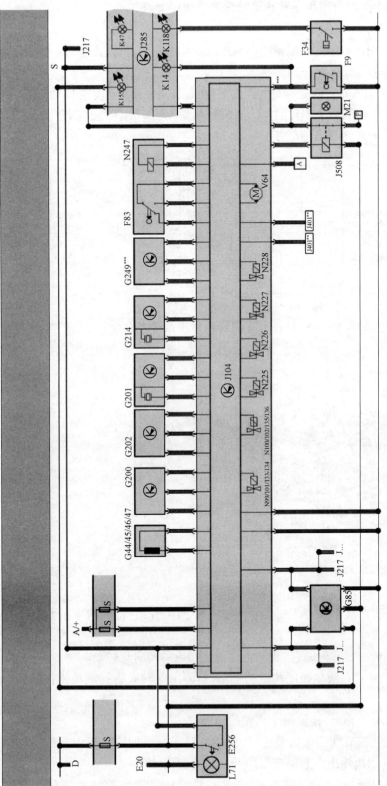

图4-87 ITT ESP 电路图

A/+-电源正极接头；D-点火开关；E20-照明开关电子控制单元；E256-ESP/ASR键；F-制动灯开关；F9-驻车制动控制开关；F34-制动液报警触点；F83-ESP制动识别开关在制动助力装置内；G44/45/46/47-轮速传感器；G85-转向角传感器；G200-横向加速度传感器；G201-制动压力传感器1，在制动主缸上；G202-偏转率传感器，在左脚空间的左前方舒适系统中央电子控制单元的前面；G214-制动压力传感器2，在制动主缸上；G249***-纵向加速度传感器，在A柱右侧；J...-发动机管理电子控制单元；J104-带 EDS/ESP/ASR 的ABS 电子控制单元；J508-制动灯抑制继电器；N100/102/135/136-ABS 进油阀；N247-制动压力励磁阀，在制动助力装置内；S-塔断器装置；V64-ABS 回油泵；A-诊断线路；****-只在四轮驱动的车辆上

压阀2（行驶动力调节）；N247-制动压力励磁阀，在制动助力装置内，紧挨车厢前壁；J217-自动变速器电子控制单元，在散热器中间；J285-指示器电子控制单元，在仪表板上；J401**-带 CD ROM 的导航电子控制单元；J508-制动灯抑制继电器；K14-驻车制动指示灯；K47-ABS 指示灯；K118-制动装置指示灯；K155-ESP/ASR 指示灯；L71 – ASR 开关照明灯；M21-左制动信号和左尾灯；N99/101/133/134-ABS 回油阀；N100/102/135/136-ABS 进油阀；N225-分配阀1（行驶动力调节）；N226-分配阀2（行驶动力调节）；N227-高压阀1（行驶动力调节）；N228-高

4.3.4 雷克萨斯 LS400 型乘用车车辆稳定性控制系统(VSC)

1) 概述

(1) 系统组成。LS400 车辆稳定性控制系统(VSC)如图 4-88 所示,可大致分为 4 个部分:
①用于检测汽车状态和驾驶人操作的传感器部分。
②用于估算汽车侧滑状态和计算恢复到安全状态所需的旋转动量和减速度的 ECU 部分。
③用于根据计算结果来控制每个车轮制动力和发动机输出功率的执行器部分。
④用于告知驾驶人汽车失稳的信息部分。

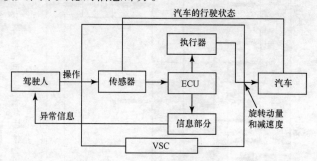

图 4-88 VSC 的结构组成

(2) 元件安装位置。图 4-89 所示为 VSC 的元器件在车上的安装位置。

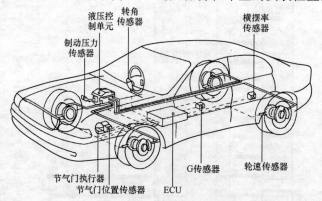

图 4-89 VSC 元器件的安装位置

①横摆率传感器装在汽车行李舱前部,与汽车垂直轴线平行。它只检测横摆率(汽车绕垂直旋转的角速度)。
②G 传感器水平地安装在汽车重心附近地板下方的中间位置,它检测汽车的纵向和横向加速度。
③转角传感器安装在转向盘后侧,直接检测由驾驶人操纵的转向盘转动。
④制动压力传感器装在 VSC 液压控制装置的上部,检测由驾驶人进行制动操作时制动液压的变化。
⑤轮速传感器装在每个车轮上,检测每个车轮的角速度。
⑥节气门位置传感器装在节气门执行器上,检测由驾驶人操纵加速踏板引起的节气门开度角以及由 VSC 控制发动机输出引起的节气门开度角的变化。
⑦制动踏板的操作传递到装在发动机舱一侧的 VSC 液压控制单元,在正常情况下,VSR

液压控制单元执行通常的制动助力功能。当车轮在加速或减速下出现滑移时，VSR 液压控制单元执行 TRC 和 ABS 功能；当汽车出现侧滑时，VSR 液压控制单元执行 VSC 功能，把受到控制的制动液压施加到每个车轮。

⑧节气门执行器安装在发动机进气通道上，用于在 VSC 控制发动机输出功率期间启闭发动机节气门。

⑨装在车厢内的 ECU 通过线束与每个传感器和执行器相连。

2）VSC 液压控制装置的结构和工作原理

（1）VSC 液压控制装置的结构。如图 4-90 所示，VSC 液压控制装置主要分 4 个部分：供能部分、制动主缸和制动助力器部分、选择电磁阀部分和控制电磁阀部分。

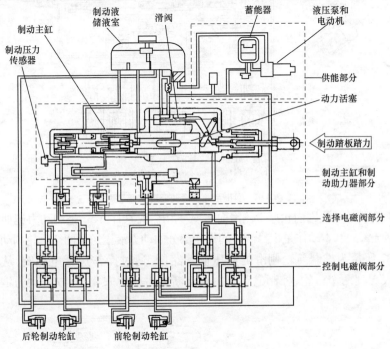

图 4-90　VSC 液压控制装置的结构

①供能部分。该部分由电动机驱动油泵和蓄能器组成。蓄能器储存由油泵供应的液压油，作为本液压装置的压力源。

②制动主缸和制动助力器部分。该部分根据驾驶人的制动操作产生液压，并进行助力。利用与制动主缸平行的滑阀，通过把由供能部分供应的恒定液压调节到与驾驶人操作制动踏板的踏力成正比的水平，送到动力活塞，从而获得助力。

③选择电磁阀部分。当 VSC、TRC 或 ABS 工作时，该部分关闭制动主缸的液压油，并把从供能部分（动力液压）来的液压油，或从制动助力器（调节液压）来的液压油送到控制电磁阀，从而控制每个车轮制动轮缸的液压。

④控制电磁阀部分。当 VSC、TRC 或 ABS 工作时，该部分增加或降低每个车轮制动轮缸的液压，以控制每个车轮的制动力。

（2）VSC 液压控制装置的工作原理。

①抑制后轮侧滑。当因后轮产生侧滑而使汽车滑移角增加时，VSC 立即把制动力加到

正在转弯的外前轮上。

抑制后轮侧滑的液压油管路如图4-91所示。通过操作选择电磁阀,从蓄能器来的动力液压被导向正在转弯的外前轮上。控制电磁阀由通与断的占空比来驱动,以把动力液压调节并控制到合适的水平。

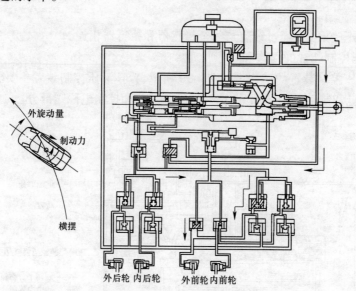

图4-91　抑制后轮侧滑的液压油管路图

②抑制前轮侧滑。当因前轮产生侧滑而出现"漂出"现象时,VSC把制动力施加到两后轮上。VSC液压控制装置的基本动作是把经调节的供能部分的动力液压送到两个后轮制动轮缸上。

如图4-92所示为抑制前轮侧滑的液压油管路图,通过操作选择电磁阀,从蓄能器来的动力液压油被导到两个后轮,控制电磁阀由通与断的占空比来驱动,以把动力液压调控到合适的水平。

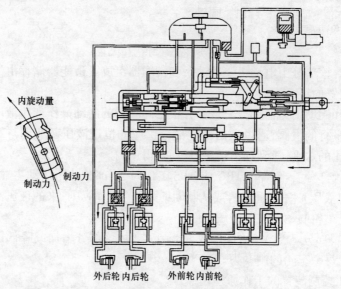

图4-92　抑制前轮侧滑的液压油管路图

(1)请分析汽车 ABS 警告灯常亮故障原因。
(2)请分析汽车驱动防滑控制系统失效故障原因。

4.4 防滑控制系统的检修

本部分以丰田卡罗拉乘用车防滑控制系统为例,介绍其检修方法。其零部件位置如图 4-93 和图 4-94 所示。

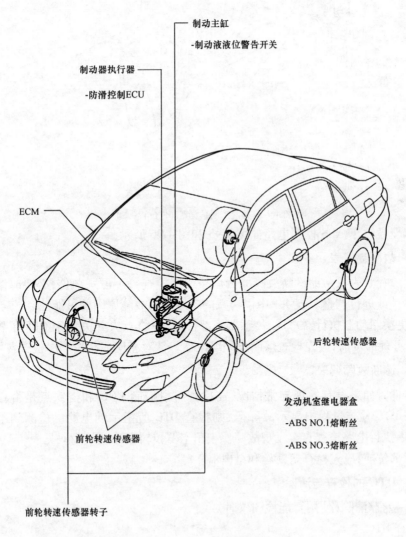

图 4-93 防滑控制系统零部件位置(一)

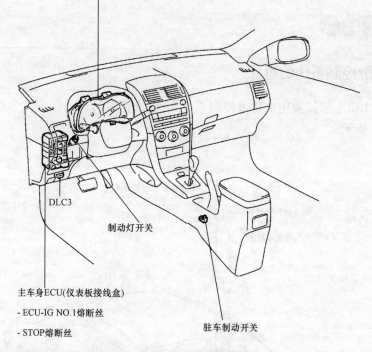

图 4-94 防滑控制系统零部件位置(二)

丰田卡罗拉轿车 ABS 控制电路如图 4-95 和图 4-96 所示。

4.4.1 故障症状表

使用故障症状表可帮助诊断故障原因。按顺序检查每个可疑部位,必要时维修或更换有故障的零件或进行调整。表 4-1 中以递减的顺序表示故障原因的可能性。

注意:更换制动器执行器总成、传感器等部件时,应将点火开关置于 OFF 位置。在检查表 4-1 所列可疑部位前,应先检查熔断丝和继电器。针对相应症状按顺序检查各可疑部位。

4.4.2 诊断故障码表

检查零件时如果没有发现异常情况,需检查防滑控制 ECU 和搭铁点是否存在接触不良。如果在 DTC 检查过程中显示故障码,则检查 DTC 所指示的电路。检测到不少于两个 DTC 时,逐一执行电路检查直至发现故障。丰田卡罗拉轿车诊断故障码见表 4-2。在检查表中所列故障部位前,应先检查熔断丝和继电器。

4.4.3 DTC 的检查与清除

1)DTC 检查/清除(使用智能检测仪时)

(1)检查 DTC。

①将智能检测仪连接到 DLC3。

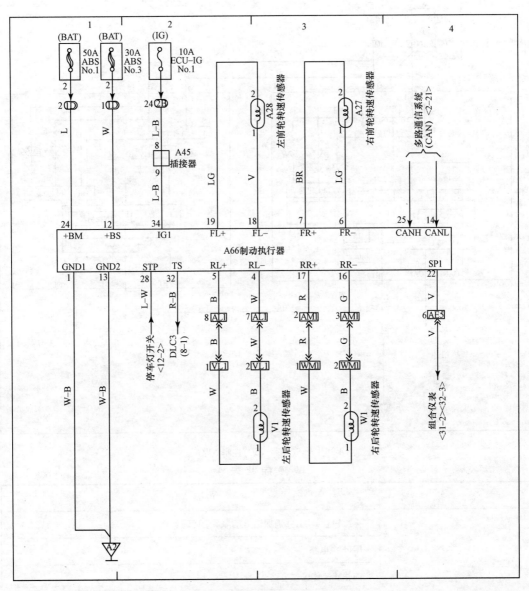

图 4-95　ABS(不带 VSC)控制电路(一)

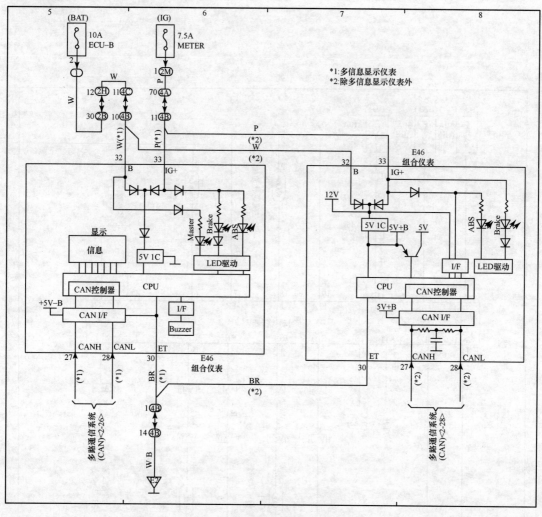

图 4-96 ABS(不带 VSC)控制电路(二)

故 障 症 状 表　　　　　　　　　　　　　　　　　　　　表 4-1

症　状	可 疑 部 位
ABS、BA 和/或 EBD 不工作	再次检查 DTC,并确保输出正常系统代码
	IG 电源电路
	前轮转速传感器电路
	后轮转速传感器电路
	用智能检测仪检查制动器执行器总成(利用主动测试功能检查制动器执行器总成的工作情况。)如果异常,则检查液压回路是否泄漏
	如果上述可疑部位中的电路检查完毕且证明一切正常,而症状仍然存在,则更换制动器执行器总成(防滑控制 ECU)

续上表

症　状	可　疑　部　位
ABS、BA 和/或 EBD 不能有效工作	再次检查 DTC,并确保输出正常系统代码
	前轮转速传感器电路
	后轮转速传感器电路
	制动灯开关电路
	用智能检测仪检查制动器执行器总成(利用主动测试功能检查制动器执行器总成的工作情况)。如果异常,则检查液压回路是否泄漏
	如果上述可疑部位中的电路检查完毕且证明一切正常,而症状仍然存在,则更换制动器执行器总成(防滑控制 ECU)
ABS 传感器 DTC 检查无法进行	再次检查 DTC,并确保输出正常系统代码
	TC 和 CG 端子电路
	如果上述可疑部位中的电路检查完毕且证明一切正常,而症状仍然存在,则更换制动器执行器总成(防滑控制 ECU)
ABS 警告灯和/或多信息显示屏(＊1)异常(一直亮)	ABS 警告灯电路
	制动器执行器总成(防滑控制 ECU)
ABS 警告灯和/或多信息显示屏(＊1)异常(不亮)	ABS 警告灯电路
	制动器执行器总成(防滑控制 ECU)
制动警告灯和/或多信息显示屏(＊1)异常(一直亮)	制动警告灯电路
	制动器执行器总成(防滑控制 ECU)
制动警告灯和/或多信息显示屏(＊1)异常(不亮)	制动警告灯电路
	制动器执行器总成(防滑控制 ECU)
无法进行传感器检查	TS 和 CG 端子电路
	制动器执行器总成(防滑控制 ECU)

注:(＊1)——带多信息显示屏的车型。

丰田卡罗拉乘用车诊断故障码　　　　　　　　　　　　　　　　表 4-2

DTC 代码	检测项目	故障部位
C0200/31(＊1)	右前轮转速传感器电路	1. 右前轮转速传感器; 2. 转速传感器电路; 3. 转速传感器转子; 4. 传感器的安装; 5. 制动器执行器总成(防滑控制 ECU)
C0205/32(＊1)	左前轮转速传感器电路	1. 左前轮转速传感器; 2. 转速传感器电路; 3. 转速传感器转子; 4. 传感器的安装; 5. 制动器执行器总成(防滑控制 ECU)

续上表

DTC 代码	检测项目	故障部位
C0210/33（*1）	右后轮转速传感器电路	1. 右后轮转速传感器； 2. 转速传感器电路； 3. 转速传感器转子； 4. 传感器的安装； 5. 制动器执行器总成（防滑控制 ECU）
C0215/34（*1）	左后轮转速传感器电路	1. 左后轮转速传感器； 2. 转速传感器电路； 3. 转速传感器转子； 4. 传感器的安装； 5. 制动器执行器总成（防滑控制 ECU）
C0226/21	SFR 电磁阀电路	1. SFRR 或 SFRH 电路； 2. 制动器执行器总成
C0236/22	SFL 电磁阀电路	1. SFLR 或 SFLH 电路； 2. 制动器执行器总成
C0246/23	SRR 电磁阀电路	1. SRRR 或 SRRH 电路； 2. 制动器执行器总成
C0256/24	SRL 电磁阀电路	1. SRLR 或 SRLH 电路； 2. 制动器执行器总成
C0273/13（*1）	ABS 电动机继电器电路断路	1. ABS NO.1 熔断丝； 2. ABS 电动机继电器电路； 3. 制动器执行器总成（ABS 电动机继电器）
C0274/14	ABS 电动机继电器电路对 B+短路	1. ABS 电动机继电器电路； 2. 制动器执行器总成（ABS 电动机继电器）
C0278/11	ABS 电磁阀继电器电路断路	1. ABS NO.3 熔断丝； 2. ABS 电磁阀继电器电路； 3. 制动器执行器总成（ABS 电磁阀继电器）
C0279/12	ABS 电磁阀继电器电路对 B+短路	1. ABS 电磁阀继电器电路； 2. 制动器执行器总成（ABS 电磁阀继电器）
C1235/35	右前轮转速传感器端部黏附异物	1. 右前轮转速传感器； 2. 转速传感器转子； 3. 传感器的安装； 4. 制动器执行器总成（防滑控制 ECU）
C1236/36	左前轮转速传感器端部黏附异物	1. 左前轮转速传感器； 2. 转速传感器转子； 3. 传感器的安装； 4. 制动器执行器总成（防滑控制 ECU）

续上表

DTC 代码	检测项目	故障部位
C1238/38	右后轮转速传感器端部黏附异物	1. 右后轮转速传感器; 2. 转速传感器转子; 3. 传感器的安装; 4. 制动器执行器总成(防滑控制 ECU)
C1239/39	左后轮转速传感器端部黏附异物	1. 左后轮转速传感器; 2. 转速传感器转子; 3. 传感器的安装; 4. 制动器执行器总成(防滑控制 ECU)
C1241/41	蓄电池正电压过低或蓄电池正电压异常过高	1. ECU-IG NO.1 熔断丝; 2. 蓄电池; 3. 充电系统; 4. 电源电路; 5. 防滑控制 ECU 内部电源电路
C1249/49	制动灯开关电路断路	1. STOP 熔断丝; 2. 制动灯开关; 3. 制动灯开关电路; 4. 制动器执行器总成(防滑控制 ECU)
C1251/51(*1)	泵电动机电路断路	1. 制动器执行器总成(搭铁电路); 2. 制动器执行器总成(电动机电路)
U0073/94	控制模块通信总线断开	CAN 通信系统

注:a.(*1)——对故障部位进行维修后,除非执行以下操作,否则 ABS 警告灯仍不熄灭。

b. 以 20km/h 的车速行驶车辆 30s 或更长时间,检查并确认 ABS 警告灯熄火。

c. 清除 DTC。

②将点火开关置于 ON 位置。

③接通智能检测仪。

④根据检测仪屏幕上的提示读取 DTC。进入以下菜单项:Chassis/ABS/VSC/TRC/DTC。

⑤检查 DTC 的详情(表 4-2)。

(2)清除 DTC。

①将智能检测仪连接到 DLC3。

②将点火开关置于 ON 位置。

③接通智能检测仪。

④操作智能检测仪清除代码。进入以下菜单项:Chassis/ABS/VSC/TRC/DTC/Clear。

2)DTC 检查/清除(未使用智能检测仪时)

(1)检查 DTC。

①使用 SST 09843—18040 连接 DLC3 的端子 TC 和 CG,如图 4-97 所示。

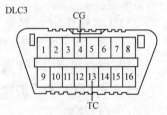

图 4-97 使用 SST 连接 DLC3 的端子 TC 和 CG

②将点火开关置于 ON 位置。

③观察 ABS 警告灯闪烁方式,读取多信息显示屏(带多信息显示屏的车辆)以识别 DTC。

如果无代码出现,检查 TC 和 CG 端子电路以及 ABS 警告灯电路。

④图 4-98 显示了 ABS 警告灯正常系统代码和故障码 11 和 21 的闪烁方式,以及多信息显示屏(带多信息显示屏的车辆)上 ABS 故障码 32 的显示。

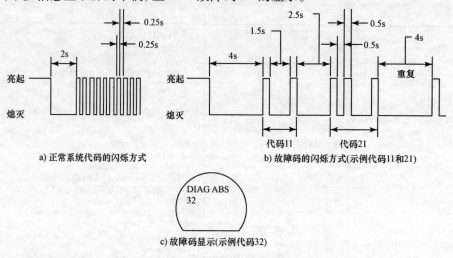

图 4-98　故障码闪烁方式

⑤各代码的说明请参见表 4-2。

⑥检查完成后,断开 DLC3 的端子 TC 和 CG 以关闭显示屏。如果同时检测到 2 个或更多个 DTC,则按升序显示 DTC。

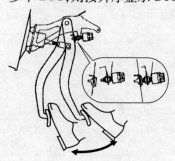

图 4-99　踩下制动踏板

(2)清除 DTC。

①使用 SST 09843—18040 连接 DLC3 的端子 TC 和 CG,如图 4-66 所示。

②将点火开关置于 ON 位置。

③如图 4-99 所示,在 5s 内踩下制动踏板 8 次或更多次,以清除 ECU 中存储的 DTC。

④检查并确认警告灯指示正常系统代码。

⑤从 DLC3 端子上拆下 SST。

提示:不能通过断开蓄电池端子或 ECU-IG NO.1 熔断丝来清除 DTC。

3)DTC 检查/清除结束

(1)将点火开关置于 ON 位置。

(2)检查并确认 ABS 警告灯在约 3s 内熄灭。

4.4.4　ECU 端子的检测

1)ECU 端子

卡罗拉乘用车防滑控制系统 ECU 端子如图 4-100 所示,其端子符号及功能见表 4-3。

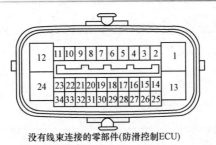

没有线束连接的零部件(防滑控制ECU)

图 4-100　ECU 端子

ECU 端子符号及功能　　　　　　　　　　　　　　　　　　　　　　表 4-3

端子号	符　号	端子描述	端子号	符　号	端子描述
1	GND1	防滑控制 ECU 搭铁	17	RR +	右后轮转速(+)信号输入
4	RL -	左后轮转速(-)信号输入	18	FL -	左前轮转速(-)信号输入
5	RL +	左后轮转速(+)信号输入	19	FL +	左前轮转速(+)信号输入
6	FR -	右前轮转速(-)信号输入	22	SP1	速度表转速信号输出
7	FR +	右前轮转速(+)信号输入	24	+BM	电动机继电器电源
12	+BS	电磁阀继电器电源	25	CANH	CAN 通信线路 H
13	GND2	泵电动机搭铁	28	STP	制动灯开关输入
14	CANL	CAN 通信线路 L	32	TS	传感器检查输入
16	RR -	右后轮转速(-)信号输入	34	IG1	ECU 电源

2) 端子检查

如图 4-101 所示,断开连接器,测量线束侧的电压或电阻,检测方法及标准值见表 4-4。因为连接器是防水的,所以将连接器连接至防滑控制 ECU 时无法测量电压。

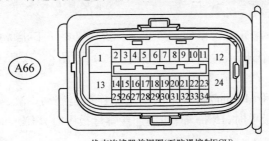

线束连接器前视图(至防滑控制ECU)

图 4-101　ECU 端子(线束侧)

ECU 端子检测方法及标准值　　　　　　　　　　　　　　　　　　　　表 4-4

端子号(符号)	配线颜色	端子描述	条　件	规定状态
A66-1(GND1)——车身搭铁	W-B——车身搭铁	防滑控制 ECU 搭铁	始终	<1Ω
A66-12(+BS)——车身搭铁	W——车身搭铁	电磁阀继电器电源	始终	11~14V
A66-13(GND2)——车身搭铁	W-B——车身搭铁	泵电动机搭铁	始终	<1Ω
A66-24(+BM)——车身搭铁	L——车身搭铁	电动机继电器电源	始终	11~14V

续上表

端子号(符号)	配线颜色	端子描述	条件	规定状态
A66-28(STP)——车身搭铁	L-W——车身搭铁	制动灯开关输入	制动灯开关ON→OFF(制动踏板踩下→松开)	8~14V→<1.5V
A66-34(IG1)——车身搭铁	L-B——车身搭铁	ECU电源	点火开关置于ON位置	11~14V

4.4.5 制动系统排气

如果对制动系统执行了任何操作或怀疑制动管路中有空气,应对制动系统进行放气。

对制动系统进行放气前,将换挡杆移至 P 位置并拉紧驻车制动器;对制动系统进行放气的同时,添加制动液使储液罐的液面保持在 MIN 和 MAX 线之间;如果制动液泄漏到任何涂漆表面上,应立即将其清洗干净。

1) 对制动主缸进行放气

注意:如果制动主缸重新安装过或储液罐变空,则对制动主缸进行放气;用抹布或布片盖在涂漆表面上,以防止制动液黏附。

(1) 用连接螺母扳手(10mm)从制动主缸上断开 2 个制动管路,如图 4-102 所示。

(2) 缓慢踩下制动踏板并保持(*1),如图 4-103 所示。

图 4-102　断开制动管路　　图 4-103　踩下制动踏板并保持

(3) 用手指堵住 2 个外孔,并松开制动踏板(*2),如图 4-104 所示。

(4) 重复(*1)和(*2)3 或 4 次。

(5) 用连接螺母扳手(10mm)将 2 个制动管路连接至制动主缸,如图 4-105 所示。拧紧力矩:不使用连接螺母扳手时,15N·m;使用连接螺母扳手时,14N·m。

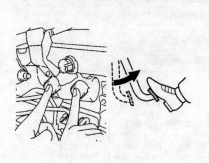
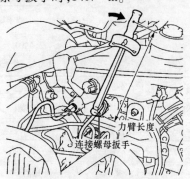

图 4-104　松开制动踏板　　图 4-105　连接制动管路至制动主缸

注意:应使用力臂长度为 250mm 的扭矩扳手;当连接螺母扳手与扭矩扳手平行时,力矩值有效。

2)对制动管路进行放气

注意:应首先对离制动主缸最远的车轮的制动管路进行放气;对制动系统进行放气的同时,添加制动液使储液罐的液面保持在 MIN 和 MAX 线之间。

(1)将塑料管连接至放气螺塞。

(2)如图 4-106 所示,踩下制动踏板数次,然后踩住踏板松开放气螺塞(*3)。

(3)制动液不再溢出时,紧固放气螺塞,然后松开制动踏板(*4),如图 4-107 所示。

(4)重复(*3)和(*4),直至制动液中的气体完全放出。

(5)完全紧固放气螺塞。拧紧力矩:前放气螺塞,8.3N·m;后放气螺塞,10N·m。

(6)对每个车轮均重复上述操作,从而对制动管路进行放气。

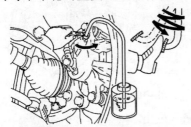 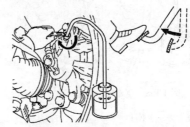

图 4-106 制动管路放气(一)　　　图 4-107 制动管路放气(二)

3)制动器执行器放气

注意:制动系统放气后,如果不能获得制动踏板的规定高度或触感,则按以下步骤用智能检测仪对制动器执行器总成进行放气。

(1)将点火开关置于 OFF 位置,踩下制动踏板 20 次以上。

(2)将智能检测仪连接到 DLC3,然后将点火开关置于 ON(IG)位置。

注意:不要起动发动机。

(3)接通智能检测仪并在屏幕上选择"AIR BLEEDING"。

注意:更多详细信息,请参考智能检测仪操作手册;按照智能检测仪显示的步骤进行放气。

(4)根据智能检测仪显示屏上的"Step 1:Increase"进行放气。

注意:确保不要用完主缸储液罐的制动液;对制动系统进行放气的同时,添加制动液使储液罐的液面保持在 MIN 和 MAX 线之间。

①将塑料管连接至任一个放气螺塞。

②踩下制动踏板数次,然后踩住制动踏板时松开连接在塑料管上的放气螺塞(*5),如图 4-106 所示。

③制动液不再溢出时,紧固放气螺塞,然后松开制动踏板(*6),如图 4-107 所示。

④重复(*5)和(*6),直至制动液中的气体完全放出。

⑤完全紧固放气螺塞。

拧紧力矩:前放气螺塞,8.3N·m;后放气螺塞,10N·m。

⑥对其余车轮重复上述步骤,以放出制动管路中的空气。

(5)根据智能检测仪显示屏上的"Step 2:Inhalation"对吸液管路进行放气。

注意:根据智能检测仪上显示的步骤,对吸液管路进行放气;对制动系统进行放气的同时,添加制动液使储液罐的液面保持在 MIN 和 MAX 线之间。

①在右前轮或右后轮的放气螺塞上连接一根塑料管,然后松开放气螺塞。

②用智能检测仪对制动器执行器总成进行放气(*7),如图 4-108 所示。

注意:在此步骤中务必要松开制动踏板,执行器操作应在 4s 内自动停止。

③参考智能检测仪显示屏,检查并确认执行器操作已停止并紧固放气螺塞(*8),如图 4-109 所示。

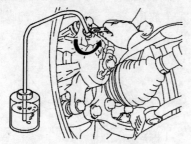
图 4-108 制动器执行器放气(一)

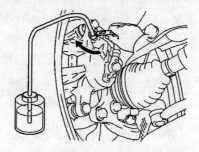
图 4-109 制动器执行器放气(二)

④重复(*7)和(*8),直至制动液中的气体完全放出。

⑤完全紧固放气螺塞,拧紧力矩:8.3N·m。

⑥按上述相同的步骤对其余车轮进行放气,拧紧力矩:前放气螺塞,8.3N·m;后放气螺塞,10N·m。

(6)根据智能检测仪显示屏上的"Step 3:Decrease"对减压管路进行放气。

注意:根据智能检测仪上显示的步骤,对减压管路进行放气;对制动系统进行放气的同时,添加制动液使储液罐的液面保持在 MIN 和 MAX 线之间。

①将塑料管连接至任一个放气螺塞。

②松开放气螺塞(*9)。

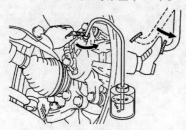
图 4-110 制动器执行器放气(三)

③保持制动踏板完全踩下,用智能检测仪操作制动器执行器总成,如图 4-110 所示。

注意:执行器操作在 4s 内自动停止,连续执行该程序时,至少需要 20s 的时间间隔;操作完成后,制动踏板会稍微下降,这是电磁阀打开时的正常现象;操作本程序期间,踏板会显得沉重,但仍应完全踩下使制动液能够从放气螺塞流出;确保踩住制动踏板不放。禁止反复踩下和松开踏板。

④紧固放气螺塞,然后松开制动踏板(*10),如图 4-107 所示。

⑤重复步骤(*9)至(*10),直至制动液中的气体全部排出。

⑥完全紧固放气螺塞。拧紧力矩:前放气螺塞,8.3N·m;后放气螺塞,10N·m。

⑦对其余制动器重复上述步骤,以放出制动管路中的空气。

(7)根据智能检测仪显示屏上的"Step 4:Increase"再对制动管路进行放气。

注意:按照智能检测仪显示的步骤进行放气;对制动系统进行放气的同时,添加制动液使储液罐的液面保持在 MIN 和 MAX 线之间。

①将塑料管连接至任一个放气螺塞。

②踩下制动踏板数次,然后踩住制动踏板时松开连接在塑料管上的放气螺塞(﹡11),如图 4-79 所示。

③制动液不再溢出时,紧固放气螺塞,然后松开制动踏板(﹡12)。

④重复(﹡11)和(﹡12)直至制动液中的气体完全放出。

⑤完全紧固放气螺塞。拧紧力矩:前放气螺塞,8.3N·m;后放气螺塞,10N·m。

⑥每个制动器均重复上述程序,从而对制动管路进行放气。

(8)完成智能检测仪上"AIR BLEEDING"操作后关闭检测仪。

(9)从 DLC3 上断开智能检测仪。

(10)将点火开关置于 OFF 位置。

制动系统排气结束后,应检查制动液是否泄漏,检查制动液液位,如有必要添加制动液。如果制动液泄漏,紧固或更换漏液部件。

制动液:SAE J1703 或 FMVSS No.116 DOT 3。

4.4.6　轮速传感器检修

1)前轮转速传感器的检修

(1)检查转速传感器的安装情况。将点火开关置于 OFF 位置,检查传感器与前转向节之间应无间隙,如图 4-111 所示。安装螺母紧固正确,拧紧力矩:8.5N·m。如有异常,则正确安装前轮速传感器。

(2)检查前轮速传感器端部。拆下前轮速传感器,检查传感器端部有无划痕或异物。如有异常,清洁或更换轮速传感器(更换后检查轮速传感器信号)。

(3)检查前轮速传感器电阻值。

①安装前轮转速传感器。

②确保锁止件和连接器连接部件没有松动。

③断开前轮转速传感器连接器。前轮速传感器连接器端子如图 4-112 所示。

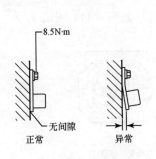

图 4-111　前轮转速传感器的安装

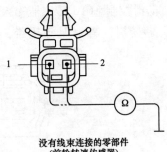

图 4-112　前轮速传感器连接器端子

④根据表 4-5 中的值测量电阻。如有异常,更换前轮速传感器(更换后检查轮速传感器信号)。

标 准 电 阻　　　　　　　　　　　　　　　　　　　　　　表 4-5

右侧			左侧		
检测仪连接	条件	规定状态	检测仪连接	条件	规定状态
2(FR+)—车身搭铁	始终	10kΩ 或更大	2(FL+)—车身搭铁	始终	10kΩ 或更大
1(FR-)—车身搭铁	始终	10kΩ 或更大	1(FL-)—车身搭铁	始终	10kΩ 或更大

(4)检查线束和连接器(防滑控制 ECU—前轮速传感器)。

①断开防滑控制 ECU 连接器。线束连接器端子如图 4-113 所示。

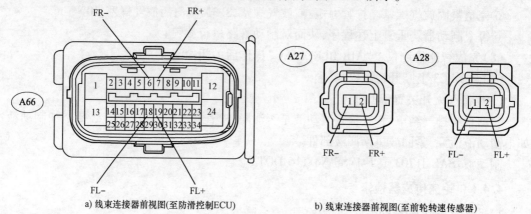

a) 线束连接器前视图(至防滑控制ECU)　　　b) 线束连接器前视图(至前轮转速传感器)

图 4-113　线束连接器端子

②根据表 4-6 中的值测量电阻。如有异常,维修或更换线束或连接器。

标 准 电 阻　　　　　　　　　　　　　　　　　　　　　　表 4-6

右侧			左侧		
检测仪连接	条件	规定状态	检测仪连接	条件	规定状态
A66-7(FR+)—A27-2(FR+)	始终	小于1Ω	A66-19(FL+)—A28-2(FL+)	始终	小于1Ω
A66-7(FR+)—车身搭铁	始终	10kΩ 或更大	A66-19(FL+)—车身搭铁	始终	10kΩ 或更大
A66-6(FR-)—A27-1(FR-)	始终	小于1Ω	A66-18(FL-)—A28-1(FL-)	始终	小于1Ω
A66-6(FR-)—车身搭铁	始终	10kΩ 或更大	A66-18(FL-)—车身搭铁	始终	10kΩ 或更大

(5)检查防滑控制 ECU(传感器输入)。

①重新连接防滑控制 ECU 连接器。线束连接器端子如图 4-114 所示。

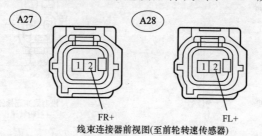

线束连接器前视图(至前轮转速传感器)

图 4-114　线束连接器端子

②将点火开关置于 ON 位置。

③根据表 4-7 中的值测量电压。如有异常,更换制动器执行器总成。

标准电压　　　　　　　　　　　　　　　　　　　　　　表4-7

	检测仪连接	开关状态	规定状态
右侧	A27-2(FR+)—车身搭铁	点火开关置于ON位置	8~14V
左侧	A28-2(FL+)—车身搭铁	点火开关置于ON位置	8~14V

2)后轮转速传感器的检修

(1)检查后轮转速传感器的安装情况。将发动机开关置于OFF位置,检查转速传感器的安装情况。如图4-115所示,传感器和后桥支架之间应没有间隙。如有异常,需正确安装后轮速传感器。

(2)检查后轮转速传感器电阻值。

①确保锁止件和连接器连接部件没有松动。

②断开后轮转速传感器连接器。后轮转速传感器线束连接器端子如图4-116所示。

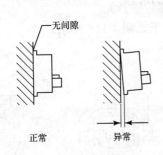

图4-115 后轮转速传感器的安装

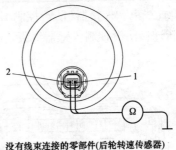

图4-116 后轮转速传感器线束连接器端子

③根据表4-8中的值测量电阻。如有异常,则更换后轮速传感器(更换后检查轮速传感器信号)。

标准电阻　　　　　　　　　　　　　　　　　　　　　　表4-8

	检测仪连接	条件	规定状态
右侧	2(RR+)—车身搭铁	始终	10kΩ或更大
	1(RR-)—车身搭铁	始终	10kΩ或更大
左侧	2(RL+)—车身搭铁	始终	10kΩ或更大
	1(RL-)—车身搭铁	始终	10kΩ或更大

(3)检查线束和连接器(防滑控制传感器线束)。

①断开防滑控制传感器线束。连接器端子如图4-117所示。

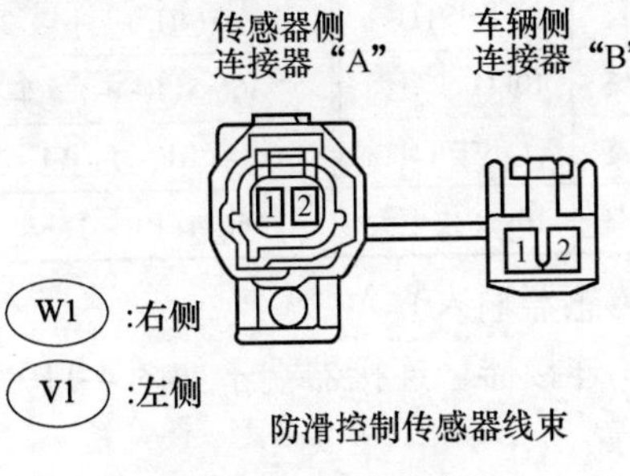

图4-117 连接器端子

②根据表4-9中的值测量电阻。如有异常,则更换防滑控制传感器线束(更换后检查转速传感器信号)。

标准电阻　　　　　　　　　　　　　　　　　　　　　　表4-9

右　侧			左　侧		
检测仪连接	条件	规定状态	检测仪连接	条件	规定状态
W1("A"-2)—W1("B"-1)	始终	小于1Ω	V1("A"-2)—W1("B"-1)	始终	小于1Ω
W1("A"-2)—W1("B"-2)	始终	10kΩ或更大	V1("A"-2)—W1("B"-2)	始终	10kΩ或更大
W1("A"-2)—车身搭铁	始终	10kΩ或更大	V1("A"-2)—车身搭铁	始终	10kΩ或更大
W1("A"-1)—W1("B"-2)	始终	小于1Ω	V1("A"-1)—W1("B"-2)	始终	小于1Ω
W1("A"-1)—W1("B"-1)	始终	10kΩ或更大	V1("A"-1)—W1("B"-1)	始终	10kΩ或更大
W1("A"-1)—车身搭铁	始终	10kΩ或更大	V1("A"-1)—车身搭铁	始终	10kΩ或更大

(4)检查线束和连接器(防滑控制ECU—后轮转速传感器)。

①重新连接防滑控制传感器线束。线束连接器端子如图4-118所示。

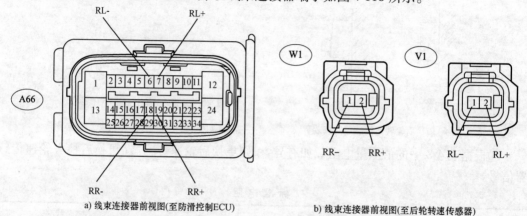

a) 线束连接器前视图(至防滑控制ECU)　　　b) 线束连接器前视图(至后轮转速传感器)

图4-118　线束连接器端子

②断开防滑控制ECU连接器。

③根据表4-10中的值测量电阻。如有异常,则维修或更换线束或连接器。

标准电阻　　　　　　　　　　　　　　　　　　　　　　表4-10

右　侧			左　侧		
检测仪连接	条件	规定状态	检测仪连接	条件	规定状态
A66-17(RR+)—W1-2(RR+)	始终	小于1Ω	A66-5(RL+)—V1-2(RL+)	始终	小于1Ω
A66-17(RR+)—车身搭铁	始终	10kΩ或更大	A66-5(RL+)—车身搭铁	始终	10kΩ或更大
A66-16(RR-)—W1-1(RR-)	始终	小于1Ω	A66-4(RL-)—V1-1(RL-)	始终	小于1Ω
A66-16(RR-)—车身搭铁	始终	10kΩ或更大	A66-4(RL-)—车身搭铁	始终	10kΩ或更大

(5)检查防滑控制ECU(传感器输入)。

①重新连接防滑控制ECU连接器。连接器端子如图4-119所示。

②将点火开关置于ON位置。

③根据表4-11中的值测量电压。如有异常,则更换制动器执行器总成。

单元四　防滑控制系统的检修

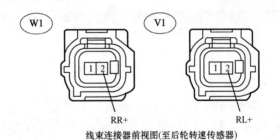

图4-119　连接器端子

标 准 电 压　　　　　　　　　　　　　　　　　　　表4-11

	检测仪连接	开 关 状 态	规定状态
右侧	W1-2(RR+)—车身搭铁	点火开关置于ON(IG)位置	8~14V
左侧	V1-2(RL+)—车身搭铁	点火开关置于ON(IG)位置	8~14V

（1）每8名学生组成1个工作小组，确定小组长，接受工作任务，做好工作准备。

（2）阅读工作单，查阅维修手册（或实训指导书）观察待拆装汽车防滑控制系统，讨论拆卸方法和步骤，确定小组人员工作分工。向实训指导教师汇报讨论结果，经指导教师同意后，开始下一步的工作。

（3）按照工作单的引导，完成待拆装汽车防滑控制系统的拆卸、分解和检查工作。

（4）在完成工作任务的过程中，根据工作单的要求，完成防滑控制系统零部件认识、作用和工作原理描述等学习任务。

（5）完成工作单要求的防滑控制系统主要零部件的检测，将检测结果记录在工作单的相应栏目，并对检测结果作出分析。

（6）回答指导教师的现场提问，接受指导教师的技能考核。

（7）完成工作任务后，对工作过程进行自我评价和小组互评，听取指导教师的点评。

（8）清洁工作场所，清点维护工具设备，完成任务交接。回答指导教师的现场提问，接受指导教师的技能考核。

4.5　电子制动力分配系统（EBD）

电子制动力分配系统（Electric Brake force Distribution, EBD）是ABS功能的一个扩展。EBD是防止ABS起作用前，或者由于特定的故障导致ABS失效后，后轮出现过度制动。车辆制动时，如果四个车轮附着地面的条件不同（例如，左侧车轮附着在湿滑路面上，而右侧车轮附着在干燥路面上），则四个车轮与地面的附着力会不同。这样在制动过程中，将容易产生打滑、倾斜和侧翻等现象。为避免这种情况的发生，电子制动力分配系统（EBD）会自动检测各个车轮的附着力状况，将制动系统所产生的制动力适当地分配至四个车轮。在EBD的

219

辅助下,制动力可以得到最佳的分配,使得制动距离明显缩短,并在制动的同时保持车辆的平稳,提高行车安全。此外,车辆转弯时,如果进行制动操作,则EBD亦具有维持车辆稳定性的功能,以增加弯道行驶的安全性。

4.5.1 EBD的理论基础

汽车制动稳定性与制动时车轮是否抱死以及前后车轮的抱死顺序密切相关,直接关系到汽车安全。前轮抱死车辆将失去转向能力,后轮抱死则会发生侧滑甚至甩尾,后果更严重。理想的前后桥制动力分配曲线(简称I线)如图4-120所示,它只与汽车的总重及质心位置有关,因此空载和满载时的I线是不同的。实际上,前后桥上的制动力分配是由前后制动器的大小决定的,因此它只能是一条直线,即β线。

传统的汽车制动系统通常都通过在前后桥制动管路间增加一比例阀来限制后桥车轮的制动力,以避免制动时后轮先发生抱死侧滑,从而获得如图4-121所示的制动力分配曲线,但后桥的附着利用率仍然不是最好,其附着损失如图4-121中阴影部分所示。

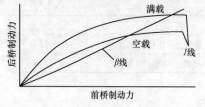

图4-120 汽车前后桥制动力分配曲线

同传统的制动力分配方式(如比例阀)相比,EBD采用电子技术来控制汽车液压制动系统的前后桥制动力分配,其基本思想是尽可能增大后轮制动器制动力,由轮速传感器监测车轮的运动情况,一旦发现后轮有抱死趋势,电子控制单元控制液压制动器降低制动压力。由于EBD调节频率高、调节幅度小、控制精确,可使β线始终位于I线下方且无限接近于I线(图4-122)。因此EBD在保证制动稳定性的同时,使后轮获得了最大制动力,从而提高了整车的制动效能。

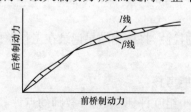

图4-121 带比例阀的前后桥制动力分配曲线

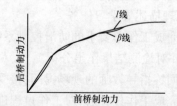

图4-122 带EBD的前后桥制动力分配曲线

4.5.2 EBD的基本组成及工作原理

EBD由轮速传感器、电子控制单元和液压执行器三部分组成,如图4-123所示。在车轮部分制动时,电子制动力分配(EBD)功能就起作用。轮速传感器发出四个车轮的转速信号,电子控制单元根据这些信号计算车轮的转速及滑移率。如果后轮滑移率大于某个设定值,则由液压控制单元调节后轮制动压力,使后轮制动力降低,以保证后轮不会先于前轮抱死。当ABS起作用时,电子制动力分配(EBD)即停止工作。

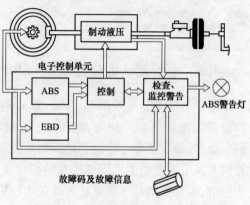

图4-123 ABS/EBD组成及工作原理

EBD 压力调节过程分为升压、保压和减压三个阶段。制动时通过助力器/制动主缸建立制动压力,此时常开阀打开,常闭阀关闭,制动压力进入车轮制动器,车轮转速迅速降低,直到电子控制单元识别出车轮有抱死趋势为止。EBD 的升压及保压与 ABS 工作过程完全一样,但减压控制则有所不同。

当后轮有抱死倾向时,后轮的常开阀关闭、常闭阀打开,车轮压力降低,如图 4-124 所示。与 ABS 不同的是:此时油泵不工作,降压所排放出的制动液暂时存放在低压蓄能器中。

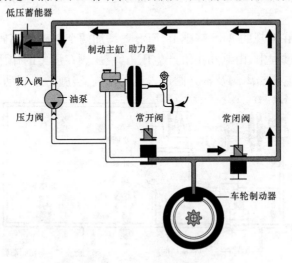

图 4-124　减压过程

当制动结束后,制动踏板松开,制动主缸内的制动压力为零,此时再次打开常闭阀,低压蓄能器中的制动液经常闭阀、常开阀返回制动主缸,低压蓄能器排空,为下一次 ABS 或 EDB 做好准备,如图 4-125 所示。

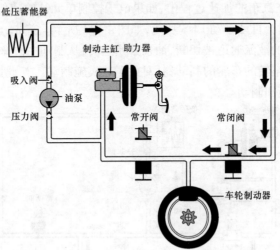

图 4-125　蓄能器工作过程

4.6　电子差速锁(EDS)

电子差速锁(EDS),英文全称为 Electronic Differential System,又称为 EDL(Electronic

Differential Locking Traction Control)。它也是 ABS 的一种扩展功能,用于汽车的加速打滑控制。在汽车加速过程中,当电子控制单元根据轮速传感器信号判断出某一侧驱动轮打滑时,EDS 功能就会自动开始作用,通过液压控制单元对该车轮进行适当强度的制动,从而提高另一侧驱动轮的附着利用率,提高车辆的通过能力。当车辆的行驶状况恢复正常后,电子差速锁即停止作用。

同普通车辆相比,带有 EDS 的车辆可以更好地利用地面附着力,从而提高了车辆的通过性。

(1)常规制动。在常规的 ABS 基础上,EDS 要增加两个电磁隔离阀和两个液压阀,如图 4-126 所示。在制动过程中,由制动主缸产生压力,液压阀在压力的作用下关闭,电磁隔离阀常开,制动压力通过电磁隔离阀及常开阀进入制动轮缸,实施常规制动。

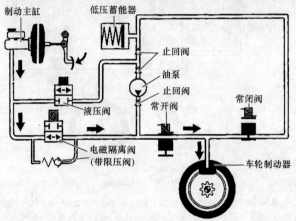

图 4-126 常规制动过程

(2)加压过程。在汽车的加速过程中,如果电子控制单元从轮速传感器信号中发现某一个车轮打滑,那么它就会自动起动 EDS 功能,如图 4-127 所示。首先,给电磁隔离阀通电,制动轮缸与制动主缸间的液流通道被切断,油泵开始运转,从制动主缸来的制动液经液压阀被油泵加压后送往正在空转的车轮的制动器,对此车轮实施制动。与此同时,非驱动轮的常开阀被关闭,以避免被施加制动。

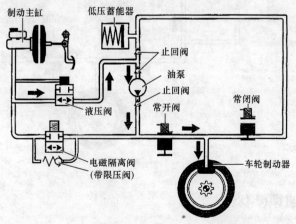

图 4-127 加压过程

(3)保压过程。如图 4-128 所示,在加压过程中,如果电子控制单元发现打滑车轮的速度已经下降,为了防止制动压力的进一步升高,油泵被切断,同时该车轮的常开阀和常闭阀均被关闭,空转的车轮继续被制动。

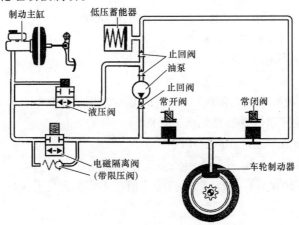

图 4-128　保压过程

(4)减压过程。如图 4-129 所示,如果电子控制单元从轮速传感器信号中发现车轮已不再处在空转打滑状态,则常开阀被打开,电磁隔离阀打开,制动液从车轮制动器回到制动主缸,制动压力被解除,EDS 功能中止。

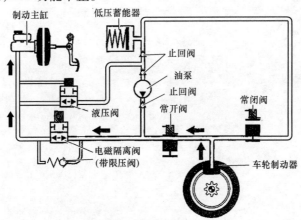

图 4-129　减压过程

(1)解释滑移率的概念,并指出滑移率与路面附着系数的关系是什么?
(2)分析比较不同控制方式的 ABS 有何性能特点?
(3)简述电磁式轮速传感器的基本组成及其工作原理。
(4)循环式制动压力调节器是如何工作的?
(5)可变容积式制动压力调节器由哪些部件组成,它是如何工作的?
(6)MK20-I 型 ABS 是如何工作的?

(7) 本田可变容积式 ABS 是如何工作的?

(8) LS400 乘用车循环式 ABS 有何特点,它是如何工作的?

(9) 不同控制方式的驱动防滑控制系统有何性能特点?

(10) 简述单独方式 ASR 制动压力调节器的工作原理。

(11) 说明副节气门执行器的结构及工作原理。

(12) 简述 LS400 乘用车 ABS/TRC 的工作原理。

(13) 简述 ESP 的基本原理,它是如何工作的?

(14) MK60 ESP 由哪些主要部件组成,它的基本原理是什么?

(15) 霍尔式车轮转速传感器是如何工作的?

(16) ESP 液压调节单元是如何工作的?

(17) LS400 型乘用车 VSC 的基本组成及工作原理是什么?

(18) ESP/ASR 开关的功用是什么? 在哪些情况下需关闭此开关?

参 考 文 献

[1] 陈家瑞. 汽车构造(下册)[M]. 北京:机械工业出版社,2009.
[2] 细川武志. 汽车构造图册[M]. 北京:人民交通出版社,2009.
[3] GP企画セソター. 汽车底盘与电器构造图册[M]. 北京:人民交通出版社,2007.
[4] 陈建宏. 汽车底盘机械系统检修[M]. 北京:人民交通出版社,2009.
[5] 李春明. 汽车底盘电控技术[M]. 北京:机械工业出版社,2009.
[6] 岳杰. 汽车底盘常见维修项目实训教材[M]. 北京:人民交通出版社,2009.
[7] 张红伟. 汽车底盘构造及维修[M]. 北京:高等教育出版社,2007.
[8] 姚焕新. 汽车底盘电控系统检修[M]. 北京:人民邮电出版社,2009.
[9] 幺居标. 汽车底盘构造与维修[M]. 北京:机械工业出版社,2008.
[10] 关文达. 汽车构造[M]. 北京:清华大学出版社,2009.
[11] 屠卫星. 汽车底盘构造与维修[M]. 北京:人民交通出版社,2001.
[12] 付百学. 汽车电子控制技术[M]. 北京:机械工业出版社,2000.
[13] 周林福. 汽车底盘构造与维修[M]. 2版. 北京:人民交通出版社,2011.

人民交通出版社汽车类高职教材部分书目

1. 高职高专工学结合课程改革规划教材

书 号	书 名	作 者	定价	出版时间	课件
978-7-114-09233-6	机械制图	李永芳、叶 钢	36.00	2014.07	有
978-7-114-11239-3	●汽车实用英语（第二版）	马林才	38.00	2016.01	有
978-7-114-10595-1	汽车结构与拆装技术（上册）	崔选盟	55.00	2015.01	有
978-7-114-11712-1	汽车结构与拆装技术（下册）	周林福	59.00	2014.12	有
978-7-114-11741-1	汽车使用与维护	王福忠	38.00	2015.11	有
978-7-114-09499-6	汽车维修企业管理基础	刘 焰、田兴强	30.00	2015.07	有
978-7-114-09425-5	服务礼仪	刘建伟、郭 玲	21.00	2015.06	有
978-7-114-09368-5	发动机机械系统检测诊断与修复	吕 坚、陈文华	26.00	2013.12	有
978-7-114-10301-8	汽油发动机电控系统检测诊断与修复	陈文华、吕 坚	20.00	2013.04	有
978-7-114-10055-0	柴油发动机电控系统检测诊断与修复	杨宏进、韦 峰	24.00	2012.12	有
978-7-114-09588-7	汽车传动系统检测诊断与修复	秦兴顺、刘 成	28.00	2016.07	有
978-7-114-09497-2	汽车行驶、转向和制动系统检测诊断与修复	宋保林	23.00	2016.01	有
978-7-114-09385-2	汽车电路和电子系统检测诊断与修复	彭小红、陈 清	29.00	2014.12	有
978-7-114-09245-9	汽车保险与理赔	陈文均、刘资媛	23.00	2014.01	有
978-7-114-09887-1	汽车维修服务接待	王彦峰、杨柳青	25.00	2016.02	有
978-7-114-09745-4	客户沟通技巧与投诉处理	韦 峰、罗双	24.00	2016.05	有
978-7-114-09225-1	汽车维修服务企业管理软件使用	阳小良、廖明	30.00	2011.07	有
978-7-114-09603-7	汽车车身构造与修复	李远军、陈建宏	38.00	2013.09	有
978-7-114-09613-6	事故汽车核损与理赔	荆叶平	35.00	2012.03	有
978-7-114-09259-6	保险法律法规与保险条款	曹云刚、彭朝晖	30.00	2016.07	有
978-7-114-11150-1	道路交通事故现场查勘与定损	侯晓民、彭晓艳	26.00	2014.04	有
978-7-114-09254-1	机动车保险专用软件使用	彭晓艳、廖 明	40.00	2011.08	有

2. 高等职业教育"十二五"规划教材

书 号	书 名	作 者	定价	出版时间	课件
978-7-114-10280-6	汽车零部件识图	易 波	42.00	2014.1	有
978-7-114-09635-8	汽车电工电子	李 明、周春荣	39.00	2012.07	有
978-7-114-10216-5	汽油发动机构造与维修	刘 锐	49.00	2016.08	有
978-7-114-09356-2	汽车底盘构造与维修	曲英凯、刘利胜	48.00	2015.07	有
978-7-114-09988-5	汽车维护（第二版）	郭远辉	30.00	2014.12	有
978-7-114-11240-9	●车载网络系统检修（第三版）	廖向阳	35.00	2016.02	有
978-7-114-10044-4	汽车车身修复技术	李大光	24.00	2016.01	有
978-7-114-12552-2	汽车故障诊断技术	马金刚、王秀贞	39.00	2015.12	有
978-7-114-09601-3	汽车营销实务	史 婷、张宏祥	26.00	2016.05	有
978-7-114-13679-5	新能源汽车技术（第二版）	赵振宁	38.00	2017.03	有
978-7-114-08939-8	AutoCAD 辅助设计	沈 凌	25.00	2011.04	有
978-7-114-13068-7	汽车底盘电控系统检修	蔺宏良、张光磊	38.00	2016.08	有
978-7-114-13307-7	汽车发动机电控系统检修	彭小红、官海兵	35.00	2016.1	有

●为"十二五"职业教育国家规划教材
咨询电话：010-85285962；010-85285977．咨询QQ：616507284；99735898